JN084840

自分で読むための

基礎日本古典語

紙尾康彦

くろしお出版

まえがき

皆さんは、学校の授業で古典を学んで――とくに文法を――、首をかしげたことがないだろうか。学んだとおりに現代語訳したのに、市販の訳本とは同じ訳にならないことに。あるいは、文法の知識を頭に詰め込んだはずなのに、直訳すらもままならないことに。

単語や背景的な知識の量によって読解の能力は大きく左右されるが、長年、教壇に立ち古文を教えてきた身として、「訳す力」を身につけるための文法、というものを日々探求する中で、本書が生まれた。

本書は、まずは高校で学んだ古典文法の演習問題からはじめ、一般的な参考書にあるような基礎的な内容のおさらいができるように設計した。そして、訳すための具体的な知識や、それぞれの用語や文法項目が先学でどのように唱えられてきたかについて、「講義」で学べることに特徴がある。「発展」では、初学者から専門家への橋渡しとして、さらに一歩進んだ内容を用意した。

読者として、大学の専攻で古典語を学ぶ方や、古典作品を扱う方（学問の分野的には「日本語学」「日本文学」で括られる）を対象とした。また、国語教員の方（あるいは教員を目指す方）、古典に興味があって学びなおしたい方などが、大人になってからのワークブックとして新鮮に感じてくださるのなら、喜ばしいことこの上ない。

本書を成すにあたっては、これまで私を導いてくださった國學院大學の先生方をはじめとして多くの方に感謝しなければならないが、今回特に、細やかな確認や、新しい情報提供をいただいた國學院大學教授の吉田永弘氏、高知大学准教授の北﨑勇帆氏、國學院大學兼任講師の梅村玲美氏には、心からお礼申し上げる。また、くろしお出版の藪本祐子氏には面倒をかけるばかりで、ここにお名前を記すことで、感謝の一端としたい。

令和四年　十月十日

紙尾　康彦

凡　例

●古文からの用例について

・用例については、小学館から刊行されている『新編 日本古典文学全集』（以下、「新全集」とする）から採取した。表記は適宜改めたところがある。出典の表示法は次のとおりである。

ア「新全集」において、その作品が一冊に収められているものは「作品名」「頁」「行」の順番で示した。

例：更級日記279・5

イ「新全集」において、その作品が二冊以上に渡っているものは「作品名」「巻名」「頁」「行」の順番で示した。

例：源氏物語・桐壺44・1

※なお、『今昔物語集』と『狭衣物語』は、巻名（説話名）の代わりに（「新全集」の巻数ではなく）実際の巻数を示した。

例：今昔物語集・巻二九377・14

・和歌については、『万葉集』『古今集』『新古今集』は「新全集」の歌番号を付し、その他の和歌は『新編 国歌大観』（角川書店刊）の歌番号を付した（なお、『古今集』の仮名序は「頁」「行」を示した）。

・用例にはできるだけ現代語訳を付した。本書の趣旨から、いわゆる「なめらかな訳」（意訳）より「直訳」を優先した（「新全集」の訳を採用していないものも多い）。

●「講義」「発展」で扱った書籍・論文について

出典情報について、原則、該当箇所に逐一記す形とし、再録されているものはそちらの方だけを挙げたものもある。また引用に際しては、適宜、旧字体から新字体への表記変更、傍線・傍点等の強調を施したり、（　）で補ったりした所がある。

●時代表記について

時代表記を行う際、以下の「　」のように示す場合がある。対応するおおよその時代区分を示す。

「上代」…奈良時代　「中古」…平安時代　「中世」…鎌倉・室町時代　「近世」…江戸時代　「近代」…明治時代以降

目次

自分で読むための　基礎　日本古典語

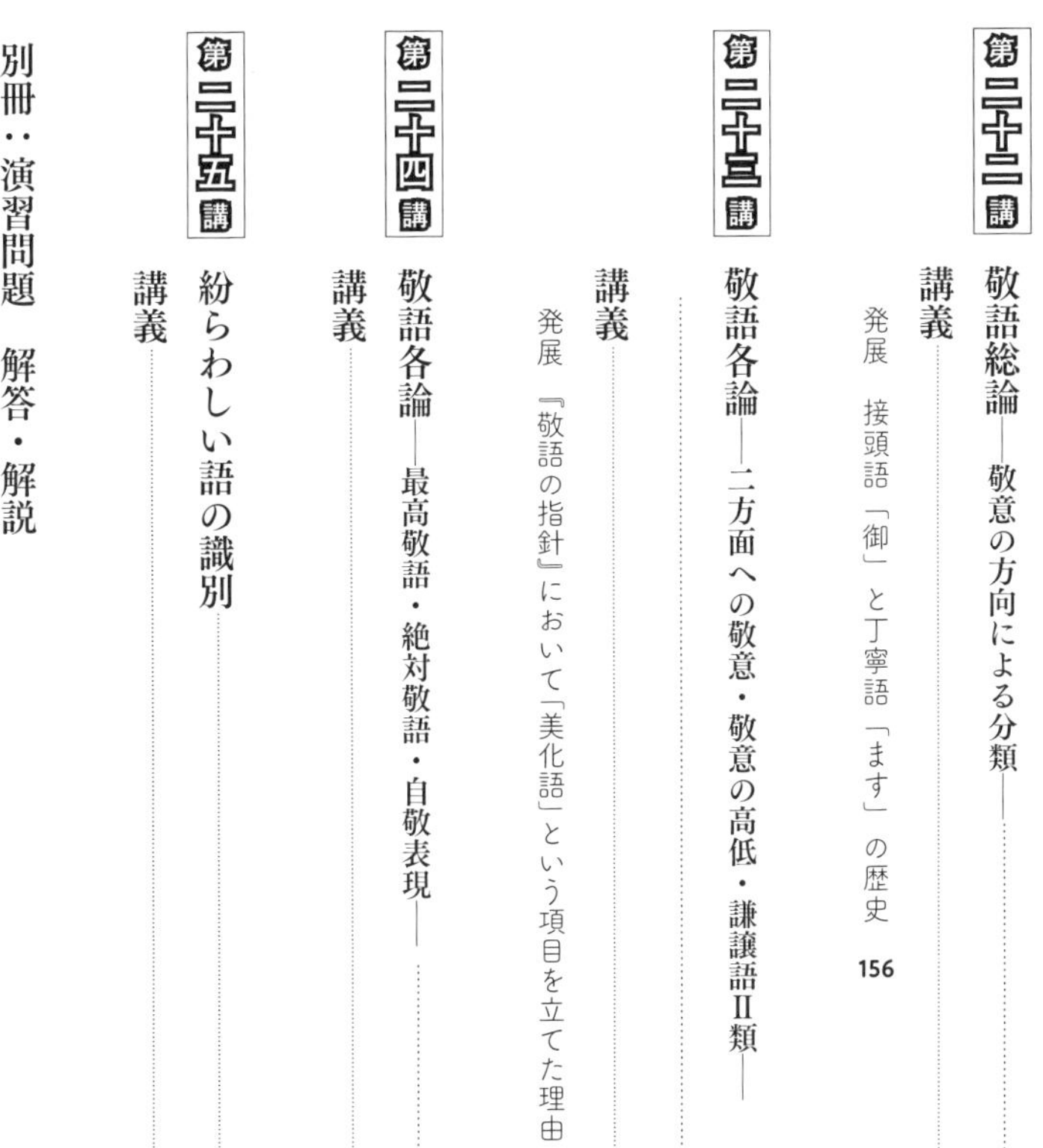

第一講 五十音図といろは歌・仮名遣いと読み方

1 **五十音図を平仮名と片仮名で書きなさい。**

あ

ア

2 **次の【　】に適語句を補いなさい。**

五十音図の縦の列（あいうえお・かきくけこ…）を【　　】と言い、横の列（あかさたな…・いきしちに…）を【　　】と言う。したがって、「に」は【　　】の【　　】にあるということになる。

3 **「や・ら・シ・ツ・ヲ」を正しい書き順・正しい字体で書きなさい。**

【　】【　】【　】【　】【　】

4 **「いろは歌」の次の【　】に適切な文字を歴史的仮名遣いで入れなさい。**

いろ【　】にほ【　】と　ちりぬる【　】
色【　】匂【　】ど　散りぬる【　】
わかよたれそ　つねなら【　】
我が世誰そ　常なら【　】
う【　】のおくやま　け【　】こ【　】て

有為の奥山　今日越【　　】て
あさきゆめみし【　　】【　　】もせす
浅き夢見じ　酔【　　】もせず

5 **歴史的仮名遣いで書かれた次の①～⑮の語の読みを、現代仮名遣いの平仮名で書きなさい。**

① あはれなり【　　】
② わづらひたまふ【　　】
③ おまへ【　　】　④ にほふ【　　】
⑤ をみなへし【　　】　⑥ ゐんず【　　】
⑦ あぢきなし【　　】　⑧ いうなり【　　】
⑨ えうなし【　　】　⑩ さうざうし【　　】
⑪ をかし【　　】　⑫ てふてふ【　　】
⑬ けふ【　　】　⑭ くもゐ【　　】
⑮ ちゆうしうの月【　　】の月

6 **次の文章を読み【　】に適語句を補いなさい。**

「手水」という語は、「てみづ」と書いて、もとはそのように読まれたものと思われる。しかし、「てみづ」の「み」の部分が、おそらく「ん」という音になり、さらにそれが「う」になることによって「てうづ」と書かれ【　　】と読まれるようになったのである。「兄人」も「せひと」と書いて、そのように読まれていたと思われるが、「ひ」の部分が「う」という音になったために「せうと」と書かれ【　　】と読まれるようになった。

講義

一、「平仮名」の成立

平仮名は、漢字をくずしてできたものである。楷書とは異なる書き順のものもあるが、もとの漢字を意識して書くことが重要である。「あ」から順にもとになった漢字を示すと、次のようになる。

安 以 宇 衣 於　加 幾 久 計 己
左 之 寸 世 曽　太 知 *洲 天 止
奈 仁 奴 祢 乃　波 比 不 *部 保
末 美 武 女 毛　也 ● 由 ● 与
良 利 留 礼 呂　和 為 ● 恵 遠

なお、*を付した「洲」は一般的には「川」をあてる。しかし、「川」という文字に「つ」という読みはない。意味的に「津」と同じだから「川」をあてたなどという説もあるようだが、「つ」という音を持たない文字が「つ」として定着することは考えにくい。古代の「さ」の発音は「ツァ(tsa)」であるとする説が有力であるが、「す」も同じ子音だとすると、「洲」は「ツ」と発音していて、それが残り、「洲」を「つ」にあてたと考える説が合理的なので、ここでは「洲」を採る。

●の部分(ヤ行のイとエ、ワ行のウ)は、もとは、[ji][je](jは、ヤ行の音)、[wu]の発音であり、ア行と異なる発音であったとも考えることができるが、文献資料では見ることができない。古くからア行の「イ・エ・ウ」と同じ文字で表記されている。青谿書屋本(せいけいしょおくぼん)『土佐日記』(藤原為家が、貫之自筆本を忠実に写したという識語を持つ)では、ヤ行の「エ」(たとえば「見えず」の「え」)を「へ」とするが、これは、為家がヤ行の「エ」を表す「江」のくずしを理解できなかったものと池田亀鑑(いけだきかん)は考え、ヤ行の「エ」は独自の音を持ち、ア行の「エ」とは区別されていた可能性を説いた(『古典の批判的処置に関する研究』1941年、岩波書店)。

*を付した「部」は、「阝」のくずしたものと言われているが、「辺・皿」のくずしという説もある。『金光明最勝王経音義(こんこうみょうさいしょうおうきょうおんぎ)』(承暦三1079年書写。「発展二」参照)を見ると、「反」という字とも考えられる。

二、「片仮名」の成立

片仮名は、漢字の一部分を取ったものである。順に示すと次のようになる。どの部分を取ったか、考えてみよう。

阿	伊	宇	江	於	加	幾	久	介	己
散	之	須	世	曽	多	千	洲	天	止
奈	二	奴	祢	乃	八	比	不	部	保
万	三	牟	女	毛	也	●	由	●	与
良	利	流	礼	呂	和	井	●	恵	乎

なお、「ケ」は「个」、「へ」は「辺・皿」、「マ」は「末」、「ヱ」は「慧」、「ヰ」は「韋」であるという説もある。なお、●は、平仮名同様、文献資料には見られないものである。いずれにしろ、漢字がもとになっているので、もとの漢字の形がわかるような字形になっているということを知っておくとよい。

三、平安時代と現代の発音

同じ仮名でも平安時代と現代では発音が異なるものがある。たとえば、ハ行の子音は[p]であったと言われている(上田万年(うえだかずとし)「p音考」→「発展三」参照)が、たとえば、「はは」をその当時の発音に従って「ぱぱ」と読むと、現代人は何を言っているのかわからなくなってしまう。そこで現代語とほぼ同じ発音になった一八世紀中ごろの本居宣長(もとおりのりなが)などの国学者が読んでいたように、私たちも発音することにする。ただ、松坂の人である宣長はどちらかと言うと関西よりの方言なので、標準的な東京の言葉とは異なる所がある。たとえば、動詞「買ふ」は、次の四節のルールからすると、「こう(こー)」と読むことになり、そのように指導することもあったが、一般には「かう」と言う方がわかりやすいので、それでもよいと思われる。

四、読み方の変遷・ルール

読み方の変遷・ルールを紹介する。

①ワ行の「ゐ・ゑ・を」は、一三世紀から一四世紀にかけて、ア行の「い・え・お」と同じ発音になった。ただし、「え・お」の発音は、それぞれ[je][wo]であったと考えられており、江戸時代になって現代語の発音[e][o]になったと言われている。

②母音が「う」に続く場合は次のように読む。

あう→おう(おー)　**いう→ゆう**(ゆー)

えう→よう（よー）　**おう→おう**（おー）

右の（　）内が実際の読み方で、それを現代仮名遣いにしたものがその上に書いたものである。なお、ワ行「ゐ・ゑ・を」に「う」が続く「ゐう・ゑう・をう」も「ゆう・よう・おう」となる。

③語中語尾のハ行音は、ワ行音で読む。これを**ハ行転呼**と呼ぶ。

この現象は、平安時代から行われている（「発展三」参照）。

例：いは→いわ（岩）

かひ→かゐ→（①によって）かい（甲斐）

ぬふ→ぬう（縫）　いへ→いゑ→（①によって）いえ（家）

かほ→かを→（①によって）かお（顔）

二つの語が合わさってできている語（これを複合語と言う）では、その後の語の先頭のハ行音は、そのままハ行音で読む。たとえば、「はつはる（初春）」は「はつわる」ではなく、「はつはる」、「あさひ」は「あさい」ではなく「あさひ」という具合である。

その他にも例外がある。「あふひ」は「あおい（葵）」と読み、「おうい」とはならない。「たふる（倒る）」も「たおる」と読み、「とうる」とは読まない、などである。

発展一　文字の獲得

日本人はもともと文字を持っていなかったと言われている。中国から入ってきた漢字を、日本語の音（音節）を表すための記号として用いるようになる。たとえば、「山（やま）」を「耶麻」、「八間」などと表記した。前者が、漢字の音を利用したもので、後者が、漢字の訓を利用したものである。漢字の意味は関係ないことがわかるだろう。最初は、右のように一音節に一字をあてたと思われる。一字で一音を表すと決めておけば、大きな誤解もなく、意味が伝わることになる。『古事記』にはこのようなものが多い。ただ、これは、文全体を平仮名で書き表すようなもので、平仮名だけの文章は本当に読みにくいし、書く方も手間がかかる。そこで、一字で二音節以上を表すようになったり、漢字本来の用法（音の他に意味をも表す）も織り交ぜて書き表すようになっていく。たとえば、「なつかし」を「夏樫」、「思ひつるかも」を「念鶴鴨」と表したり、「やま」を「山」のように表したりするのである。また、「憎く」を「二八十一」（九×九＝八十一だから、八十一の部分を「くく」と読ませる）、「出づ」を「山上復有山」（「山」＋「山」＝「出」）のように、ふざけて書いたと思いたくなるようなものもある。このような用法も含めて、最も多彩な表記法を持つ『万葉集』から名を取って、仮名として漢字を用いるものを「万葉仮名」と呼ぶ。

ところで、漢字は、画数の多いものもあり、一画ずつ丁寧に表記すると手間がかかる。そこで、日本人はこれを、草体（くずし書き）と連綿体（続け書き）とによって、簡略化していくのであるが、わかりやすく、よく使われるものが固定化していくのは自然なことであり、もとの漢字がわからなくても読めるようになっていく。このように漢字から独立して表音文字となったものが「仮名（平仮名）」である。和歌や女性の私的文章に用いられた。

一方また、漢文・漢詩を読む際には、レ点のような訓点の他に、ふり仮名・送り仮名・助詞・助動詞などを書き添えた方がわかりやすい。その時に、漢字を万葉仮名として用いるとどれが本文かわからなくなるし、連綿体を本文の横に書いたのでは見づらくなることは当然である。そこで、漢字の一部分を取り出して、仮名として用いたのが片仮名である。そのため、片仮名は、漢文を読むような男性や僧侶・学者が主に用いた。

ちなみに、片仮名以前は、漢字の一部分に「・」のような点を打ち、漢字のどこにその点が打ってあったら何と読むかを決めて用いていた。これを「ヲコト点」と言う。片仮名から比べると遥かに不便であることは一目瞭然であろう。

平仮名も片仮名も、一つの音節に対して複数の文字があったが、その中で現在私たちが用いているものは、明治三三（1900）年の「小学校令施行規則」で定められたものである。また、それ以外の仮名を、変体仮名と呼んでいる。

参考　小林芳規『図説日本の漢字』1998年、大修館書店刊

発展二

五十音図といろは歌

五十音図は、古くは「五音（ごいん）」などと呼ばれた。経典の悉曇（しったん）（サンスクリット）研究のためとか、漢字音の反切（はんせつ）を理解するために作成されたと言われている。「反切」というのは、漢字の発音を示すものである。ある漢字の発音は、二つの漢字を並べて、最初の漢字の子音と後の漢字の母音（最初の子音より後）の部分とを組み合わせたものとなる（例：天泰竪反〔「天（てん）は泰竪（たいけん）の反（はん）」と読み、tai・ken の t と en を取って ten という読みを表す〕）。現存最古の五音は、『金光明最勝王経音義（こんこうみょうさいしょうおうきょうおんぎ）』（承暦三 1079 年書写）と言われている。それより以前には『孔雀経音義（くじゃくきょうおんぎ）』（醍醐寺蔵、1004~1028 頃成）に見られるが、全部の行が揃っていないので『金光明最勝王経音義』（「音義」というのは、そのお経などの読み方を示すもの）を最古とする。

いろは歌は、同じ文字が重複しないように、『涅槃経（ねはんきょう）』の偈（げ）「諸行無常　是生滅法　生滅々已　寂滅為楽」に基づいて仏教思想を詠んだものとされている。いろは歌も四七文字である。現在の歴史的仮名遣いと同じである。誰が作成したかは不明であるが、現存最古のいろは歌も、『金光明最勝王経音義』に万葉仮名で見られるものである。古辞書の見出し語もいろは順になっているものがほとんどである。

ところで、平安時代一〇世紀前半までは、ヤ行のエ段は、ア行のエ段の発音とは別であったとされる。それは、『源順集（みなもとのしたごうしゅう）』（天暦四 950 年前後成）にある四八首の和歌による。この和歌は、ある文字から始めると、最後が同じ文字になっている（沓冠（くつこうぶり）と言う）ものであり、次のようなものである。

あらさじと　うちかへすらし　をやまだの
苗代水に　ぬれて作るあ
（最後の「あ」は畔の意か）

めも遥はるに　雪間も青く　なりにけり
今こそ野辺に　若菜摘みてめ

つくば山　咲ける桜の　匂ひなば
入りて折らねど　よそながら見つ

ちぐさにも　ほころぶ花の　繁きかな
いづら青柳　縫ひし糸すぢ

《中略》

*えも言はで　恋ひのみまさる　我が身かな
いつとや岩に　生おふる松が枝(え)

のこりなく　落つる涙は　つゆけきを
いづら結びし　草むらのしの

*えも堰(せ)かぬ　涙の川の　はてはてや
しひて恋しき　山は筑波え
（最後の「え」は格助詞「ヨリ・カラ」の意か）

をぐら山　おぼつかなくも　あひ見ぬか
鳴く鹿ばかり　恋ひしきものを

なきたむる　涙は袖に　満つしほの
ひる間にだにも　あひ見てしがな

れふしにも　あらぬ我こそ　遭ふことを
ともしの松の　燃え焦がれぬれ

ゐても恋ひ　臥しても恋ふる　かひもなく
かげあさましく　見ゆる山のゐ

てる月も　漏るる板間の　あはぬ夜は
濡れこそまされ　かへす衣手(で)

*を付した二首が問題である。「え」が重複しているのを確認してほしい。単なるミスであろうか。場所が離れているのならいざ知らず、二つ後に同じ文字を置くというのは、意図的なものと考えた方がよさそうである。もし、これが、何らかの音韻現象を表しているとするならば、「え」の一つをヤ行の「え」とし、ア行とヤ行の「エ」の異なる発音の名残とするのが、「講義二」一節の池田亀鑑(いけだきかん)の解釈などからしても妥当だということになろう。

参考

亀井孝・大藤時彦・山田俊雄編『日本語の歴史2』2007年、平凡社ライブラリー

小松英雄『いろはうた―日本語史へのいざない―』2009年、講談社学術文庫

馬渕和夫『五十音図の話』1993年、大修館書店刊

発展三

ハ行転呼

上代のハ行の子音は、[p]であったと言われている。それが平安時代になると、[ɸ]（ファ・フィ・フ・フェ・フォのような発音）になる。破裂音

[p]が、破裂をやめて両唇摩擦音になったということである。この[ɸ]を語中・語尾で発音しようとすると、かなり手間を取ることになる。そこで[ɸ]を[w]のようにして唇の摩擦を軽減するのである。このことを、ハ行転呼と呼ぶ。したがって、語中・語尾のハ行音は、ワ行音で読むことになる。さらに、ワ行のイ段音、エ段音、オ段音が、ア行のそれぞれの音と同じになったために、「は」を除いて、ア行と同じになる。

なお、京都では、語頭の[ɸ]音は平安時代から江戸時代初期まで続いたと考えられている。その根拠として次のような事柄が挙げられる。

・「母には二度会ひて父には一度も会はず」という謎立ての答えが「唇」となっている。（後奈良院御撰『何曾』永正一三 1516 成）

・室町時代末期のキリシタン資料では、「Fato（鳩）・Fito（人）」のように、ハ行を表すのに「F」という文字をあてている。

＊キリシタン資料というのは、16世紀後半に渡来したキリスト教徒（主にポルトガル人）が、日本語を学ぶために、日本語をポルトガル式ローマ字で表記したり、ポルトガル語で解説したりしているものである。

・ハ行の発音を、「ふを母字に置いて一音に唱ふ事なり」として、「フハ・フヒ・フヘ・フホ」と発音するようにという記述がある。（三浦庚康『音曲玉淵集』享保一二 1727 刊）

最後の謡曲の謡い方を示した『音曲玉淵集』は、江戸で刊行されているが、このような注を施す必要があったということは、享保頃の江戸では、現代語のようなハ行音になっていたとも考えられるものである。

参考　上田万年「p音考」『日本語の起源と歴史を探る』1994年、新人物往来社に再録

発展四

母音の連続による長音化

漢字音の中には、「やう（様）・えう（要）」などのような母音の連続があったが、日本語（＝倭語）にはもともと、母音が連続することはなかったと言われている。ところが、ハ行転呼という現象が起きると、「いへ」→（「いゑ」→）「いえ」のように、母音が連続することになった。最初はそのまま二つの母音を一つずつ発音したと考えられるが、その中で、母音の下に「ウ」の付いたものについては、長音にすることが行われた。「アウ・オウ・エウ」はオ段の長音に、「イウ」はウ段長音になる。たとえば、「やう・よう・えう」は「ヨー」となる。

オ段長音については、「アウ」は口を開き気味の「アー」に近い「オー」で、「ヨウ」と「エウ」は口を閉じ気味の「オー」であったと考えられている。それは、キリシタン資料で、同じ「オー」であっても、「アウ」から変化したものは「ǒ」、「ヨウ・エウ」を表す場合は「ô」のように別表記になっていることなどからわかることである。「ウ」の前に母音「ア」があって「オー」となるものを「開音」、「ウ」の前に母音「ア」以外の母音があって「オー」となるものを「合音」と言う。オ段長音の「開合」というとこの別を指しているということになる。

ところで、ハ行転呼が起きるとどうなるか。たとえば、「岩」は、「いは」と表記していたのだが、ハ行転呼が起きると、発音どおり「いわ」

とも表記するようになる。つまり、「岩」は、「いは」でも「いわ」でもよくなってしまうのである。どちらでもよいという表記は、もとの表記をわからなくしてしまう。鎌倉時代には表記がかなり乱れていたようで、藤原定家（応保二1162〜仁治二1241）は『下官集（げかんしゅう）』で、平安時代の仮名文書に基づいて仮名遣いを定めた。それを大幅に増補したのが、行阿（ぎょうあ）による『仮名文字遣（かなもじづかい）』（貞治二1363年以後成立）である。これらをまとめて「定家仮名遣い」と呼んでいる。中世以降、和歌・連歌などで広く重用された。ただ、この仮名遣いの大きな欠点は、平安時代の文書の中でも、仮名遣いが乱れてしまった頃の資料を用いてしまったことである。正しい仮名遣いとは言えないものが多く混ざっていた。

江戸時代になって、これを糺（ただ）したのが契沖（けいちゅう）（寛永一七1640〜元禄一四1701）の『和字正濫鈔（わじしょうらんしょう）』（元禄八1695年刊）である。ハ行転呼以前の古い資料を用いて仮名遣いを定めた。これを楫取魚彦（かどりのなびこ）が『古言梯（こげんてい）』（明和二1765年刊）で補訂した。この仮名遣いが、後に「歴史的仮名遣い」として採用されることになる。ただ、これも、ア行の「お」とワ行の「を」の位置が逆（すなわち、ア行が「を」で、ワ行が「お」）であった。本居宣長（もとおりのりなが）は『字音仮字用格（じおんかなづかい）』（安永五1776年刊）で訂正するが、普及しなかった。現在、われわれはそれを直した上で歴史的仮名遣いとして用いている。

文節と品詞

1 次の①〜③の文を、「／」で文節に区切りなさい。

① 白き水速く流れたり。（更級日記290・3）

《訳》白い水が速く流れている。

② 翁、竹を取ること久しくなりぬ。（竹取物語19・2）

《訳》翁は、竹を取ることが長い間続いてしまった。

③ 家に到りて門(かど)に入るに、月明(あか)ければいとよくありさま見ゆ。（土佐日記55・1）

《訳》家に着いて門を入ると、月が明るいのでたいそうよくまわりの様子が見える。

2 次の和歌について、現代語訳を参考にして、後の①〜③の問に答えなさい。

ちぎりきなかたみに袖をしぼりつつ末の松山波越さじとは（後拾遺集770）

《訳》約束したよね。互いに袖をしぼりしぼりしては（＝涙をひどく流し流ししては）、末の松山を波が越えないだろう（そのように私たちも絶対に心変わりをすることはないだろう）とは。

＊末の松山…東北にある松山という所は、波が決して越えないという言い伝えがあり、歌の中では、絶対にありえないことのたとえとして用いられる歌枕である。

①「／」で文節に区切りなさい。

② 自立語を○で囲みなさい。

③ 自立語の中で、活用語を探し、辞書に載っている語形を答えなさい。

【　　　　】

3 次の①〜⑩の活用語を、動詞・形容詞・形容動詞に区別しなさい。

① 白し　② 心細し　③ 心細げなり　④ 降る

⑤ やはらかなり　⑥ 近し　⑦ 飛ぶ　⑧ 灰がちなり

⑨ なる　⑩ わろし

動詞【　　　　】　形容詞【　　　　】

形容動詞【　　　　　　　　】

4 **次のア〜ウの例文について、現代語訳を参考にして、後の①〜④の問に答えなさい。**

ア あはれ、わが道ならましかば、かく余所（よそ）に見はべらじものを。（徒然草211・13）

《訳》ああ、自分の道だったとしたら、このように他人事（ひとごと）として見なかったでしょうに。　＊「ものを」は接続助詞。

イ 心なき身にもあはれは知られけり鴫（しぎ）立つ沢の秋の夕暮れ（新古今集362）

《訳》情趣を解さない私にも趣は自然にわかるものだなあ。鴫が飛び立つ沢の秋の夕暮れの情景よ。

ウ ゆく河の流れは絶えずして、しかも、もとの水にあらず。（方丈記15・1）

《訳》流れゆく河の、流れは途絶えないで、その上、以前の水と同じ水ではない。

① **ウ**の例文中から、名詞を四つ抜き出しなさい。

【　　　】【　　　】【　　　】【　　　】

② **ア・イ・ウ**の例文中から、副詞・連体詞・接続詞をそれぞれ一つずつ抜き出しなさい。

副詞【　　　】　連体詞【　　　】

接続詞【　　　】

③ **ア・イ**の傍線部「あはれ」の違いを説明しなさい。

アは【　　　】で、**イ**は【　　　】である。

④ **ウ**の「水に」と「あらず」の二つの文節の関係を答えなさい。

【　　　】

5 **次の①・②の傍線部は両方とも「たいそう」という意味ですが、それぞれの品詞を答えなさい。**

① 「…」とて（かぐや姫は）いみじく静かに朝廷（おほやけ）に御文（ふみ）奉りたまふ。（竹取物語74・13）

《訳》「…」と言ってかぐや姫はたいそう静かに帝にお手紙を差し上げなさる。

② この女、気色（けしき）（＝機嫌）いとよし。（伊勢物語165・4）

《訳》この女は、機嫌がたいそうよい。

①【　　　】②【　　　】

6 **次の空欄に適語を補いなさい。**

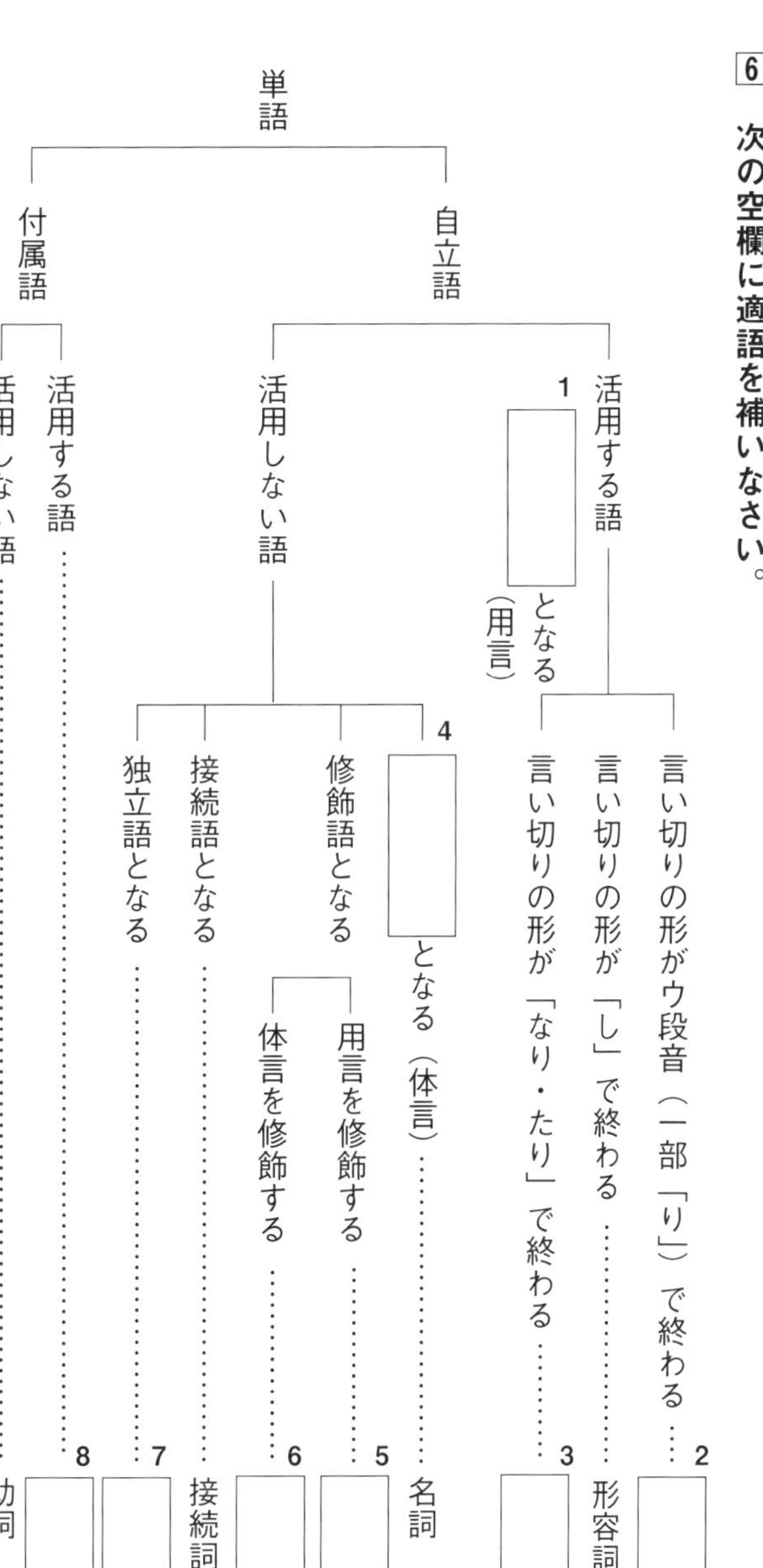

講義

一、「文節」とは

学校文法の品詞認定のもとになっているのは、橋本進吉（はしもとしんきち）の提唱した「文節」という考え方（『国語法要説』『国語法研究』1948年、岩波書店刊所収5頁）である。たとえば、次の文を見られたい。

犬が／突然／吠えた。

意味がわかる範囲で息を切って言うと、おそらく「／」の所で切ることになろう。この誰もが息を切って言うことができるいちばん小さなまとまりが文節という単位である。「ネ・サ・ヨ」を付けて息を切ってみるとわかりやすい。「犬がネ 突然ネ 吠えたヨ」となる。「犬／が」という区切り方もあるが、「犬ネ」は意味がわかっても、「がネ」というのは何を言っているかわからないので、「犬／が」という切り方は文節としておかしいということになる。また、「突然吠えた」を一つの文節とすると、「突然」だけでも意味がわかるので、「突然吠えた」は「いちばん小さなまとまり」とは言えなくなり、文節としては不適であるということになる。わかりにくい場合は、**なるべく細かく区切って、それだけでは意味のわからないものを、その上の部分にくっつけて一つの文節にしていくのがよい。**

二、自立語と付属語

文節は、単語から成り立っている。単語というのは、文節の構成要素であり、それ以上分けると、その文の中では全く意味をなさなくなるものである。文節「犬が」は、「犬」と「が」という単語に分けられる。単語「犬」はそれだけでどのようなものかがわかるのに対して、単語「が」は何のことだかわからない。この「それだけで意味がわかる」単語を「自立語」といい、自立語の下にくっついて初めて意味をなす単語を「付属語」と言う。

三、文節と文節の関係

文は文節の集合体であるから、文節どうしが何らかの関係で結び付いていなければならない。結び付くというのは、ある文節とある文節を取り出して、その二つの文節をくっつけて読んだ時、その文の一部分の意味として理解できるということである。前の例文で言うと、「犬が・吠えた」は意味がわかるので、文節「犬が」と文節「吠えた」は何らかの関係があるということになる。しかし、文節「犬が」と文節「突然」は結び付けて読んでも何のことかわからない。したがって、文節「犬が」と文節「突然」とは文節どうしの直接的な関係がないということになる。

文節「犬が」と文節「吠えた」、文節「突然」と文節「吠えた」のように一対一の文節どうしの関係があるものを、**「文節の係り受けがある」**と言う。一般的には、前にある文節が後にある文節に**「係る」**と言い、後ろの文節は、前の文節を**「受ける」**と言う。原則として、下に係る文節は、一つの文節にしか係っていかない。それに対して、受ける文節は、複数の文節を受けることができる。

文節の係り受けを分類すると、次のようになる。

1　何ガ・ドンナダ　何ガ・ドウスル　何ガ・アル

2　何ヲ・ドウスル　ドノヨウニ・ドウスル（ドンナダ）
　ドレクライ・ドウスル（ドンナダ）

3　何ノ・何（ダ）　ドノヨウナ・何（ダ）
　ドウスル・何（ダ）

1を主語・述語の関係、2を連用修飾・被修飾の関係、3を連体修飾・被修飾の関係と言う。

◉主語・述語の関係

1の主語というのは、その動作をする人・物を「動作の主体」と言うことからの命名であると考えられる。述語というのは、日本語の場合、「文」の意味は、倒置法や省略などのあるものを除いては、一般にいちばん最後の部分で決まり、その最後の部分を「陳述・叙述」などということからの命名であると思われる。しかし、主語・述語の関係の述語が必ず文のいちばん最後に来るとは限らない。たとえば、「ゴッホの／描いた／絵が／盗まれた」という文の「ゴッホの」と「描いた」は主語・述語の関係である。ただ、この文全体の意味を決めているのは、最後の「盗まれた」である。このように文の最後にあって、その文全体の意味を決める部分を「述部」と言う。紛らわしいがまとめておくと、文には述部は必ず存在するが、文節相互の関係においては、主語・述語の関係の時にしか「述語」という用語は用いられない。「犬が／吠えた」の「吠えた」は述語であるが、「突然／吠えた」の「吠えた」は被修飾語であり、述語ではない。よって、「次の文の述語は何か」という言い方は、厳密に言うと「次の文の述部は何か」というように改めなければならないのである。

（現代語では、下に「ガ」を付けて）単独で主語（の文節）になれる単語を「体言」と言い、単独で述語（の文節）になれる単語を「用言」と言う。

●「連用修飾・被修飾」「連体修飾・被修飾」の関係

2と3は、修飾・被修飾の関係と呼ばれるものである。「修飾」というのは、上の文節が下の文節を**詳しく説明したり、意味を限定したりすること**である。2は、受ける文節が「ドウスル・ドンナダ」である。すなわち、用言である。したがって、用言に連なる修飾なので、「連用修飾」と言うのである。同様に、3は受ける文節が「何」すなわち体言である。体言に連なる修飾なので「連体修飾」と言う。

「急いで行く」という文と「学校に行く」という文は、両方とも「連用修飾・被修飾」の関係から成り立っている。ただ、前者は「行く」という動作の状態を詳しく説明している、すなわち修飾成分となっているのであるが、後者は「どこに」という到達点を示しているだけであって、「行く」という動作を詳しく説明したり、限定したりしているわけではない。このように格助詞が付いて、修飾語になるものを、「修飾」と言わず、「補充成分」として分類する説（北原保雄「補充成分と連用修飾成分─渡辺実氏の連用成分についての再検討─」『国語学』95、1973年。『朝倉日本語講座5　文法Ⅰ』2003年、朝倉書店16頁など参照）もある。連体修飾語に関しても同様のことが言える。「僕の本」と「汚れた本」の違いを考えてみてほしい。

この他に、**4対等の関係、5補助・被補助の関係、6接続・被接続の関係、7独立文節**というものがあり、以下のとおりである。

●対等の関係

4は、次の傍線部の文節である。

世界の／をのこ、／貴(あて)なるも／賤しきも、（竹取物語19・7）

《訳》世界の男は、高貴な者も賤しい者も、

同じ内容（どのような「をのこ」か）の文節が並んでいるものである。入れ替えても意味がほぼ同じであるという特徴を持つ。また、並列の接続助詞、たとえば、「また」を入れても文意が変わらないということや、内容の違う他の自立語は間に入ってこないというのも、対等の関係を見分ける一つの方法である。

●補助・被補助の関係

5は、次の傍線部である。

かぐや姫／いと／いたく／泣き／たまふ。（竹取物語65・7）

《訳》かぐや姫はたいそうはなはだしくお泣きになる。

本来、「たまふ」というのは「与ふ」という動詞の尊敬語である。この場合、「泣く」ことを与えているわけではなく、「泣く」という動詞を尊敬語化しているだけである。現代語では、「絵を描いてみる」の「みる」が、本来の「見る」ではなく、「絵を描く」ことを「試す」意で用いられているようなものである。このように本来の意味が失われて、別の意味をある動詞（または文）に付け加える文節を、「補助の文節」と言う。したがって、上の文節が「被補助の文節」ということになる。この関係だけが、下から上に係っていくと解されるものである。

この補助・被補助の文節は、その間に他の言葉を入れると、関係が崩れてしまう。それだけ結びつきが強いと考えることもできる。ということは、この補助・被補助の関係の文節を区切ることの必然性がな

くなってしまうということにもなる。橋本進吉自身、この関係の文節は、まず結び付けて考えるということに言及している（『国文法体系論』1959年、岩波書店刊169頁）。

また、4・5が品詞を認定する基準になっていない（6の表を参照）ことも文節に区切ること自体を否定する根拠の一つになることもある。

◉接続・被接続の関係

6は、次の傍線部である。

和歌／ひとつづつ／つかうまつれ。／さらば、／許さむ。（紫式部日記166・1）

《訳》和歌を一首ずつ詠んで差し上げろ。そしたら、許そう。

＊「つかうまつれ」は自尊敬語（第二十四講「講義」三節参照）。

この「さらば」は、前の文（和歌…つかうまつれ）と後の文（許さむ）を順接仮定条件でつなぐ役目をしているだけである。1から5のどれにもあてはまらないことを確かめてほしい。このように、前の文（または文節）と後ろの文（文節）とをいろいろな条件を伴ってつなぐ働きをする文節を接続文節（接続語）と言う。たとえば、「雨が降ったから、遠足は中止だ。」という文は、「雨が／降ったから／遠足は／中止だ」のように文節に分けられるが、文節「降ったから」は「中止だ」に係っていき、「中止」の原因・理由を表しているので、「降ったから／中止だ」は接続・被接続の関係ということになる。しかし、よく考えてみると、「降ったから」の文節だけが下に係っていくわけではなく、「雨が降った」という文が下に係っていく（「雨が降った。だから、中止だ。」）のように考えた方がより自然である。「雨が」と「降ったから」を文節に区切る意味がないとも言えるのである。

「降ったから」は二つの単語でできているが、「だから・しかし」などのように一つの単語が単独で接続語になることがある。このような単語を接続詞と言う。接続詞は、もともと指示語「さ・しか・かく」などに動詞や助詞などが付いてできたものが多い。また、接続詞は文頭に置かれることが多く、1～5の関係では説明できず、比較的独立しているという形態的な面でも、次で説明する「独立文節」と同じなので、橋本はこれを「独立文節」に含めている。ただ意味的に全く異なるので、最近では接続・被接続の関係を認めるのが主流である。

◉独立文節

最後に7についてだが、次の例を見てほしい。

いざ、／かひもちひ／せん。（宇治拾遺物語45・10）

《訳》さあ、ぼたもちを作ろう。

この「いざ」は、係っていくとするならば、「せん」に係っていくのだろうが、どういう関係かを説明しようとすると難しい。考えようによっては、「いざ。…」と書いても意味が通じる。比較的独立した文節なので、独立文節（独立語）と言う。この独立文節は、文頭に置かれることが多く、呼びかけ・掛け声・あいさつ・感動の声などを表す。活用がなく、単独で用いられ他の品詞と重複しないもの（＝他の品詞に属さないもの）を感動詞と言う。

四、品詞認定の際の注意点

学校文法での品詞認定の場合、特に気を付けなければならないことは、あくまでも6の表の順に見ていくということである。すなわち、まず、自立語か付属語かを判断し、次に活用があるかないかを確認し、ということが大事である。意味的に同じだからと言って同じ品詞になるとは限らないということである。たとえば、5の問題で、「いみじく」は「いみじから・ず」「いみじ。」「いみじき・人」「いみじけれ・

ば」のように活用をするので、単独で連用修飾語になってはいるが、副詞とはせずに形容詞としなければならないのである。「たいそう」は英語では副詞だからという理由は「いみじ」においては成り立たない。しかし、最近では、意味的な要素を考慮しながら品詞認定をしていくことも多くなってきている。すなわち、程度を表す「いみじく・いみじう」は副詞として扱おうというやり方である。しかし、橋本文法の体系からは外れることになる。

　また、同じ語形でも、もとの語の品詞とそこから派生した語の品詞とが異なるものもあるので、品詞認定は難しいものもあるが、4の「あはれ」のように感動詞、形容動詞、名詞の三つの品詞を認定せざるを得ないものもある。

発展一　文節

　「文節」という用語を用いた（＝作った）のは、橋本進吉(はしもとしんきち)である。『国語法研究』（1948年、岩波書店刊6頁）で次のように述べている。

　文を実際の言語として出来るだけ多く区切つた最（も）短い一区切（り）を私は仮に文節と名づけてゐる。

　これを学校文法に取り入れた『中等文法　一』（1944年、文部省刊11頁）では、次のようになっている。

　「日本人か。」といふやうな短い文は、一息に発音してしまふが、長い文では、途中で切つてちよつと息つぎをする。文字で書く時にはそこに「、」を付ける。

　日本人は、みんな無事ですか。

　更に、もつと細かく区切つて発音することがある。急いで来たり、激しい運動をしたあとなどで物を言ふと、途切れ途切れになる。

　日本人は、　みんな　無事ですか。

　しかし、これ以上区切つて発音すると、実際の言葉としては、聞いてをかしく感じられたり、わからなくなつたりする。このような短い一区切りを文節といふ。

　これはこれでわかりやすいように思えるが、よく考えてみると、ある文をみんながみんな同じ所で切るという保証はどこにもない。つまり、合理的・客観的な基準がないとも言える。

　しかし、文節は、形態的に見ると、一つの自立語（『中等文法』での用語。橋本は「詞」と呼ぶ）と、その下に付く付属語（橋本は「辞」と呼ぶ）から成る（ただし、付属語はなくてもよいし、複数個であってもよい）となっていて、かなり合理的に説明できるのである。自立語とは「それだけで実質的な意味を持つ」単語、付属語とは「それだけでは何の意味も表さない」単語である。英語で言うところの、「内容語」と「機能語」に近い分類をしている。

　この橋本進吉の「詞」と「辞」という考え方は、作歌に関する書物『手爾葉大概抄(てにはたいがいしょう)』（鎌倉末期〜室町初期成立？　著者未詳）にある「詞」と

「てには」に端を発し、江戸時代になって、富士谷成章の著した（門人筆記の形を取る）『かざし抄』（明和四1767年）、『あゆひ抄』（安永七1778年）における「名・挿頭・装・脚結」の分類や、鈴木朖『言語四種論』（文政七1824年）における「詞」（左図参照）と「テニヲハ」という分類などを参考にしていると思われる。

「詞」─┬─ 体ノ詞
　　　 └─ 用ノ詞 ─┬─ 作用　シワザノ詞
　　　　　　　　　 └─ 形状　アリカタノ詞

それぞれの用語の内容は異なるものの、これらの国学者の考えを十分に取り入れて考案されたものであろう。

　つまり、文節というものは、まず単語を定義してから、それを組み合わせたものを考えた結果であると言える。最初に単語を定義しているので、「途中で切ってちょっと息つぎをする」という曖昧な言い方でも、結果として、誰もが同じ文節に区切ることを可能にしているのである。循環論であることは否めない。

参考　竹岡正夫『富士谷成章の学説についての研究』1971年、風間書房刊
　町田健『まちがいだらけの日本語文法』2002年、講談社現代新書

発展二

連文節

「講義」三節では、対等の関係、補助・被補助の関係、接続の関係については、文節に区切る蓋然性が認められないという考えがあることに触れた。橋本進吉は、このような問題について、「文と文節と連文節」（『国文法体系論』1959年、岩波書店刊159頁）の章で文節をまとめていく方法をこまかく示している。文節相互の関係を見る前に一まとめにしなければならないものとして、次のような補助・被補助の関係を挙げている。

　ある限り　見せ　たまへ。（更級日記279・12）

《訳》（都にあるという物語を）ある限り、お見せください。

また、次のような対等の関係も挙げている。

　世界の　をのこ、　貴なるも　賤しきも、（竹取物語19・7）

《訳》世界中の男は、高貴な者も、卑しい者も、

この二つの関係については、「ある限り［見せ　たまへ］」「世界のをのこ、［貴なるも　賤しきも］」のように、上の文節との関係を考える前に、一つの文節のようにしておこうというのである。

　接続・被接続の関係については、橋本はこの関係を認めていないので言及されていないが、この関係は文と文とをつなぐので、まず、接続の文節を含む文を一まとめにしなければならない。

　花咲けば、見に行かむ。

右は、「花　［咲けば、見に］」ではなく、「［花　咲けば、］見に　行かむ」なのである。接続・被接続だけは、文節という考え方で説明するのは困難なのかもしれない。

なお、『国文法体系論』には、さらにすべての文節の群化についても触れてあるので、ぜひ見てほしいものである。

発展三　品詞

現在の品詞分類の基礎になったものの一つに、大槻文彦が編んだ『言海』（明治二二1889年、小林新兵衛刊）の巻頭に置かれた文典「語法指南」がある。後に『広日本文典』（明治三〇1897年刊）としてまとめられる。大槻は、名詞・動詞・形容詞・助動詞・副詞・接続詞・天爾遠波（「てにをは」と読み、助詞に相当する）・感動詞の八品詞を立てた。その後、芳賀矢一（『中等教科明治文典』『芳賀矢一選集　第四巻』1987年、國學院大學刊所収45頁）が形容動詞を立て、さらに、鶴田常吉（『尋常小学国語読本を資材とした日本口語法』大正一三1924年、南郊社刊19頁）は、副用言の中の「体言の上にあつて之を装定する」もの（例として「大きな」を挙げる）を連体詞としたのである。

活用と活用形

1 **活用とは、句点（。）、読点（、）や、ある決まった言葉がすぐ下に付く時、規則的に語形が変わることを言います。決まった言葉には、次のようなものがあります。**

①ず　②ど・ども　③けり　④べし　⑤こと

それぞれ、その上の活用語は何形になりますか。

①【　　形】②【　　形】③【　　形】
④【　　形】⑤【　　形】

2 **次の①～⑦の語（傍線部のあるものはその部分）の中から活用語を選び、その番号をすべて答えなさい。**

①風　②をかし　③遊びつつ　④あり
⑤清げなり　⑥行きけり　⑦あな、おもしろ

【　　】

3 **次の①～⑥の傍線部の語は何形ですか。その下の語（二重傍線部）から判断して傍線の右横に書きなさい。**

① 心のうちには、さも（＝そのようにも）思はずかし。（源氏物語・胡蝶183・6）

② うるさき（＝よく気が付く）御心とは思へども、さは申さで（＝そのようには申し上げないで）、…（源氏物語・夕顔140・5）

③ うらめし（＝くやしく悲しい）と思ふこともあらむと…（源氏物語・帚木81・8）

④ 女、いと恥づかしく思ひたり。（源氏物語・夕顔156・2）

⑤ いかなることにかあらむ（＝どのようなことであろうか）と心得がたう（＝納得できないと）思ふ。（源氏物語・若紫251・1）

⑥ この姫君、京へ率（ゐ）て奉るべき（＝お連れ申し上げるのがよいという）ことを思へ。（源氏物語・玉鬘91・14）

4 **古文には「係り結びの法則」というものがあります。助詞「ぞ・なむ・や・か」が文中にあると、原則としてその文の末尾にある活用語は連体形で結びます。また、助詞「こそ」の**

場合は、文の末尾にある活用語は已然形で結びます。【　】に入れるのにふさわしい語形はどれか、後のア〜エから選んで記号で入れなさい。

① 水ぞ【　　】。

② 水こそ【　　】。

ア 流れ　イ 流る　ウ 流るる　エ 流れれ

講義

一、「活用」とは

活用というのは、一般的に、ある語の末尾の音が規則的に変化することを言う。たとえば、「咲く」という語は、「く」の部分が、「咲かず・咲きたり・咲けども」のようになることである。では、音が変われば何でも活用かと言うとそうではない。たとえば、「風（かぜ）」という語に、「向き」を付けると「かざむき」となり、「ぜ」が「ざ」に変化しているが、これは活用とは言わない。活用というのは、**その語の下に、次に示すある決まった語が付いて形が変わること**を言うこととし、次の「ある決まった語」のいくつかが付かないものは活用とは言わないことにする。その「決まった語」（または、句点・読点などの記号）というのは次のようなものである。必ず覚えておくこと。

ず　けり・て　「。」（句点）　**時・こと　ど・ども**

5 **次の①・②の現代語訳中の【　】を補いなさい。**

① 東風（こち）吹かばにほひおこせよ梅の花…　（拾遺集1006）

《訳》東風が【　　】いい香りを（九州まで）送ってよこせよ、梅の花よ…

② 風吹けば峰に別るる白雲の…　（古今集601）

《訳》風が【　　】峰にぶつかって山頂から離れてしまう白雲のように…

これらが付いて形が変わることを「活用する」と言う。「風・雨」にはこれらが付かないことを確認してほしい。逆に言うと、これらのうちのいくつか（全部というわけではない）が付けば、その前にある語は「活用語」であるということになる。たとえば、「咲く」という語は、「咲かず・咲きたり・咲く。・咲く時・咲けども」のようになり、活用語であるのがわかるだろう。

二、活用形は「下に付く語」をチェック

同じ「ある決まった語」が付く形を、同じ活用形とするのが合理的である。いちいち『「ず」の付く形』などと言うのでは不便なので、次のような名称を付けて分類している。

・「ず」の付く形（「ず」以外では、「む（ん）」「る・らる」「す・さす」「じ」「まし」など）……………… **未然形**

・「けり」の付く形（「けり」以外では、「き・つ・ぬ・たり・けむ（けん）」など）……………………………………………連用形
・句点（。）が付いて文が終止する（句点以外では、「まじ・べし・らむ（らん）」など）……………………………………終止形
・体言「こと」などが付く形（体言以外では、「ごとし」など）…連体形
・「ど・ども」などが付く形（「ど・ども」以外では、「ば」など）…已然形
・句点（。）が付いて命令の意味で文が終止する…………命令形

「咲かず・起きず・受けず」の傍線部は、すべて未然形ということになる。段が違っていても同じ活用形なのである。「咲く」は、右の順で活用させると、「咲かず・咲きけり・咲く・咲く時・咲けども・咲け。」となり、変化する部分だけを抜き出すと「か・き・く・く・け・け」となる。この部分だけをまとめたものが、活用表である。この表だけを覚えてしまうと、「咲く」と出てきた場合、終止形なのか連体形なのかがわからなくなることがある。「起きず・起きけり」も同様で、「き・き・く…」と覚えてしまうと、未然形なのか連用形なのかがわからなくなることがあるので、下に付く語を意識して考えることが大切である。「活用形は何形ですか」と聞かれたら、**下にくっついている語を見て判断**するようにしよう。

●**「係り結びの法則」も要チェック**

また、文末に来る活用語の活用形は、「水、流る。」や「人呼べ。」のように終止形か命令形であるのが普通なのだが、その文中に「ぞ・なむ・や・か・こそ」のような係り結びの法則を作る語が来ていないかを確かめることも重要である。「ぞ・なむ・や・か」という助詞があると、文末の活用語は、連体形で結び、「こそ」があると、文末の活用語は已然形で結ぶという規則がある。これを「係り結びの法則」と言う。たとえば、「花咲く。」は「花こそ咲け。」（4参照）となり、この場合の「咲け」は已然形である。「花咲け。」の「咲け」は命令形である。形は同じでも、「花こそ咲け」は「花は咲く」、「花咲け」は「花よ咲け」のように意味が異なるので要注意である。また、「花、咲く」と「花なむ咲く」の「咲く」は形が同じで、現代語訳も同じであるが、後者の「咲く」は連体形であることを認識しなければならない。

三、活用形の名前の意味と並び順

これらの活用形の名前は江戸時代ごろから見られるが、どういう意味の言葉が下に付くのかということに着目するとおもしろい。未然形は、受身・使役の助動詞と、「主にまだ行われていない・実現していない・確定していない」意の助動詞が付く。また、「ば」を付けると仮定条件となる。連用形は、用言に続く形なのでこのように呼ぶが、主に過去・完了の助動詞が付く。終止形は、文を終止させる他に、「主に何かを根拠にして判断する」意の助動詞が付く。連体形は、体言に続く形なのでこのように呼ぶが、断定の助動詞などが付くこともある。已然形の「已」には「既に」という意味があり、「ば」を付けると確定条件（そのことが既に行われた・確定した）となる。意味的には、未然形に相対するものである。

未然形と已然形が対になり、連用形と連体形が対になるので、それを並べればよさそうだが、古来から、未然、連用、終止…の順で並んでいる。その理由は、「咲く」という動詞を見るとわかるように、活用語尾が未然形から順に「か・き・く・く・け・け」のようにきれいに「ア・イ・ウ・エ」のように並ぶからだと思われる。

四、活用形と意味

已然形に「ば」が付くと確定条件を表すと述べたが、確定条件にも

いくつか種類がある。

1 順接確定条件　原因・理由（…ノデ・…カラ）

月明ければ、いとよくありさま見ゆ。（土佐日記55・1）

《訳》月が明るいので、たいそうよく様子が見える。

2 偶然条件（偶々…スルト・…シタトコロ）

「たれたれか」と問へば、「それそれ」と言ふ。（枕草子209・10）

《訳》「誰と誰が（いるのか）」と尋ねたところ、「誰と誰」と言う。

3 恒時条件（恒常条件とも）（…スルトイツモ・…スルトキマッテ）

5②がこれにあたる。

命長ければ、恥多し。（徒然草86・11）

《訳》命が長いと（＝長く生きると）必ず恥をかくことが多くなる。

命令形には、「殺さば殺せ。（殺すのなら勝手に殺せ。）」のように、**「動詞Aの未然形＋「ば」、…動詞Aの命令形」**という形で、放任の意（「勝手ニ…シロ」）を表す用法がある。

また、終止形は、英語の動詞のように「現在」を表すと思っている人も多いだろうが、動詞の終止形で終わっている文（これを、助動詞などが付いていないということで「裸の形」と言うことがある）は、すべてではないが、「落つとて見るに（落ちるだろうと思って見ていると）」のように、近未来を表すこともある。

発展

活用と活用形の歴史

活用形に、現在行われているような名称を与えたのは、東条義門（若狭国・妙玄寺住職・天明六1786～天保一四1843）である。義門は初稿本『山口栞』（文政元1818年成）で、将然言・聯用言・截断言・聯体言・已然言という名称を用い、その後、『友鏡』（文政六1823年刊）で、命令形にあたる「使令」を加えた。その後、『和語説ノ略図』（天保四1833年刊）では、「使令」を「希求言」に改め、現在と同じ六活用が揃った。また、『活語指南』（天保一五1844年刊）では、将然言について、「未然言ナドヤウニ云ウテモ可ナリ」としている。現在と同じ名称を用いたのは、芳賀矢一『中等教科中古文典』（『芳賀矢一選集　第四巻』1987年、國學院大學刊所収240頁）が早いものとされる。

口語において仮定形という名称を提唱したのは、吉岡郷甫『日本口語法』（明治三九1906年、大日本図書刊47頁）が早いものである。已然形＋「ば」が仮定表現として定着したのは、江戸時代後期～末期ごろと言われている。これは、已然形＋「ば」の中の、「恒時条件」が影響していると思われる。確定というのは、本来、その動作が行われて初めて確定となる。対して、恒時条件というのは、あることが起こると必ずそうなるという条件であり、その動作が行われていなくても、用いることができるのである。その「動作がまだ行われていなくても」の意味が強調されるようになり、仮定条件を表すようになったと考えられる。已然形＋「ば」が仮定条件になっていくと、確定条件を「ので・から」、偶然条件を「と」のような助詞が担うことになる。

参考　阪倉篤義『日本語表現の流れ』1993年、岩波書店刊

動詞総論

1　**次の1〜16の【　】に適語句を補い、文章の内容を確認しなさい。**

動詞の活用語尾は、その動詞に助動詞【1　　】を付けた時、その【2　　】の部分である。多くの文法書は、「形の変化しない部分を【3　　】と言い、形の変化する部分を活用語尾と言う」と定義するが、それだと、たとえば、「着る」という動詞の場合、「着ず・着たり・着るべし・着る時・着れども・着よ」となり、「着」が【3　　】ということになる。ということは、「着る」という動詞は部分的に活用語尾を持たないという不都合が生じるのである。したがって、最初の、「活用語尾は、助動詞【1　　】を付けた時、その【2　　】の部分である」としておくのが実用的でわかりやすい。

古典動詞の中で、助動詞【1　　】がア段音に付くものは【4　　】活用、【5　　】活用、【6　　】活用のいずれか、イ段音に付くものは【7　　】活用、【8　　】活用のいずれか、エ段音に付くものは【9　　】活用、【10　　】活用、【11　　】活用のいずれか、オ段音に付くものは、【12　　】活用の動詞である。

これらの中には、所属する動詞の数が少ないものがあり、それらは覚えておかなければならない。ア段音に付くものの中で、「死ぬ・【13　　】」は【5　　】活用、「あり・をり・はべり・【14　　】」は【6　　】活用、イ段音に付くものでは、「着る・見る・煮る・似る・射る・鋳る・居る・率（ゐ）る・干（ひ）る」などが【7　　】活用、エ段音に付くものでは、「蹴る」は【9　　】活用、「す・【15　　】」は【11　　】活用、オ段音に付くものは、「来（く）」一語で、【12　　】活用という具合である。これらは、助動詞【1　　】を付ける前に、単語で活用の種類を判断しなければならないのである。それ以外は、助動詞【1　　】を付けるだけで活用の種類がわかるのである。

文語動詞の中で、【16　　】行で活用する動詞は「得（う）」とその複合語「心得（こころう）・所得（ところう）」だけである。これを知っていると、「報いて」と出てきた場合、この「報い」はヤ行の活用だということがすぐに識別できる。なぜならば「い」という文字は、ア行とヤ行にしかなく、【16 】行で活用する語は「得」だけであるからである。また、「植う」と出てきた場合、ワ行であるということも同様にすぐ識別できるのである。

2 **次の①〜⑧の口語の動詞は文語では二段活用ですが、文語の終止形はどのような形になりますか。**

① 過ぎる【　　】 ② 逃げる【　　】
③ 覚える【　　】 ④ 報いる【　　】
⑤ 失せる【　　】 ⑥ 混ぜる【　　】
⑦ 懲りる【　　】 ⑧ 寝る【　　】

講義

一、動詞の活用

動詞というのは、自立語で、活用があり、それだけで述語になることができ、終止形がウ段で終わるものである。

動詞の活用というと、活用表を覚えることが主であると思いがちであるが、異なる活用形でも同形になることがあるので、第三講「講義」二節でも述べたが、下に付く語を意識することが最も大切なことである。できれば、「咲かず・咲きけり・咲く。・咲く時・咲けども・咲け。」のように言うのが望ましい。慣れてきて下に付く語が常に意識できるようになれば、「か・き・く・く・け・け」とやるのもよいだろう。

●「見る」の活用語尾は?

動詞「咲く」は、「咲かず・咲きけり・咲く。・咲く時・咲けども・咲け」となる。同じ形のものもあるが、傍線部の形が変わっているので、活用語尾と言われる。しかし、動詞「見る」は「みず・みけり・

3 **次の①〜⑲の文語動詞は、何行何活用ですか。「行」は必ず片仮名で答えること(以下同じ)。**

① 言ふ【　行　　活用】 ② 受く【　行　　活用】
③ 帯ぶ【　行　　活用】 ④ 閉づ【　行　　活用】
⑤ 書く【　行　　活用】 ⑥ 見ゆ【　行　　活用】
⑦ 得【　行　　活用】 ⑧ 据う【　行　　活用】
⑨ 老ゆ【　行　　活用】 ⑩ 見る【　行　　活用】
⑪ 見す【　行　　活用】 ⑫ 煮る【　行　　活用】
⑬ 飛ぶ【　行　　活用】 ⑭ 植う【　行　　活用】
⑮ 落つ【　行　　活用】 ⑯ 落とす【　行　　活用】
⑰ 経【　行　　活用】 ⑱ 過ぐ【　行　　活用】
⑲ 過ぐす【　行　　活用】

みる。・みる時・みれども・みよ。」となり、形の変わっているのは傍線部である。傍線部（形の変わる所）だけが活用語尾であるとすると、未然形・連用形には活用語尾がないということになり、おかしなことになる。多くの文法書には、「活用語尾というのは規則的に音が変化する部分である」と書いてあるが、今述べたことからすると、これは間違いとせざるを得ない。そこで次のように定義する。

活用語尾は、助動詞「ず」を付けた時に、そのすぐ上にある一文字の部分であり、その下に「る・れ・よ」が付く場合は活用語尾の一部として扱う。

二、正格活用

さて、活用形を並べていくと、多くの動詞が「咲かず・咲きけり・咲く。・咲く時・咲けども・咲け。」、「起きず・起きけり・起く。・起くる時・起くれども・起きよ。」、「受けず・受けけり・受く。・受くる時・受くれども・受けよ。」のような活用をする動詞になる。この三つのうちのいずれかに含まれる動詞の活用を「正格活用」と言う。

◉活用は何行何段？

この三つの活用のパターンに名前を付けておく。傍線部だけを見てみよう。「咲く」は「か・き・く・く・け・け」となっているのがわかる。段で考えると、「ア段・イ段・ウ段・ウ段・エ段・エ段」となる。五つある段のうち、四つの段を使っているので「四段活用」と言う。同様に「起く」は、「き・き・く・くる・くれ・きよ」となっていて、「る・れ・よ」を除いて考えると、イ段とウ段を使っているのがわかるだろう。五十音図の五つの段（ア・イ・ウ・エ・オ）のうち、ウ段とその上のイ段を使っているので、上の方の二つの段を使っていると解釈し、「上二段活用」と言うのである。同様に「受く」は、「け・け・く・くる・くれ・けよ」となっていて、上二段活用に対して、下の方の二つの段を使っているので「下二段活用」と呼ぶのである。

さらに、その活用は同じ一つの行で活用している。ということは、四段活用・上二段活用・下二段活用においては、打消しの助動詞「ず」を付けるだけで、何行何段活用ということが、活用表を作らなくても判別できるということになる。

三、上一段・下一段活用

このように、どの段を用いて活用が行われているかということに着目すると、「見る」は「みず・みたり・みる。・みる時・みれども・みよ」で、すべてがイ段であることがわかる。五十音図の上の方にある一つの段だけを用いた活用なので「上一段活用」と呼び、「蹴る」は、現代語とは異なるが、「けず・けたり・ける。・ける時・けれども・けよ」で、すべてがエ段で、五十音図の下の方にある一つの段だけを用いた活用なので「下一段活用」と呼ぶ。ただ、この一段活用については、二段活用同様、とても規則的な活用をするので、正格活用に入れるのが適当のように思われるが、それに属する語数が、上一段は約一〇語、下一段活用にいたっては「蹴る」一語だけなので、正格活用に入れないこともある。正格活用に入れるか入れないかは、大した問題ではない。ただ、この上一段活用動詞と、下一段活用動詞を覚えておくと、「ず」を付けた時にイ段が出てきても、エ段が出てきても一段活用なのか二段活用なのかを迷わずに済む。

四、変格活用

変格活用について見てみよう。たとえば「あり」という動詞は、「あらず・ありたり・あり・ある時・あれども・あれ」と活用し、一見四段活用に見えるが、終止形が「り」で終わっているので、変格活用なのである。これは、「動詞は終止形がウ段で終わる」という定義にすら反しているのである。「す」（「する」の意）は、「せず・したり・す。・する時・すれども・せよ」という具合に、下二段活用的であるが、連用形だけは四段活用のようになっているので変格活用とするのである。このように、正格活用（上一段・下一段を含む）でないものを変格活用と言う。すべて覚えておかなければならない。

五、動詞の活用の判別方法のまとめ

以上の結果、覚えておかなくてはならない動詞の活用には六種類あり、「ず」を付けてみて考える動詞の活用は三種類であるということになる。

・カ行変格活用…「来（く）」の一語（「出で来」などの複合語も含む）。
・サ行変格活用…「す（現代語のスル）・おはす」の二語（「具す」などのように漢語サ変動詞を含む）。
　＊「おはします」も「イラッシャル」という意味であるが、これはサ行四段活用なので要注意。
・ナ行変格活用…「死ぬ・いぬ（「往ぬ・去ぬ」どちらでもよい）」の二語。
・ラ行変格活用…「あり・をり・はべり・いまそがり（いますかり・いまそかり・いますがり）」の四語。
　＊「をり」は「居り」と書くが、「居る。」となると、「ゐる」と読み、別語になるので要注意。
・下一段活用…「蹴る」（カ行）の一語。現代語の「蹴る」はラ行五段活用なので、必ず古語の活用は覚えること。
・上一段活用…カ行「着る」、マ行「見る」、ナ行「煮る・似る」、ヤ行「射る・鋳る」、ワ行「居る・率る」、ハ行「干る」
　＊他にも「簸（ひ）る」（屑やごみを取り除く意）などもある。右のように並べたのは、覚えやすくするため。動詞の一文字目を取って「き・み・に・い・ゐ・ひ」と覚える。「ひいきにみゐる」という覚え方もある。同じ発音でも「切る」「入る・要る」などは別活用である。この上一段活用の特徴は、複合語以外は語幹と活用語尾の区別ができないことが挙げられる。ただし、複合語には、「試みる・もちゐる・ひきゐる」などがあり、これらの「こころ・もち・ひき」が語幹となる。

右以外の動詞は、助動詞「ず」を付けてみる。以下のとおりである。

「ず」のすぐ上の文字が、ア段ならば四段活用、イ段ならば上二段活用、エ段ならば下二段活用と判断できる。

六、識別が紛らわしいもの

● 現代語と異なる「行」

先ほども述べたように、動詞の活用は同じ一つの行で行われるので、「何行の活用ですか」という問いには、「ず」のすぐ上の文字の行を答えることになる。その読み方（発音）は関係ない。たとえば、「思ふ」は、「思はず」となり、「思わず」と読んで、現代語では「ワ行」となるが、「は」に「ず」が付くのでハ行としなければならない。同様に「閉ぢず」はダ行、「植ゑず」はワ行、「混ぜず」はザ行としなければならない。最も注意を要するのは、「報いず・覚えず」のように「い・え」に「ず」が付く場合である。文字「い・え」は、ア行とヤ行の二つの行に存在しているからである。これに関しては、ア行の活用の動詞は「得（う）」（とその複合語）だけであることを覚えておかなければならない。したがって、「報いず・覚えず」はヤ行とすることになる。

● 「終止形」にご用心

「ず」を付けて活用の種類を見分けるという方法は簡単で有効であ

るが、たとえば、「行く」に「ず」を付ける際に「行かず」とすればよいが、「行ける」という語と認識して、「行けず」とすると、活用の種類が全く違ってくるので要注意である。古文に現代語の可能動詞（五段動詞を下一段にして可能の意味を持たせたもの。「行ける・歩ける」など）や、ら抜き言葉（助動詞「られる」の「ら」が落ちたように見えるもの。「見れる・出れる」など）は存在しない。ちなみに、可能動詞が広く使われるようになるのは、江戸時代末期からである。また、ら抜き言葉の存在は松下大三郎（『標準日本文法』大正一三1924年、紀元社刊330頁）の指摘が早く、「平易な説話にのみ用ゐ厳粛な説話には用ゐない」としている。ら抜き言葉が共通語として認められる（問題視される）のは、ごく最近の事である。

二段活用は、現代語にはなく、たとえば、現代語「受ける」は古語では「受く」となる。「受く」は、連体形は「受くる」、已然形は「受くれ」であり現代語と異なっているので、慣れなければならない。現代語の終止形を古語の終止形にする方法を示しておく。

例：下りる「oriru」の「iru」の部分を「u」にすると、古語「下る」になる。

受ける「ukeru」の「eru」の部分を「u」にすると、古語「受く」になる。

なお、「与える」を同様にやると、「与う」となるが、ア行の動詞は「得」だけなので、ワ行「与う・与ゑず」か、ヤ行「与ゆ・与えず」か、ハ行「与ふ・与へず」のいずれかということになる。ここから先は、辞書を引くしかなくなる（正しくは、「与ふ」である）。このことについては、中世～近世の人も混乱していたようで、「教ふ」（現代語の「教える」）を「教ゆ」としているものも見える。また、一段活用であるはずの「用ゐる」も二段活用のように「用ふ・用ゆ」のように書かれている例も見られる。これは、未然形と連用形が、一段活用も二段活用も「用イず」と同じ発音になることに起因していると考えられる。

発展

動詞概説

「動詞」という用語は、洋学者の馬場佐十郎が『訂正蘭語九品集』（文化二1805年刊）で用いたものなどが早いとされる。日本の国学者においては、内容的には少し異なるが、富士谷成章『あゆひ抄』（安永七1778年刊）では「事」、本居春庭『詞八衢』（文化三1806年成立、同五年刊）では「活詞」と呼んでいる。明治になって田中義廉『小学日本文典　巻二』（明治七1874年、東京書林刊1丁裏）で、七品詞のうちの一つとして、「動詞又ハタラキコトバ」を立て、「動詞は、一般に事物の作動、起居を示す詞なり」と説明して以来、動詞という名称が定着したと言われる。

現在、学校文法で行われている考え方の基礎を作ったのが、本居春庭である。前掲『詞八衢』で、四段の活、一段の活、中二段の活、下二段の活を正格活用とし、加（＝カ）行変格の活、左（＝サ）行変格の活、奈（＝ナ）行変格の活、と名付け分類している。これは、順に、四段活用、上一段活用、上二段活用、下二段活用と、カ行変格活用、サ行変格活用、ナ行変格活用にあたる。今日では下一段活用とされる「蹴る」は、「くう」（ワ行下二段活用）として扱われているし、ラ行変格活用の「あり・をり」については、「切る詞」（＝終止形）を「あり・をり」と言うと注はしているが、ラ行四段活用として扱っているので、全部で七種類の活用を認めるのである。

　下一段活用「蹴る」は、平安時代の文献において用例が稀である。『落窪物語』に四例、『大鏡』に一例を数えるぐらいである。ただ、『日本書紀』（神代上64・1）には、「蹴散」のよみとして「倶穢簸邏邏箇須」（クヱハララカス）という注記をして、「蹴る」の連用形が「クヱ」であることをうかがわせている。このことから、「蹴る」の活用が、「植う・据う」などと同じワ行下二段活用であったと考えることができるのである。カ行下一段活用はもともとなかったということになる。もし、下一段があったとしても、「クヱ・クヱ・クヱル・クヱル・クヱレ・クヱヨ」のようにワ行、またはクヮ行下一段だったと考えられる。というのは、『観智院本類聚名義抄』（一二世紀初成）という古辞書に、「蹢」に「クヱル」、「蹴」に「化ル」（「化」は「クヱ」という音を示す）とあるからである。『日本書紀』の例も連用形の例なので、下一段と解することもできる。なお、「蹴る」は江戸時代中期ごろに四段化して現代語と同じようになった。なお、下一段・上一段を立てたのは、林圀雄『詞緒環』（天保九1838年刊）が早い。

　また、「あり」を変格として位置付けたのは、東条義門の『詞の道しるべ』（文化七1810年刊）に、「羅行四段の活詞の一の変格」としているのが早いようである。

　「射る」については、「い・い・いる・いる・いれ・いよ」という活用であるが、この活用語尾「い」が何行であるか（ア行なのかヤ行なのか）を限定することは困難である。本居春庭は『詞八衢』でア行の活用とする。しかし、表外に、次のように記している。

　此一段の活は此行（＝ア行）のいか、也行（＝ヤ行）のいか定めがたけれど、先づしばらくここに出だしおきつ。なほ何れのくだり（＝行）とたしかに定むべきよりどころありげなり。よく考ふべし。

また、義門は、『活語指南』（天保一五1844年刊）でヤ行の「い」であるとし、次のように記している。

　万葉二弓ヲ い トヨムベキ処モアリ。マタ ゆめ ハ眠目ナルナドノサダメ、クハシクハ別ニ考アル事也。

しかし、ヤ行であるという確証を得るのは難しい。

　中世になると、用言は、連体形が終止形の働きを受け持つようになる。たとえば、「浴ぶ」は、「び・び・ぶ・ぶる・ぶれ・びよ」という上二段活用であるが、「び・び・ぶる・ぶる・ぶれ・びよ」となるのである。さらに室町時代末期には、「び・び・びる・びる・びれ・びよ」のように上一段になっていく（これを一段化と言う）。たとえば、江戸時代初頭のキリシタンが作った『日葡辞書』（日本語をポルトガル語で解説した辞書。慶長九1604年成）には、「浴ぶる（原表記Aburu）」と「浴びる（Abiru）」の両形を載せている。上二段活用だけではなく、下二段活用も一段化していく。江戸時代中期ごろには定着したと言われている。現代語のようになったのである。

第五講

動詞各論1 ―正格活用―

1 次の①〜⑥の動詞は、何行何活用ですか。

① 打つ【　行　活用】 ② 捨つ【　行　活用】
③ 落つ【　行　活用】 ④ 思ふ【　行　活用】
⑤ 恋ふ【　行　活用】 ⑥ 与ふ【　行　活用】

2 1の④〜⑥の動詞を用いて、次の活用表を完成させなさい。

下に付く言葉・記号		ず	けり	句点。	こと	ども	句点。
基本形	語幹	未然形	連用形	終止形	連体形	已然形	命令形
思ふ	思			ふ			
恋ふ	恋			ふ			
与ふ	与			ふ			

3 2の表を見て、なぜ、四段活用・上二段活用・下二段活用という名称で呼ばれているか、簡潔に説明しなさい。

【　　】

4 次の①〜⑩の傍線部の動詞の活用の種類（何行何活用）と活用形（何形）とを答えなさい。「何活用」は、A四段・B上二段・C下二段から選び、記号で答えなさい。

① 手をたたき、ののしれど、いらへする人もなし。（紫式部日記186・3）

【　行　活用　　形】【　行　活用　　形】

《訳》手をたたいて大声をあげるけれど、応答する人もいない。

② 桧垣(ひがき)の御(ご)と言ひけむ人に、いかであはむ。（大和物語347・7）

【　行　活用　　形】【　行　活用　　形】

《訳》桧垣の御といった人に、何とかして会おう。

③ この苗の枯れぬさきに植ゑん。（宇治拾遺物語152・2）

【　行　活用　　形】【　行　活用　　形】

《訳》この苗が枯れないうちに植えよう。＊「ぬ」は打消しの助動詞「ず」の連体形。

④ 木の葉の落つるも、まづ落ちて芽ぐむにはあらず。（徒然草205・14）

《訳》木の葉が落ちるのも、まず葉が落ちて芽生えるのではない。

【　行　活用　形】【　行　活用　形】

【　行　活用　形】

⑤ 起きば起きよ。（宇治拾遺物語38・9）

《訳》起きるのなら勝手に起きてみろ。

【　行　活用　形】【　行　活用　形】

⑥ 道を知る者は植うることを務む。（徒然草255・13）

《訳》道理を心得ている者は（植物を）植えることに努める。

【　行　活用　形】【　行　活用　形】

【　行　活用　形】

⑦ 「この一矢に定むべし」と思へ。（徒然草153・15）

《訳》「この一本の矢で決めなければならない」と思え。

【　行　活用　形】【　行　活用　形】

⑧ 月見るとて上げたる格子おろすは、何もののするぞ。（大鏡242・10）

《訳》月を見ようとして上げた格子戸を下ろすのは、何ものがするのだ。

【　行　活用　形】【　行　活用　形】

⑨ 人怖ぢて、あへてそのわたりに行かず。（宇治拾遺物語386・6）

《訳》人は恐れて、決してそのあたりに行かない。

【　行　活用　形】【　行　活用　形】

⑩ しのぶれど色に出でにけりわが恋ひは物や思ふと人の問ふまで（拾遺集622）

《訳》隠しているけれど表情に出てしまうなあ。私の恋は。何か物思いでもしているのかと他人が尋ねるぐらいに。

＊「物や」の「や」に注意！

【　行　活用　形】【　行　活用　形】

【　行　活用　形】

5 次の①〜④の【　】にその下の［　］内の動詞を活用させて入れなさい。すべて平仮名で答えなさい。

① なすことなくして、身は【　　】［老ゆ］ぬ。（徒然草229・13）

《訳》成し遂げることもなくて、身は老いてしまう。

② 「かきつばた」といふ五文字を句の上に【　　】［据う］て、旅の心詠め。（伊勢物語120・12）

《訳》「かきつばた」という五文字を各句のはじめの文字に置いて、旅の思いを詠め。

③ この心をも【　　】［得］ざらん人は、物狂ひとも言へ。（徒然草169・5）

《訳》私の心を理解しない人は、（私のことを）気が狂った人とでも言うがよい。

＊「ざらん」は「ず」＋「ん」。

④ …頼まぬものの恋ひつつぞ【　　】［経］（伊勢物語138・8）

《訳》（あなたが来るということは）あてにはしていないけれども、恋しい思いで月日を過ごしていますよ。

＊「ぞ」に注意！

講義

重要事項再確認

一、活用の判別

◉覚えておく語

・カ行変格活用…「来」の一語。ただし、「まうで来・出で来」などの複合語あり。また、「来たる」は四段活用。
・サ行変格活用…「す・おはす」の二語。ただし、「具す・案内す」のような漢語サ変動詞がある。
・ナ行変格活用…「死ぬ・往ぬ（去ぬ）」の二語。
・ラ行変格活用…「あり・をり・はべり・いまそがり（いますかり・いまそかり・いますがり）」の四語。
・下一段活用…「蹴る」（カ行）一語。
・上一段活用…「着る・見る・煮る・似る・射る・鋳る・居る・率る・干る」

◉右以外の動詞

「ず」がア段音に付くもの→四段活用
「ず」がイ段音に付くもの→上二段活用
「ず」がエ段音に付くもの→下二段活用

◉活用語尾

未然形・連用形・終止形・連体形・已然形・命令形の順に活用語尾を並べると、以下のようになる。

四段活用……　－a－i－u－u－e－e
上二段活用…　－i－i－u－uる－uれ－iよ
下二段活用…　－e－e－u－uる－uれ－eよ

◉活用の種類の名称

日本語の五十音図は、ア段・イ段・ウ段・エ段・オ段の順に並んでいる。

四段活用を見てみると、未然形から順に「ア段・イ段・ウ段・ウ段・エ段・エ段」と並んでいることがわかる。つまり五つの段のうち、四つの段を使う活用なので「四段活用」と呼ぶのである。

上二段活用は、「イ段・イ段・ウ段・ウ段（＋る）・ウ段（＋れ）・イ段（＋よ）」となり、右のローマ字で書かれた所だけを見ると、イ段とウ段とが用いられている。五十音図の中でイ段とウ段というのは、比較的上の方にあるので、この活用を「上の方の二つの段を用いた活用」ということで上二段活用と呼ぶのである。

下二段活用は、「エ段・エ段・ウ段・ウ段（＋る）・ウ段（＋れ）・エ段（＋よ）」となり、右のローマ字で書かれた所だけを見ると、エ段とウ段とが用いられている。五十音図の中でエ段とウ段というのは、比較的下の方にあるので、この活用を「下の方の二つの段を用いた活用」ということで下二段活用と呼ぶのである。上二段活用も、下二段活用も、連体形「る」、已然形「れ」、命令形「よ」の部分が活用の識別には何も関係していないということを理解してほしい。

二、語数が少ない活用

第四講「講義」六節でも述べたように、ア行で活用する語は、「得(う)」(下二段活用)だけであるので、覚えておかなくてはならないが、その他にも語数の少ないものがあるので、それも覚えておくに越したことはない。例を挙げる。

・ヤ行上二段活用は三語。「老(お)ゆ・悔(く)ゆ・報(むく)ゆ」

・上二段活用でザ行に活用するものはなく、現代語のザ行の活用はダ行になる。例：閉づ・恥づ・怖づ

・ワ行下二段活用は三語。「植う・据(す)う・飢う」

・下二段活用「得(う)・経(ふ)・寝(ぬ)」は語幹と活用語尾の区別がない。「出」は「いづ」で「い」が語幹。

三、現代語と活用の種類が異なる語

四段・上二段・下二段の判別は、「ず」を付けて考えてみるということであるが、その考え方の基準となるのは、現代語の動詞の活用である。たとえば、「書く」は、現代語では「書かない」だから、「書かず」となり、何の問題もないが、現代語と活用の種類が異なっているものも存在する。次のようなものである。(　)内は現代語の活用である。

飽く(上一段活用)…四段活用
足る(上一段活用)…四段活用
借る(上一段活用)…四段活用
恨む(五段活用)…上二段活用

「飽く」は「飽かず」と出てくれば、四段活用だということがわかるが、「飽きて」と出てくると上一段活用なのか四段活用なのかということがわからなくなる。結局、これらも知っておくに越したことはない。

第六講 動詞各論2 —一段活用—

1 **次の活用表を完成させなさい。**

下に付く記号・言葉		ず	けり	句点。	こと	ども	句点。
基本形	語幹	未然形	連用形	終止形	連体形	已然形	命令形
蹴る				ける			
見る				みる			
射る				いる			

2 **次の1〜9の動詞の中から、上一段活用の動詞を四つ探し、その番号に○を付けなさい。またそれ以外の五つの動詞の番号と活用の種類（何行何活用）を答えなさい。**

1 着る　2 切る　3 見る　4 見ゆ　5 居り
6 居る　7 要る　8 射る　9 蹴る

【番号：　活用の種類：　行　活用】
【番号：　活用の種類：　行　活用】
【番号：　活用の種類：　行　活用】
【番号：　活用の種類：　行　活用】
【番号：　活用の種類：　行　活用】

3 **次の①〜③の傍線部は何形ですか。**

① 成村、「蹴よ」と言ひつる相撲（＝相撲取）に目をくはせければ（＝目くばせをしたので）…（宇治拾遺物語99・14）
【　形】

② ただ水の泡にぞ似たりける。（方丈記15・11）
【　形】

③ 人柄めやすく（＝人柄が好ましいと）世に用ゐられて…（源氏物語・賢木139・4）
【　形】

講義

重要事項再確認

● 一段活用

一段活用というのは、次のような活用である。

上一段活用… −i −i −iる −iる −iれ −iよ

下一段活用… −e −e −eる −eる −eれ −eよ

二段活用風の説明をすると、上一段活用は、イ段だけの活用であり、イ段というのは五つの段の上の方にある段であるので、「上の方の一つの段だけを使う」のでこのように呼ぶのである。同様に下一段活用は、エ段だけの活用であり、「下の方の一つの段だけを使う」のでこのように呼ぶのである。このように見ると規則的な活用なので正格活用に入れなければならない所であるが、下一段は「蹴る」一語であること、上一段も語数が少ないことから、覚えておかねばならないものとして別に挙げた。

上一段活用の動詞を「きみにいゐひ」という覚え方で記す（「ひいきにみゐる」などの覚え方もある）。

き…着る、み…見る、に…煮る・似る、い…射る・鋳る、
ゐ…居る・率る、ひ…干る

● 一段活用の変遷と語幹の区別

現代語の下一段活用は、江戸時代後期に、文語の下二段活用が変化したものがほとんどである。下一段活用の「蹴る」は江戸時代中期ごろに四段活用（現代語の五段活用）になった。また、現代語の上一段活用は、文語の上一段活用の動詞と、江戸時代後期に、上二段活用の変化したものがほとんどである。

上一段活用には語幹と活用語尾の区別がないと述べたが、複合語になった場合は語幹が区別できるので、注意が必要である。傍線部が語幹となり、活用表の語幹の所には、傍線部だけを書くことになる。

用ゐる（持つ＋率る）　引きゐる（引く＋率る）　試みる（心＋見る）
顧みる（返る＋見る）

第七講 動詞各論3 ―変格活用―

1 **次の活用表を完成させなさい。**

下に付く言葉・記号		ず	けり	句点。	こと	ども	句点。
基本形	語幹	未然形	連用形	終止形	連体形	已然形	命令形
来							こ・こよ
おはす							
死ぬ							
はべり							

2 **次の①～⑥の傍線部の右側に、読みを平仮名で答えなさい。**

① 手にうち入れて持ちて来ぬ。（竹取物語17・11）

《訳》手の中に入れて持って来た。　＊「ぬ」は完了の助動詞で、「風立ちぬ」の「ぬ」と同じ。

② いづら猫は。こちゐて来。（更級日記302・2）

《訳》どこだ、猫は。こっちへ連れて来い。

③ 亡き人の来る夜とて、魂まつるわざは…（徒然草98・3）

《訳》死んだ人が帰ってくる夜だと言って、魂をお迎えする法要は…

④ かの唐土（もろこし）船来けり。（竹取物語38・8）

《訳》その唐土船が来た。

⑤ そら言なども出で来べし。（枕草子261・12）

《訳》嘘なども出てくるはずだ。　＊参考：落つべし。「落つ」は何形？

⑥ 大和人、「来む」と言へり。（伊勢物語138・3）

《訳》大和の男は、「来よう」と言った。

3 **次の1～15の中から変格活用動詞を七つ探し、その番号に○を付けなさい。また変格活用以外の動詞の番号と活用の種類（何行何活用）を答えなさい。**

1 死す　**2** 去ぬ　**3** 来たる　**4** おはす　**5** おはします
6 去る　**7** 死ぬ　**8** 居り　**9** 候ふ　**10** 来　**11** 具す
12 失（う）す　**13** 寝（ぬ）　**14** 見る　**15** 居る

【番号：　活用の種類：　行　活用】
【番号：　活用の種類：　行　活用】
【番号：　活用の種類：　行　活用】
【番号：　活用の種類：　行　活用】

【番号：　活用の種類：　行　活用】
【番号：　活用の種類：　行　活用】
【番号：　活用の種類：　行　活用】
【番号：　活用の種類：　行　活用】

4 **次の①～③の中から【　】の数だけ変格活用動詞を抜き出し、活用形を答えなさい。**

① かかる人さへおはすれば、いかにして具したてまつらむ。（狭衣物語・巻一89・4）

《訳》そのような人までもがおいでになるので、どのようにしてお連れ申し上げようか。　＊「かかる」は連体詞とする。

【　・　形】【　・　形】

② 翁のあらむ限りは、かうてもいますかりなむかし。（竹取物語22・9）

《訳》（私のような）爺さんが生きている限りは、きっとこのようにしていらっしゃるだろうよ。　＊参考：花咲きなむかし。

【　・　形】【　・　形】

③ ともあれかくもあれ、夜の明けはてぬさきに御船にたてまつれ。（源氏物語・明石233・8）

《訳》もうどうなってもよいから、夜がすっかり明けてしまわないうちに船にお乗りください。

【　・　形】【　・　形】

5 **次の①～④の【　】にその下の［　］内の動詞を活用させて答えなさい。**

① 水に溺れて【　】［死ぬ］ば【　】［死ぬ］。（平家物語・橋合戦320・12）

《訳》水に溺れて死ぬなら勝手に死ね。

② 竹の中に【　】［おはす］にて知りぬ。（竹取物語17・9）

《訳》竹の中にいらっしゃるからわかった。

③ 男女【　】［死ぬ］もの数十人、牛馬のたぐひ辺際（へんさい）を知らず。（方丈記17・7）

《訳》（安元の大火によって）男女死ぬ者数十人、牛馬の類にいたってはどれほど死んだかわからない。

④ ありつる人もまろ【　】［いぬ］と見ば、帰りもこそ【　】［す］。（狭衣物語・巻一78・14）

《訳》さっきの人々も、私が出かけたとわかったならば、引き返して来たら大変だ。　＊「もこそ…已然形」は危惧・心配の表現で、「…タラ大変ダ」と訳す。

講義

一、「変格活用」概説

変格活用というのは、正格活用に対して、不規則な・例外的な活用という意味である。

たとえば、カ行変格活用（カ変）は未然形と命令形にオ段「こ」が出てくるが、このような動詞は他にない。サ行変格活用（サ変）は、「ず」を付けると「せ・ず」となり、連用形を除いては全く下二段活用と同じ活用をする。連用形が「せ」だったら下二段活用であった。しかし、連用形は「し」であるから、イレギュラーなのである。ナ行変格活用（ナ変）は、「死な・ず」「死に・たり」「死ぬ。」のように四段活用と同じ出だしだが、連体形が「死ぬる・人」、已然形が「死ぬれ・ど」のように二段活用と同じになっている。ただ命令形は「死ね。」のようにまた四段活用に戻るのである。連体形・已然形が二段活用と同じなので、つい、命令形も「死ねよ」という二段活用風にしてしまうことが多い。要注意である。ナ行変格活用動詞は、関東では江戸時代に四段化したが、関西では、最近までナ行変格活用であった。ラ行変格活用（ラ変）は、終止形が変格である。自立語で活用があって、終止形がウ段音で終わるものという動詞の定義に反するのでイレギュラーなのは当然である。それ以外は四段活用と全く同じである。動詞の定義に反しているので、文法学者によっては、動詞に含めない人もいる。

二、複合動詞

「まうで来・寄り来・参り来」などの複合動詞（二つの単語が合わさって、一つの単語になるものを複合語と言い、下にある単語が動詞の場合、複合動詞となる）もカ変である。カ変で間違えやすいものに、動詞「来たる」がある。「来」に存続の助動詞「たり」の付いたものと考えられるが、『今昔物語集』などでは、終止形の用例に「来たる。」とあるので、「来」にラ行四段活用「至（いた）る」という動詞の付いた複合語「来いたる」の音変化と考えた方がよさそうである（第十五講「講義」三節参照）。したがって、終止形以外の活用形が出てきた場合は、どちらの意味なのかを慎重に考える必要がある。

三、漢語サ変動詞

サ変には、漢語サ変動詞というものがある。これは、音読みの漢字（字音語とも言う）に「す」が付いたものである。たとえば、「具（ぐ）」に「す」が付いた「具す（身に付ける、同行するなどの意）・死す・案内す」などがある。その中でも気を付けなければならないのは、「感ず・困（こう）ず・信ず」のように「す」の部分が「ず」と濁音になるものがあるということである。これは、「す」の前に長音「う」、撥音「ん」という鼻音系の音が来るために「す」が濁音になった（このようなものを連濁と言う）ものである。「う・ん」のない「具す」は清音のままである。したがって、「感ず・困ず・信ず」などは「ザ変」とは言わないで、「サ変」とし扱う。

●「こちらにおはすは前の副将軍…」は四段活用

サ変動詞「おはす」をサ変動詞として扱うようになったのは、比較的最近のことである。時代的に「おはす」の活用がゆれている可能性がある。時代劇で「こちらにおはすは前の副将軍…」というのがあるが、文語文法上は「こちらにおはするは」としなければならない。ただ、江戸時代の「おはす」は四段活用で用いられることの方が優勢だったと考えられているので、一概に間違いとはできないのである。中古の日本語の姿を正しく表現していると思われる資料では、サ変であることが確かめられている。

四、ラ行変格活用

ラ変は、「あり・をり・はべり・いまそがり」であるが、「はべり」は「あり・をり」の丁寧語（ゴザイマス・デス）、「いまそがり」は「あり・をり」の尊敬語（イラッシャル）である。「いますかり・いまそかり・いますがり」の形でも現れるが、同じものと考えてよい。

五、カ変サ変＋「し・しか」

カ変とサ変には気を付けなければならないことがある。それは、助動詞「き」の連体形「し」・已然形「しか」が接続する時である。本来、過去の助動詞「き」は連用形に付くので、「き＋し・しか」「し＋し・しか」となるはずである。

しかし、カ変に付く「し・しか」には「こ＋し・しか」になっているものが多く見られる。文法書では、未然形・連用形どちらにも付くと書かれているが、実際は、平安時代以降は多くが「こし」であり、「きし」は「来し方」という場合に限られる（第十五講「講義」一節参照）。「きしか」も『拾遺集』に一例見られるだけだと言われる。なお、過去の助動詞「き」の終止形は「来」には付かない。これは、過去の助動詞「き」が動詞「来」に由来するためと考えられている。

サ変動詞に「し・しか」が付く場合は、未然形「せ」に付き、「せし・せしか」となる。たとえば、「おはせし・おはせしか」となるのである。「おはす」と意味が同じでも、「おはします」はサ行四段活用なので、「おはしましし」（「おはしませし」ではない！）となる。よく歌舞伎などで「…と申せしは」のように言うのを聞くが、これは時代が下ってからの言葉で、「おはせし」の類推によってできたものと考えられる。

発展

ラ変「あり」の扱われ方

「講義」一節で述べたように、ラ変というのは、「終止形はウ段で終わる」という動詞の定義に反している。動詞の中に入れるのはおかしいという考え方ももっともである。富士谷成章が動詞を「事」としたことは第四講「発展」で触れたが、その中でもラ変は「孔」として一項を設けている。鈴木朖『言語四種論』（文政七1824年刊）は「形状の詞」として、形容詞などと同様に扱っている。「あり」は存在を表すだけで、他の動詞とは異なるという意味的な面から、山田孝雄は、『日本文法論』（明治四一1908年、宝文館刊335頁）で、「あり」を「純粋形式用言」、『日本文法学概論』（1936年、宝文館刊270頁）では、「存在詞」とする。ただ、富樫広蔭『詞玉橋』（文政九1826年成立。その後修正を重ね、明治二四1891年刊）以降は、ほとんどが「動詞」として扱っている。

ラ変には、「あり」と「をり」という、現代語では同じ意味になるような類似の動詞が含まれている。この両者（厳密には「ゐる」も含む）の違いについては、高田昇「存在を表す『あり』について―『ゐる』『をり』との比較を中心に―」（『国文論叢』6、神戸大学文学部国語国文学会編、1957年）では、『万葉集』に現れる「あり」が事物の性質・状態などの存在（=観念的な存在）を表すのに対して、「をり・ゐる」は具体的な存在を表すとしている。また、「あり」はどのような主語であっても構わないが、「をり・ゐる」は、主語が有情のものに限られるという制限があることも指摘している。後者は、現代語（標準的な東京語）の「いる」にも同様の傾向がみられる。また、現代語の「おる」は標準的な東京語では、「おります」の形で、かしこまり・へりくだりの意味を表すと言われている。

参考　金水敏『日本語存在表現の歴史』2006年、ひつじ書房刊

第八講 動詞各論4 ―音便・補助動詞・自動詞と他動詞―

1 **次の①〜⑦の傍線部の動詞の終止形を平仮名で答えなさい。**

① 夕殿（せきでん）（＝夕方の宮殿）に蛍飛んで （源氏物語・幻543・1）

② 我が身は庭に立つて （平家物語・紺掻（こんかき）之沙汰443・12）

③ 石打ちの矢の（＝鳥が尾羽を広げた時、両端に出る羽を用いた矢であって）その日のいくさに射て少々残つたるを （平家物語・木曽最期177・12）

④ 練貫（ねりぬき）（＝絹織物の一つ）に鶴縫うたる直垂（ひたたれ）に （平家物語・敦盛最期232・11）

⑤ 世の中に物語といふもののあんなるを（＝あるそうだが） （更級日記279・5）

⑥ 泣いたまふこゑもほのかに（＝わずかに）聞こゆれば （落窪物語39・13）

⑦ 「…竜王やある、」とぞようだりける（＝呼びかけた）。 （平家物語・文覚被流（もんがくながされ）388・7）

①【　　】②【　　】③【　　】④【　　】

⑤【　　】⑥【　　】⑦【　　】

2 **次の1〜6の傍線部の動詞が補助動詞であるものを選んで、番号を○で囲みなさい。**

1 これは竜のしわざにこそありけれ。 （竹取物語47・8）

《訳》これは竜のしわざであるなぁ。

2 堤にありける家を人に売りてのち、… （大和物語261・8）

《訳》堤にあった家を人に売ってから、…

3 このありつる人たまへ。 （伊勢物語164・2）

《訳》このさっきの人をください。

4 はや、かの御使に対面したまへ。 （竹取物語57・7）

《訳》早く、あのお使いに会ってください。

5 世の人、光る君ときこゆ。 （源氏物語・桐壺44・1）

《訳》世の中の人々は、（その皇子を）光る君と申し上げる。

6 よべの御口ずさみをめできこゆ。 （紫式部日記218・4）

《訳》昨晩の心に浮かぶままの吟詠をご賞賛申し上げる。

3 **次の①〜④の傍線部の動詞の活用の種類と活用形を答え、後の現代語訳の空欄を埋めなさい。**

① 後の矢をたのみて、はじめの矢になほざりの心あり。（徒然草153・4）

【　　行　　活用　　形】

《訳》後の矢を【　　　　】、最初の矢にいいかげんに射ようという心がおこる。

② 待つ人は障(さは)りありて、たのめぬ人は来たり。（徒然草232・4）

【　　行　　活用　　形】

《訳》待っている人は支障があって（やって来ないで）、来ることを【　　　　】ない人はやって来る。

＊「ぬ」は打消しの助動詞「ず」の連体形。

③ 大将もの被(かづ)き、忠岑も禄たまはりなどしけり。（大和物語346・6）

【　　行　　活用　　形】

《訳》大将も褒美を【　　　　】、忠岑も褒美をいただきなどした。

④ 三位の中将（使者に）被(かづ)けたまふ。（枕草子205・12）

【　　行　　活用　　形】

《訳》三位の中将が（使者に褒美を）お【　　　　】になる。

＊「たまふ」は尊敬の補助動詞。

講義

一、音便の特徴

音便というのは発音しやすくするために、口の動作を省略しようとして生まれたものであると考えられる。省エネをはかったものである。「飛びて」と発音する時、口を三回動かすことになるが、「飛んで」とやると、口の動きが二回になっていることがわかるだろう。だからと言って省略して「飛(と)で」とやってしまうと意味がわからなくなるので、「イ・ウ・ン（撥音）」「ッ（促音）」のうちの都合のよい音を用いて発音しやすくしているのである。

動詞の音便には、次のような特徴がある。

・主に「未然形がア段で終わる」動詞（＝四段活用・ナ行変格活用・ラ行変格活用）に現れる。

・常に現れるというわけではない。むしろ、平安時代は現れないのが普通。『平家物語』などから多くなる。

・四段活用の連用形に、「て・たり」が付く時に現れる。

カ行・ガ行・サ行はイ音便、ハ行はウ音便、バ行・マ行はウ音便、または撥音便、タ行・ハ行・ラ行は促音便。

標準的な現代語では、サ行五段活用には音便が現れないが、古語では「思(おぼ)いたり」（「思したり」から）のように、「イ音便」が現れる。

・ナ変の連用形に、「て・たり」などが付く時に撥音便が現れる。

死にて→死んで

・ラ変の連用形には促音便、連体形に助動詞「べし・なり・めり」などが付く時に撥音便が現れる。

ありて→あって　あるべし→あんべし

なお、加えて次の点も確認しておく。

・促音便「つ」は、現代語のように小さく書くことはなく、撥音便は無表記（あんべし→あべし）になることも多い。

・イ音便・ウ音便・撥音便の場合、そのすぐ下の文字が濁音化することがある。

急ぎて→急いで　呼びて→呼うで　飛びて→飛んで

・現代語で撥音便になるものが、古語ではウ音便になることがある。

呼んで→呼うで　頼んで→頼うで　飲んで→飲うで

◉音便か、ハ行転呼か

気を付けなければならないことは、ハ行四段活用の時である。「言うて・言ふこと」とある場合、読みはどちらも「ユー」となる。「言うて」は「言ひて」のウ音便であるが、「言ふこと」は「ふ」がハ行転呼によって「ウ」になっているだけである。四段活用の連体形は音便形にはならないことを確認してほしい。ちなみに、古典の書写本・版本などは、現在のような正書法が定まっておらず、「言ふて・言ふこと」と同じ文字で書くことが普通であると思ってよいが、現在の高校の教科書などではそのようなことをふまえて、正しい仮名遣いになっている（ウ音便には「う」をあてる）ので、そこまで考えなくてもよい。

二、補助動詞

補助動詞というのは、補助・被補助の関係（第二講「講義」三節参照）になっているもので、補助語の所に動詞が来ているものを言う。現代語では、「…ている・…てみる・…ていく」のようなものが多いが、古語ではこのパターンは少ないと言われる。古文では、次のようなパターンが多い。

・**「…にあり」という形で、「デアル」と訳せる時の「あり」が補助動詞である。**もちろん、この部分に丁寧語「候ふ・はべり」、尊敬語「おはす」があっても同様である。

・**動詞の下に敬意を表す語「たまふ・聞こゆ・候ふ」などが来る場合、その敬語は補助動詞である。**

「たまふ」は、もともと「与ふ」の尊敬語であり、「（褒美を）たまふ」は「褒美をお与えになる」という意味になる。もともとの意味で用いられているので、本動詞（独立動詞）と言う。ところが、「笑ひたまふ」となると、「笑ふ」ことを与えているわけではなく、「笑ふ」という動詞を尊敬語にする役割をしているだけなので、補助動詞であるということになる。本動詞の場合は、そのすぐ上に別の用言が来ていないということが見分け方の一つであり、独立動詞という命名もそこから来ていると思われる。

三、自動詞と他動詞

動詞には自動詞と他動詞がある。日本語の場合、これはあまり重要ではないと言う人もいる。

自動詞と他動詞の決定的な違いは、自動詞は目的語（動作の及ぶ対象、動作の受け手）がなくても文が成り立つもので（例：「（中宮様が）笑はせたまふ（＝お笑いになる）」）、他動詞というのは目的語がなければ成り立たないものを言う（例：「（帝が凡河内躬恒に）かづけたまふ（＝お与えになる）」の傍線部）。わかりやすく言うと、「を・に」を必要とする動詞が他動詞であるということになる。ただ、「川を渡る」などの「を」は場所・経由地を表しているだけで目的語にはならないので、日本語の場合注意が必要である。なお、同じ終止形を持つ動詞でも、活用の種類の違いによって、自他を分けているものもある。たとえば、同じ「入る」という動詞でも、ラ行四段活用「入ら・ず」とラ行下二段活用「入れ・ず」では、自他が異なる。「入れず」は「〇〇ヲ・ニ」がないと成り立たないのを確かめてほしい。

3の問題は、「たのむ・被く」共に、四段活用が自動詞で下二段活用を他動詞とするが、辞書によっては他動詞だけで挙げるものもあり、自動詞・他動詞の区別が難しいものである。ここでは、それよりも、「…スル」なのか、「…サセル」(使役の意)なのかを認識すること、主語が誰なのかを考えることの方が重要である。

第九講 形容詞1

1 **次の①～⑫の形容詞がク活用なら「ク」、シク活用なら「シク」と答えなさい。**

① はづかし【　　】　② めでたし【　　】
③ つれなし【　　】　④ あさまし【　　】
⑤ あやし【　　】　⑥ うつくし【　　】
⑦ らうたし【　　】　⑧ いみじ【　　】
⑨ なめし【　　】　⑩ つらし【　　】
⑪ ゆかし【　　】　⑫ つきづきし【　　】

2 **次の活用表を完成させなさい。**

下に付く言葉・記号		ず	て・けり	句点（。）	こと・べし	ど・ども	句点（。）
基本形	語幹	未然形	連用形	終止形	連体形	已然形	命令形
清し	きよ	（く） から					
をかし	をか	（しく） しから					

3 **2の表の中の「から・しから」の行の活用を何と言いますか。また、それはどういう時に用いられますか。**

【　　　】活用
【　　　　　　　　】

4 **次の①～⑥の【　】にその下の〔　〕内の形容詞を活用させて答えなさい。**

① 【　　】〔古し〕人々【　　】〔心細し〕覚えて、…（平家物語・厳島御幸266・14）

《訳》年老いた人々は心細く感じて、…

② あはれ、弓矢取る身ほど【　　】〔口惜し〕けるものはなし。（平家物語・敦盛最期234・14）

《訳》（熊谷直実が思うに）「ああ、（息子ぐらいの敦盛を討たねばならないとは）弓矢を取る身（＝武士）ほど情けなかったものはない。

③ 例の、心なしの、かかるわざをしてさいなまるるこそ、いと【　　】〔心づきなし〕。（源氏物語・若紫207・1）

《訳》いつものように、あの不注意者が、このようなことをして、おしかりを受けるのは本当に気にくわない。　＊上に「こそ」がある！

④ さる心ざましたる人ぞ【　　】〔よし〕。（徒然草109・10）

《訳》そのような気立てをしている人は好ましい。　＊上に「ぞ」がある！

⑤ さしたる事【　　】〔なし〕て、人のがり行くは、【　　】〔よし〕ぬことなり。（徒然草214・3）

《訳》大した用事もなくて、人のもとへ行くのは、よくないことである。

⑥ 老い来(きた)りて、はじめて道を行ぜんと待つこと【　　】〔なし〕。（徒然草119・6）

《訳》年を取ってから初めて仏道修行をしようと（時を）待つことはあってはならない。

5 **次の①～③の中から形容詞を探し、その形容詞に傍線を引き、右横に終止形を答えなさい。**

① 人のなきあとばかり悲しきはなし。中陰のほど、山里などに移ろひて、便あしくせばき所にあまたあひゐて、後のわざどもいとなみあへる、心あわたたし。（徒然草105・11）

《訳》人が亡くなる後ほど悲しいものはない。四十九日の間、山里などに移り住んで、不便で狭い所に大勢の人がみなとどまって、死後の法要などを行っているのは、何となく落ち着かない。

② 「この雪いかが見ると一筆のたまはせぬほどの、ひがひがしからん人の仰せらるる事、聞き入るべきかは。返す返す口をしき御心なり」と言ひたりしこそ、をかしかりしか。（徒然草107・4）

《訳》「この雪をどのようにご覧になるかと何か一筆おっしゃらないぐらいの、趣を理解しないような人のおっしゃる事を、聞き入れてよいだろうか、いや聞きるわけにはいかない。本当に残念なお人柄である。」と言ったのは、興味深いことだった。

③ 偽りせんとは思はねど、乏(とも)しくかなはぬ人のみあれば、おのづから本意とほらぬ事多かるべし。（徒然草196・12）

《訳》（都の人は）嘘をつこうとは思わないけれど、貧乏で思い通りにならない人ばかりいるので、自然と自分の本来の願いがかなわないことが多いに違いない。

講義

一、形容詞の活用

形容詞は、自立語で活用があり、単独で述語になれる単語（用言）の一つで、「よし・なし・をかし・らうたし」のように終止形が「し」で終わるものである。形容詞には以下の二種類がある。

・ク活用……「なる・て」を下に付けた時に、「…くなる・…くて」となるもの。

・シク活用…「なる・て」を下に付けた時に、「…しくなる・しくて」となるもの。

＊現代語に同形の形容詞がある場合は、終止形が「寒い」のように「…い」となる形容詞は「ク活用」、「うつくしい」のように「…しい」となる形容詞は「シク活用」である。

また、「いみじ」のように「じ」で終わる終止形の形容詞は、みなシク活用である。その活用は、「じく・じ・じかる・じけれ」となるが、「ジク活用」とは言わない。意味的には、「ク活用」の形容詞は事物の状態を、「シク活用」の形容詞は人間の心情を表すことが多いと言われている。

さて、形容詞の活用を覚えるにあたっては、ク活用だけを覚えれば、シク活用は、それぞれの上に「し」を付けていけばよいのであるから、両方を覚えようとしなくてもよい。ただし、終止形だけは「しし」とせずに「し」だけであるので注意を要する。

二、本活用

ク活用の場合で説明するが、一般に活用表の右側に書かれる「(く)／く／し／き／けれ／○」を本活用と言い、連用形「く」は下に「て」や用言が付く。終止形は「。」を、連体形「き」は名詞と断定の助動詞「なり」を、已然形は「ど・ども」と「ば」が付く。動詞同様、已然形＋「ば」は確定条件である。命令形はないので「○」になっている。なぜならば、形容詞は、状態や性質などを表すもので、「…をしろ」のように命令することができないからである。ただ、東条義門（とうじょうぎもん）が命令形を「希求言（けくげん）」（第三講「発展」参照）と呼んだように、命令形には強い願望の意味があり、形容詞では、三節で説明する補助活用（カリ活用）を用いて、状態や性質の継続を願うことになる。次の傍線部のようなものである。

うかりける人を初瀬の山おろしよはげしかれとは祈らぬものを（千載集708）

《訳》つれないあの人を、初瀬から吹く山おろしよ、もっと私に対して激しく（つらく）あたるようにしてくれとは祈らないのに（もっとつれなくなってしまったのはどういうことだ）

●平安時代には形容詞の未然形は存在しなかった？

では、仮定条件はと言うと、平安時代の形容詞の場合、連用形「く」に係助詞「は」を付けて表していたと言われている。動詞のように未然形に「ば」を付けて仮定条件を表すのは、江戸時代になってからのこととされる。したがって、中古を中心とする学校文法では、未然形の「く」に「（ ）」を付けるのである。なぜ「くは」が「くば」になるのかというと、一般には、打消しの助動詞「ず」に「は」が付いた「ずは」が漢文訓読では「ずんば」になり、その類推から、「くは」が「くんば」になったとする説が有力である。一方で、已然形＋「ば」が仮定条件を担うようになり、「ば」が仮定条件に限定されたことによって「くば」が成立したとする考えも捨てがたい（吉川泰雄『近代語誌』1977年、角川書店刊291頁）。

ただ、高校生向けの文法書においては、もともと上代では「くば」だったのが、中古になって「くは（わ）」と清音になったとする説が紹介されることもある。これはこれで、動詞同様、仮定条件は未然形＋「ば」で表すという説明が付くのでわかりやすいと思われる。その場合、「（ ）」は不要となろう。

なぜこのような問題が起きるのかというと、古文では濁音でも濁点を打たないのが普通だからである。つまり、「くは」と書いた場合、「くわ」なのか「くば」なのかわからないのである。

『万葉集』で「くは」または「くば」と読める例を見てみると、清音仮名「者・波」と書いてあるものがほとんどで、濁音仮名「婆・馬」を使うことがないところから、「くば」はなかったとし、ここでもそれを採用したのである。どちらであっても、意味的には仮定条件を表すということがわかればよいということになる。

三、補助活用（カリ活用）

活用表の左側の「から／かり／○／かる／○／かれ」は、「カリ活用・補助活用」と呼ばれている。これは、連用形「く」に動詞「あり」が付いた、「kuari」の「ua」という母音の連続を嫌い、「u」が落ちて（母音が連続する場合は前の母音が落ちるのが一般的）、「かり」となる。

では、なぜ補助活用が必要だったのかと言うと、古文の助動詞（断定の「なり・たり」、比況の「ごとし」を除く）は動詞に付くのが基本である。動詞に付いて動詞を助けるのである。形容詞の本活用は動詞型活用ではないので、助動詞を付けるには一度これを動詞型活用にする必要がある。したがって、形容詞と同じく状態を表すことのできる「あり」を用いたのである。補助活用は、**下に助動詞を付ける役割をしている**のである。命令形ができるのも動詞「あり」だからなのである。

なぜ、終止形がないのかと言うと、終止形に付く助動詞「まじ・めり・なり（伝聞・推定）・らむ・らし・べし」は、ラ行変格活用型の活用語に付く時は、連体形に付くというきまりがある。補助活用は「あり」が付いてできたのだから、当然ラ行変格活用型である。したがって、この補助活用の終止形に付く助動詞は存在しない（第十六講参照）。カリ活用の終止形は不要なのである。ラ変型の活用語の已然形に付く助動詞もないので、これも不要である。

活用表の覚え方としては、本活用と補助活用に分けて覚える方法（「く／く／し／き／けれ／○」、「から／かり／○／かる／○／かれ」）と、活用形ごとに覚える方法（「く・から／く・かり／し／き・かる／けれ／かれ」）とがある。

どちらで覚えてもよいが、「○」の位置を間違えないことが肝要である。

発展

形容詞の歴史

「形容詞」という名称は、『和蘭文典訳本』(訳者不詳・嘉永二1849年刊)に見えるものが早いとされる。これはオランダ語の adjectief の訳語として用いられているだけであるが、後の日本語についての文典にも影響を与えたことは十分考えられることである。

日本人では、田中義廉(天保一二1841～明治一二1879年)は『小学日本文典　巻二』(明治七1874年、東京書林刊1丁裏)で、「形容詞又サマコトバ」を一品詞として認めたが、「常に、名前の前にあり」(15丁表)という記述や、「暖ナ春　大ナル家」(15丁表)、「見ルベキ書」(18丁裏)などの例からすると、欧米語の形容詞にあたる日本語表現を形容詞としただけで、日本語の品詞として、ふさわしいものと言うことはできない。

大槻文彦は、『語法指南』(明治二二1889年、小林新兵衛刊47頁)で、日本語の形容詞(カリ活用は含まず)と、英語の形容詞との違いについて、次のように述べている。

英語の Adjective は、大抵、名詞に冠らせて、其形状性質をいへり。我が形容詞も、名詞の形状性質等をいふは、相同じけれども、語の成立に至りては、甚だ相異なりて、語尾に、変化(=活用)あり、法(=下に助詞・助動詞などが付くこと)あること、動詞の如くにして、且、常に、名詞の後ろに居て、文の末をも結べり。(羅甸、仏、独等の形容詞には、変化あり、且、或は名詞の後に用ゐるもあり、然れども、共に、文の末を結ぶことは無きが如し、)さるを、彼の文法を以て我が文法を論ずるもの、彼の語法の、先入して主となれるが故に、これを肯はずして、徒に「高き」「深き」は Adjective なり、「高く」「深く」は、副詞なり、「高し」「深し」のしは、一箇の助動詞の如きものなりとして、各自、別語なりと誤認し、一語の語尾の変化なることを暁さとらざるもの多し。(原文片仮名書き)

なお、現在の形容詞だけを指す用語を立てたのは、東条義門『語路轍』(読み方不詳、「ことばのみちあと」とでも読むか? 初稿本『山口栞』にこの『語路轍』で用いたという記述があるが、現存しない)が早く、「加佐交活の詞」(カ行とサ行で活用する詞という意味)と呼んだ。

ク活用・シク活用の二種類に分類することは古くから行われていたようで、次のように分類・名付けされている。

富士谷成章…「芝」「鋪」　(『あゆひ抄』安永七1778年序)

本居春庭……「く・し・きの活」「しく・し・しきの活」　(『詞通路』文政一一1828年序)

東条義門……「志音局截の活」(=シ音が截断言(=終止形)に限られる活用)「志音通物の活」(=シ音がすべてに渡る活用)　(前掲初稿本『山口栞』文政元1818年成)

現在の「ク活用・シク活用」という名称は、次の岡田以後、一般に用いられるようになったと言われている。

岡田正美……「久活用・志久活用」　(『解説批評日本文典　上』明治三五1902年、博文館刊205頁)

補助活用(カリ活用)については、形容動詞の一つとして扱われ、「カリ活用形容動詞」とされていた（第二講「発展三　品詞」参照）。これを、形容詞の補助活用として位置づけたのは、橋本進吉（はしもとしんきち）である。

…形容詞の用法上の欠陥を補ふために用ゐられるものであるから、
また形容詞の補助活用といつてもよからうとおもふ。

（「国語の形容動詞について」『藤岡博士功績記念言語学論文集』1935年、『国語法研究』1948年、岩波書店刊所収85頁）

その後、『中等文法　文語』（1947年、文部省刊29頁）で、学校文法に取り入れられて、一般に広まった。この書には、現在の活用表と同じものが載せられている。

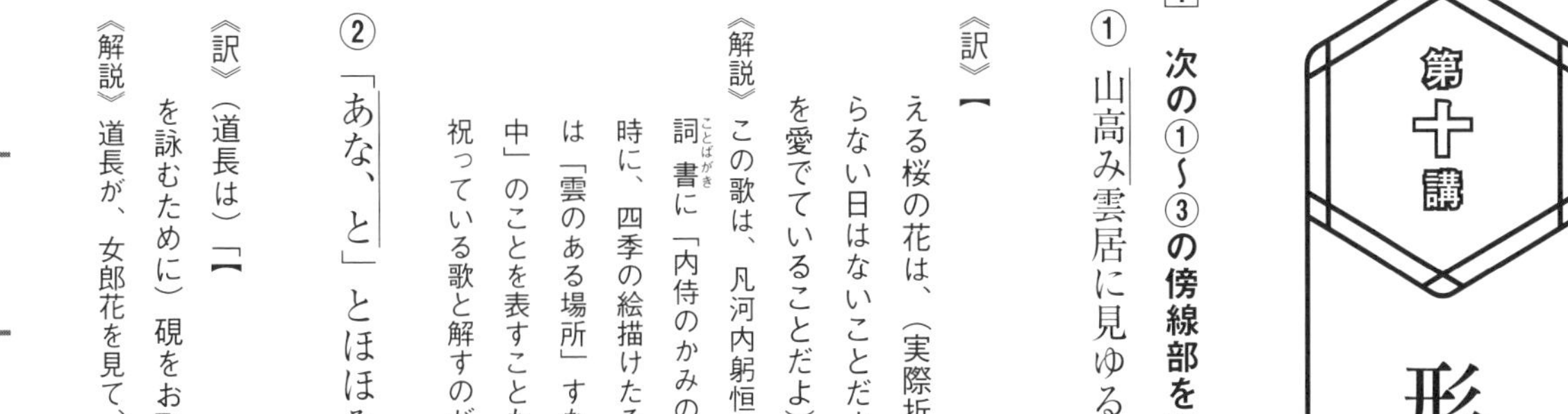

第十講 形容詞2 ―語幹の用法・音便・特殊な形容詞―

1 次の①～③の傍線部を現代語に訳しなさい。

① 山高み雲居に見ゆる桜花心の行きて折らぬ日ぞなき　（古今集358）

《訳》【　　　】雲の中にあるような手の届かない所に見える桜の花は、（実際折ることはできないが）心はそこまで行って折らない日はないことだよ（＝気持ちだけは毎日そこまで行って桜の花を愛でていることだよ）

《解説》この歌は、凡河内躬恒の歌とされる（『躬恒集』に同じ歌があるから）。詞書（ことばがき）に「内侍のかみの、右大将藤原の朝臣（＝定国）の四十の賀しける時に、四季の絵描けるうしろの屏風に書きたりける歌」とある。「雲居」は「雲のある場所」すなわち、「手の届かないような遠い所」を表す。「宮中」のことを表すこともある。この場合は、四〇歳になった定国の長寿を祝っている歌と解すのが普通である。

② 「あな、と」とほほゑみて、硯（すずり）召し出づ。　（紫式部日記125・12）

《訳》（道長は）「【　　　】」とほほ笑んで、（ご自分も和歌を詠むために）硯をお取り寄せになる。

《解説》道長が、女郎花を見て、歌が遅いのはよくないと紫式部に和歌の催促をしたので、紫式部が思い付くままに和歌を詠んだことに対する道長の応対である。

③ 梳（けづ）ることをうるさがりたまへど、をかしの御髪（みぐし）や。　（源氏物語・若紫208・1）

《訳》（若紫は）髪の毛を梳（と）くことを面倒くさがりなさるけれど、【　　　】髪の毛だこと。

2 次の①～③の傍線部は形容詞が音便形になっているものです。本来の形に直しなさい。

① 黒栗毛なる馬の、きはめて太うたくましいは、…　（平家物語・宇治川の先陣164・6）

《訳》濃い赤茶色の毛の馬で、きわめて肉付きがよくてたくましいその馬が、…

【　　　】【　　　】【　　　】

② それを見れば、三寸ばかりなる人、いとうつくしうてゐたり。　（竹取物語17・7）

《訳》それ（＝その竹）を見てみると、一〇センチメートルほどの人が、たいそうかわいらしい様子で座っていた。

【　】

③ 人出でたまひなば、とく鎖せ。このごろ盗人多かなり。（枕草子300・10）

《訳》人（＝客人）が出ていらっしゃったならば、すぐに（門を）閉めろ。最近盗人が多いようだ。

【　】

3 **次の①～⑦の例文は『源氏物語』から取ったものです。本来の形容詞「多し」の活用と異なるものの【　】に×を付けなさい。**

① 幸ひ人おほくなりぬべし。【　】（澪標284・11）

② いかに悔しきことおほからむ。【　】（朝顔493・6）

③ いかに御心づくしなることおほかりけむ。【　】（賢木95・7）

④ 物見車おほかる日なり。【　】（賢木93・3）

⑤ さぶらふ人とても、若々しきのみこそおほかれ。【　】（藤裏葉449・10）

⑥ みづからの御宿世も、なほ飽かぬことおほかり。【　】（横笛351・10）

⑦ 命婦の君のもとに、書きたまふことおほかるべし。【　】（紅葉賀330・5）

《訳》①（高貴な人の愛情を受けている）幸せな人が多くなってしまうはずだ。②どうして悔しいことが多いのだろうか。③どれほど物思いにふけりなさることが多かったろうか。④物見車が多い日である。⑤お側にお仕え申し上げる人々といっても、若々しい人がとても多い。⑥ご自分の宿命も、やはり満足できないことが多い。⑦命婦の君の所に、手紙をお書きになることが多いはずだ。

講義

一、形容詞の語幹の用法

形容詞には語幹の用法というものがある。古文を読むのに知っておかなければならないのは次の二つである。

ア あな（＝感動詞）＋形容詞ク活用語幹（シク活用は終止形）

イ 名詞＋（を）＋形容詞ク活用語幹（シク活用は終止形）＋み

◉感動表現

アは、感動表現の一つで、1②がそれである。「あな、と」の「と」は形容詞ク活用の語幹であるから、本来なら「とし」という形容詞であることを理解しなければならない。たとえば、「あな、めでた」は、「ああ、すばらしい」という意味になる。「めでた」はすぐに「めでたし」を想起することができるだろう。しかし、**語幹が一文字の形容詞**

はわかりにくいのである。「あな、う」は「あな、憂（し）（ああ、つらい）」であることがわかるだろうか。ただし、「あなや」と出てきた場合の「や」は、感動を表す助詞であり、「やし」という形容詞ではないので注意してほしい。また、「あな、心憂や（ああつらい）」（源氏物語・葵36・9）のように、「あな＋ク活用語幹・シク活用終止形」に感動の助詞「や」が付いた形でも現れる。なお、「あな」という感動詞は、中世以降は、「あらたふと青葉若葉の日の光」（奥の細道79・10）のように、「あら」という形になる。

●ミ語法

イは、「ミ語法」と呼ばれることもある語法で、「名詞A＋（を＋）形容詞ク活用語幹・シク活用終止形B＋み」という形で、「AガトテモBナノデ・AノアマリノBサニ」という意味になる。これも、語幹が一文字の形容詞がわかりにくい。

若の浦に潮満ち来れば潟をなみ葦辺をさして鶴（たづ）鳴き渡る（万葉集919）

傍線の「な」は「無し」である。訳は「若の浦に潮が満ちてくると、干潟のあまりの無さに、（岸辺の）葦の生えているあたりをめざして鶴が鳴いて渡っていくことだなあ」となる。ちなみに「鶴」は、和歌の中では「たづ」と読まれる。

●なぜシク活用は終止形なのか？

では、ク活用が語幹なのに対して、シク活用は終止形であるのはなぜだろうか。活用表を見て考えてほしい。

文法を学んだのでク活用語幹とシク活用終止形と説明し別物のように扱うのだが、たとえば、「めでたし」は「めでた」の部分の形が変わらない（「し」の部分は「く」や「き」や「から」などのように形が変わる）。そして、それが語幹になっている。では「をかし」はどうだろうか。語幹は「をか」であるが、形が変わらないという観点からすると、「をかし」という部分は、どんな活用形でも形が同じであることに気付く。ただ、「をかし」を語幹にしてしまうと、終止形の活用語尾がなくなるので、「し」以下を活用語尾とするのである。つまり、ク活用語幹とシク活用終止形は、形が変わらない部分という点で共通しているのである。であるから、この語幹の用法は、「あな＋形容詞の形の変わらない部分」と考えれば、よく理解できる。古人は（現代人も）、文法（語幹だとか活用語尾だとか）ということを考えながら話しているのではないのである。

●他の用法

これら二つの他に、「あな」のない「形容詞ク活用語幹＋の＋名詞＋や」という感動表現もある（1③）。また、接尾語の「さ」を付けて名詞（「寒さ」）を作ったり、接尾語「げ」を付けて形容動詞（「清げなり」）を作ったりもする。

二、形容詞の活用と音便

形容詞の音便は次のようになる。

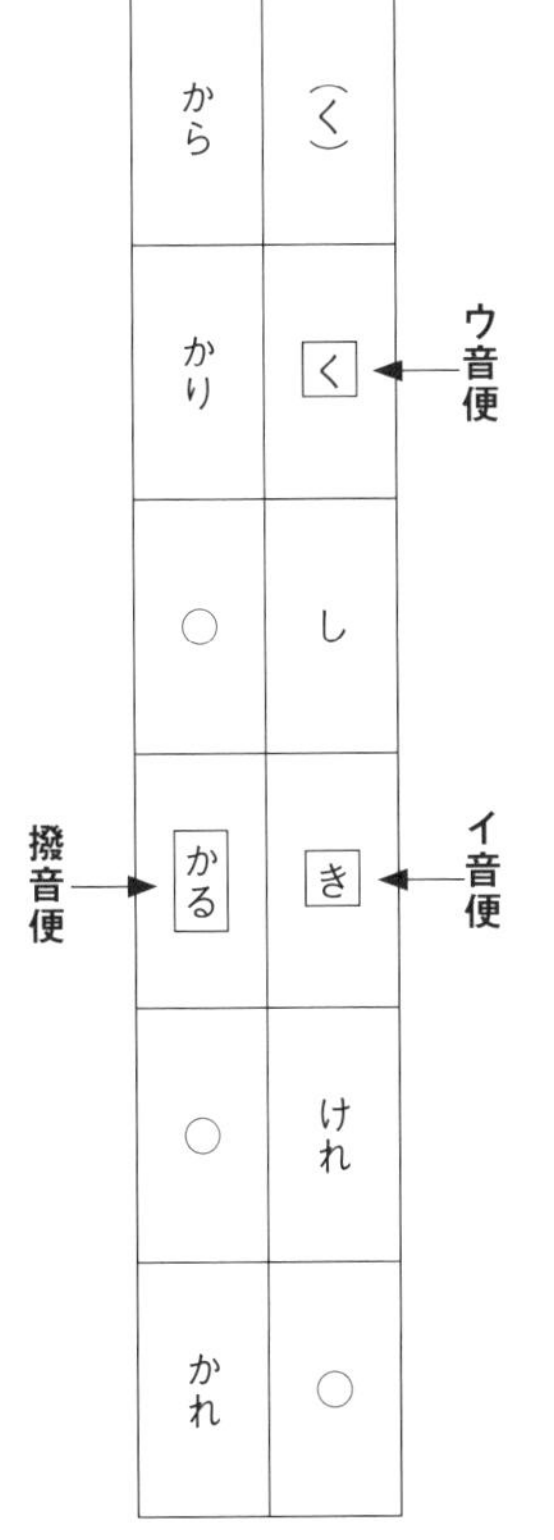

（く）	く	し	き	けれ	○
から	かり	○	かる	○	かれ

補助活用連体形「かる」の撥音便「かん」は、下に助動詞「べし・めり・なり（伝聞・推定）」が付いた時に現れ、表記されないことも多い②③。第八講の「講義」一節でも述べたが、イ音便とウ音便は、原典では「ひ・ゐ」「ふ」で表記されることもあるが、一般のテキスト類では「い」と「う」で正しく表記される。イ音便は、たとえば「よき人」が「よい人」となるのであるが、鎌倉時代から室町時代にかけて、用言の連体形が終止形の役割も果たすようになり、これが現代語の形容詞のもとになっている。現代語の形容詞の活用は、「かろ／かっ・く／い／い／けれ／○」であるが、「かろ」は、「から」に推量の助動詞「む」が付いた「からむ」が「からう」になり、「アウ」は「オー」になるので、それを現代仮名遣いにすると「かろう」となる。したがって活用語尾は、「かろ」となるのである。連用形「く」はそのままであるが、「かっ」は「かり」に完了・存続の助動詞「たり」（これが現代語の「た」）が付き「かりたり」が「かった」となったものである。古文では「かり」の促音便はほとんど見られない。終止形の「い」は今述べたとおり、連体形のイ音便から来たものである。

◉イレギュラーな活用もあり

形容詞「多し」は、中古においては、終止形「多かり」、已然形「多かれ」を持ち、連用形「多かり」も本活用のように用いられることが知られている。係り結びの結びに形容詞が来る時も、普通は本活用「き（連体形）・けれ（已然形）」を用いるが、「多かり」は「多かる・多かれ」を用いる。

この他にも、「同じところにとまれり」（土佐日記29・14）のように、本来なら「同じき」とならなければならないのになっていないものもある。

三、補助用言「なし」

補助用言としては、形容詞では「なし」一語である。「異人（ことひと）すべうもなかりしことぞかし（他の人はするはずもなかったことだなあ）」（大鏡・兼通216・11）（「すべう」はサ変動詞「す」終止形に当然の意の助動詞「べし」の連用形「べく」の付いた「すべく」の「く」の部分がウ音便化したものである）のように、多く形容詞型活用の語に付いて、その状態の存在を**否定する**働きをしているだけで、このようなものを補助形容詞と言う。本来の「何かが存在しない」意の「なし」とは異なることを確かめてほしい。

四、上代特有の活用形

上代には、未然形と已然形に、「―け」（ク活用）、「―しけ」（シク活用）という形があった。

・なかなかに死なば安けむ　（万葉集3934）

《訳》かえって死んだら簡単だろう。

・たまきはる命惜しけどせむすべもなし　（万葉集804）

《訳》命は惜しいけれどどうしようもない。

未然形と已然形が同形となるので、「ば」が付いた場合は、仮定条件、確定条件のどちらかを判断することが必要となる。

第十一講 形容動詞

1 次の形容動詞の活用表を完成させなさい。

基本形	語幹	未然形	連用形	終止形	連体形	已然形	命令形
下に付く言葉・記号		ず	けり・なる	句点（。）	こと	ど・ども	句点（。）
静かなり							
堂々たり							

2 次の①～⑧の中から、形容動詞でないものを探して、【　】に×を付けなさい。

① おろかなり【　】　② あはれなり【　】

③ つはものなり【　】　④ つひに【　】

⑤ 臣（しん）たり【　】　⑥ 平然たり【　】

⑦ 確（しか）と【　】　⑧ 索々たり【　】

3 次の①～④の文章から、【　】の数だけ形容動詞を探して、その終止形と活用形を【　】に書き入れなさい。

① 僧喜撰はことばかすかにして、始め終はり確かならず。（古今集・仮名序27・3）

《訳》喜撰法師は言葉が控えめで、歌の始めと終わり（の言い方）が一貫していない。

【　・　形】【　・　形】

② をかしげなる児（ちご）の、あからさまに抱きて遊ばしうつくしむほどに、かいつきて寝たる、いとらうたし。（枕草子271・10）

《訳》かわいらしい幼児が、私がほんのちょっと抱っこして遊ばせてかわいがっているうちに、私に抱き付いて寝てしまったのは、たいそうかわいらしい。

【　・　形】【　・　形】

③ かたちなむ、ほのかなれど、いとらうたげに侍る。（源氏物語・夕顔149・14）

《訳》容貌は、わずかに見えるだけであるが、たいそうかわいらしげでございます。

【　・　形】【　・　形】

④ 南には蒼海（さうかい）漫々として、岸うつ波も茫々（ばうばう）たり。（平家物語・海道下（かいだうくだり）286・12）

《訳》南には青い海が遥か遠くまで広がり、岸に打ち付ける波も広々と続いている。

【　・　形】【　・　形】

講義

一、ナリ活用とタリ活用

形容動詞は、自立語で活用があり、単独で述語になれる単語（用言）の一つで、終止形が「なり・たり」で終わるものである。事物の性質や状態を表す。「ナリ活用」は、上代の文献では「…にあり」という形で表記されることから、平安時代に、「niari」の「ia」という母音連続を嫌い、前の母音「i」を落とし「なり」が成立したものと考えられている。上代では、「タリ活用」は見られない。「ナリ活用」が和文に用いられるのに対し、「タリ活用」は平安時代後期からの漢文訓読の「…とあり」から発生し、「toari」が「ナリ活用」と同様の音変化を経て、成立したと考えられる。したがって、「タリ活用」は、原則、漢語（＝音読みで用いる語。字音語とも言う）にしか付かない。ただ、字音語でも「ナリ活用」であるものも見られる。たとえば、「不便（ふびん）なり」「無双（ぶさう・むさう、どちらも可）なり」「無下（むげ）なり」「無残なり」「未練なり」「非道なり」などがあり、いずれも「不・無・未・非」に続く語であることがわかる。「尾籠（びろう）なり」は、もともと「をこなり」という形容動詞に漢字をあてたもので、音読みされて今に残っているものである。

両活用とも、活用は「あり」と同じラ行変格活用型であり、形容動詞の連用形に、助詞「て」、動詞「なる」などが付く場合は、「なり・たり」ではなく「に・と」の方が用いられる。「にて・になる」「とて・となる」となる。

二、形容動詞の識別方法

● 形容動詞か、断定の助動詞か

この形容動詞には厄介な問題がつきまとう。それは、断定の助動詞にも「なり・たり」があり、活用も全く同じなのである。和語には「なり」、漢語には「たり」が付くという点も同じである。ということは、名詞に断定「なり」の付いたものなのか、形容動詞なのかを見分ける必要が生じる。

ア 月の都の<u>人なり</u>。（竹取物語65・3）

4 **次の傍線部について、文法的に説明しなさい。**

あな、<u>むざんや</u>、蘇武（そぶ）がほまれの跡なりけり。（平家物語・蘇武181・1）

《訳》ああ、いたましいことよ、蘇武の栄誉の遺跡なのだなあ。

〔　　〕

《訳》月の都の人である。

イ 心身永く静かなり。　（徒然草272・5）

《訳》心も体もいつまでも静かである。

傍線部について、アは、名詞に断定の助動詞「なり」の付いたもの、イは形容動詞である。最もわかりやすい見分け方は、「なり」の上の部分（それぞれ、「人・静か」）に「が」を付けて主語として文を作れるかどうかを見る方法である。アは「人が」と言えるのに対して、イは「静かが」という文は作れない。よって、イは形容動詞であるということになる。ただ、この方法は現代語に存在しない単語についてはうまくいかないこともある。

もう一つの方法は、形容動詞は用言、名詞は体言なので、上にどんな修飾語が付けられるかを考えればよい。連用修飾語となる副詞「いと」（タイソウの意）を付けてみると、ア「いと人なり」、イ「いと静かなり」となるが、アは文にはならないのを確かめてほしい。したがって、「人なり」は、一つの用言ではない、すなわち、名詞「人」に断定の助動詞「なり」の付いたものということになる。連体修飾語になる連体詞「さる」（ソノヨウナの意）を付けてもよい。「さる人なり」は文として認められるが、「さる静かなり」は文にならない。つまり、「静か」は体言ではなく、「静かなり」全体で形容動詞となる。

ウ 清盛は嫡男（ちやくなん）たるによつてその跡を継ぐ。　（平家物語・鱸（すずき）27・5）

《訳》清盛は嫡男であるので、その跡を継ぐ。

エ 松吹く風索々たり。　（平家物語・海道下286・2）

《訳》松のこずえを吹き通る風の音が響き渡っている。

ウ・エはタリ活用の例であるが、ナリ活用と同様に見分けることになる。

●「○○に」の識別

さらに厄介なのは、「○○に」という形である。①「名詞＋に（断定の助動詞）」、②「形容動詞連用形（に）」、③「名詞＋に（格助詞）」、④「副詞の一部（に・と）」の識別が求められる。①・②は活用語、③・④は非活用語であることを利用して、①・②だとすると「に」を「なり。」と言い切っても文意が通るはずなので、「に」を「なり」に変えてみて、文意が通らなければ③・④ということになる。①と②については、「なり」の識別と同じである。③・④の識別も「に」の上の部分が名詞かどうかを調べればよいということになる。次の例文で確かめてほしい。

オ いかなる折にかあらむ。　（蜻蛉日記110・12）

《訳》どのような時であろうか。

カ 同じ心ならん人としめやかに物語して…　（徒然草91・1）

《訳》同じ心である人としんみりと話をして…

キ 万（よろづ）のことは月見るにこそ慰むものなれ。　（徒然草98・13）

《訳》すべてのことは、月を見ることで心が晴れるものである。

ク 今すでに五年（いつとせ）を経たり。　（方丈記33・3）

《訳》（ここに住み始めて）もう既に五年を経過している。

オ…断定の助動詞・連用形、カ…形容動詞「しめやかなり」の連用形活用語尾、キ…格助詞、ク…副詞「すでに」の一部。特に、クは「すでなり」という形が考えられないことを確認してほしい。副詞も形容動詞連用形も、連用修飾となるので、現代語にない単語はわかりにくいものもある。とにかく「○○なり」と言えれば形容動詞とすることになる。なお、「に」には活用語の連用形に付くものもあるが、それは完了の助動詞「ぬ」の連用形である（第十五講参照）。

◉形で判断できる形容動詞

なお、形容動詞は、次のように、その形で判断できるものもある。

ナリ活用（（　）内は例語）

—かなり（のどかなり）　—らかなり（明らかなり）

—やかなり（はなやかなり）　—らなり（清らなり）　—げなり（清げなり）

—がちなり（ねざめがちなり）　—がほなり（かこちがほなり）

最初の三つは、「かなり」としてまとめてもよい。これらの形に含まれない「稀なり」などは、口語にして「稀な・稀に」のように連体形と連用形が可能ならば、文語でも形容動詞と考えればよい。また、「あはれなり」のように、「あはれ。」は感動詞、「（ものの）あはれ」は名詞のように、その用法によって品詞をその都度考えなければならないものもある。程度を表す「あはれに」を副詞とする辞書もあるが、学校文法では活用語として形容動詞連用形とするのが妥当である。

タリ活用

畳語＋たり（堂々たり・漫々たり・渺々たり）

—然たり（整然たり）　—焉たり（忽焉たり）　—爾たり（莞爾たり）

—如たり（躍如たり）　—乎たり（凜乎たり）

タリ活用には右のようなものがある。「然・焉・爾・如・乎」は「そのような状態」という意味である。これらの他にも、次のように一文字あるいは二文字で有様を表す漢語を語幹とするものもある。

燦たり　漠たり　朦朧たり　髣髴たり

三、語幹の用法と音便

形容動詞ナリ活用も形容詞同様、語幹の用法を有し、「あな、きよら」（源氏物語・柏木340・4）のようになる。また、音便は、ラ行変格活用動詞と同様、連体形の撥音便のみである（「すずろなるめり」が「すずろなんめり」、さらに「すずろなめり」）。

発展

形容動詞の定義と立場

形容動詞という名称は、大槻文彦によるものである。英語のAdjectiveと混同しないための命名であったと思われる。

我ガ（＝日本の）形容詞ハ、Attributive verb トイフベク、直ニ、「形容動詞」ト命名セバ、Adjective ノ訳語ノ形容詞ト混ゼズシテ可ナラム、トモ考フルナリ。（『広日本文典別記』明治三〇 1897年刊、80頁）

ただ、大槻が「形容動詞」と命名したのは、叙述性を持つ点が動詞的であるということによるもので、日本語の形容詞と形容動詞の違いについては触れてはいない。

現在の形容詞カリ活用・形容動詞ナリ活用・タリ活用に「形容動詞」という名称を用いたのは、芳賀矢一である。

形容動詞はいづれも良行（＝ラ行）変格と同じく活用するを以て、其役目の分担も全く良行変格の活用に同じ。これには命令形もあり。

未然	連用・終止	連体	已然・命令
よから	よかり	よかる	よかれ

詳なら　詳なり　詳なる　詳なれ
活潑たら　活潑たり　活潑たる　活潑たれ
（『中等教科明治文典』『芳賀矢一選集　第四巻』1987年、國學院大學刊所収45頁）

これからうかがえるのは、形容詞の本活用と補助活用とは意味的に同じでも活用によって分類しようとしていることである。現在の定義に近い形容動詞が登場することになった。

次いで、吉岡郷甫は、口語の「静かだ・賑やかです」などについて、左のように説いた。

このように物事を形容して、他の形容詞と違った活用をする語を形容動詞という。（『日本口語法』明治三九1906年、大日本図書刊56頁）

文語については、その著『文語口語対照語法』（明治四五1912年、光風館書店刊138頁）で、第一種形容動詞として「多かり」、第二種形容動詞、第三種形容動詞として、現在のナリ活用、タリ活用にあたる語を挙げている。第十講の「講義」二節で触れたが、「多かり」の特殊性に目を付けたことがわかる。「多し」以外の形容詞は除かれているので、現行の形容動詞の定義により近づいたと考えられる。ただ、連用形「静かに・明らかに」は副詞として扱っている。さらに、「燦と」のようなタリ活用については触れていない。

その後、吉沢義則が、「多く・静かに・燦と」を形容動詞の活用語尾として認め（「所謂形容動詞に就いて」『國語國文』2-1、京都大学文学部研究室編、1932年）、橋本進吉がカリ活用を形容詞の補助活用として形容動詞から除外し（第九講「発展」参照）、その「ナリ活用・タリ活用」の二種類の形容動詞が『中等文法　文語』（1947年、文部省刊）で広まり、現在に至っている。

これに対して、形容動詞を認めない立場の文法学者もいる。「なり・たり」を一単語とするのである。

- 山田孝雄…「なり・たり」を説明存在詞とする。（『日本文法学概論』1936年、宝文館刊）
- 金田一京助…形容動詞語幹を準体言とし、助動詞「なり・たり」が付くとする。（『新国文法』1941年、東京武蔵野書院刊）
- 時枝誠枝…形容動詞語幹を体言、「なり」を指定（＝断定）の助動詞とする。（『日本文法文語篇』1954年、宝文館刊）

金田一も触れているが、時枝のように形容動詞語幹を体言とするのは無理がある。体言とは、「が」を伴って主語になるものであるのに、語幹に「が」を付けることはできないからである。ただ、「に・と」が付く所は名詞的であるので、金田一は「準体言」とするのである。一般に言う準体言（体言以外の語で、文中において体言と同等の機能を果たしている語）とは、かなりの隔たりがある。

「なり」を断定の助動詞とすると、「講義」で述べた、形容動詞の活用語尾と断定の助動詞の二種類の「なり」の識別の必要がなくなるという点では都合がよい。ただ形容動詞の場合、「なり」の上の部分が何なのかということが問題になってくる。語幹という品詞はないので、つまり、単語ではないので、文法体系から外れることになってしまうのである。

形容詞も形容動詞も、「性質・状態」を表すという点では、一まとめにすべきであるという考え方がある。形容詞ク活用・形容詞シク活用・形容詞カリ活用・形容詞ナリ活用・形容詞タリ活用という具合になるだろうが、形容詞の説明が煩雑になるのは間違いない。

第十二講　助動詞総論

1　**後に掲げる二八個の助動詞を、接続によって①〜⑤に分類しなさい。**

① 未然形に接続する助動詞（一一個）
【　】【　】【　】【　】【　】【　】【　】【　】【　】【　】【　】

② 連用形に接続する助動詞（七個）
【　】【　】【　】【　】【　】【　】【　】

③ 終止形に接続する助動詞（六個）
【　】【　】【　】【　】【　】【　】

④ 連体形・体言・助詞などに接続する助動詞（三個）
【　】【　】【　】

⑤ サ行変格活用の未然形・四段活用の已然形に接続する助動詞（一個）【　】

き　けむ　けり　ごとし　さす　じ　しむ　す
たし　たり（存続）　たり（断定）　つ　なり（伝聞・推定）
なり（断定）　ぬ　べし　まし　まじ　まほし　む
むず　めり　らし　らむ　らる　り　る　ず

2　**助動詞①〜⑱の主な文法的意味を後のア〜ハから選び、【　】の数だけ記号で答えなさい。同じ記号を複数回使う場合もあります。また、「⑬べし」には、ア推量・ク意志以外のものを答えなさい。**

① る・らる【　】【　】【　】【　】

② す・さす【　】　③ む（ん）・むず（んず）【　】【　】

④ ず【　】　⑤ じ【　】【　】　⑥ まほし【　】

⑦ き【　】　⑧ けり【　】【　】

⑨ つ・ぬ【　】　⑩ たり・り【　】【　】

⑪ けむ（けん）【　】【　】　⑫ たし【　】

⑬ べし【　】【　】　⑭ まじ【　】【　】【　】

⑮ なり（終止形に付くもの）【　】【　】

⑯ らむ（らん）【　】　⑰ なり（連体形に付くもの）【　】

⑱ ごとし【　】

ア推量	イ使役	ウ断定	エ打消し	オ希望
カ過去推量	キ伝聞	ク意志	ケ詠嘆	コ当然
サ自発	シ過去	ス比況	セ尊敬	ソ存続
タ現在推量	チ受身	ツ適当	テ推定	ト可能
ナ完了	ニ打消し意志	ヌ打消し当然	ネ不可能の推量	
ノ不適当・禁止	ハ打消し推量			

3　2のア～ハを現代語で表現しなさい。アの例を参考にしなさい。

例：ア【だろう】

イ【　】　ウ【　】

エ【　】　オ【　】

カ【　】　キ【　】

ク【　】　ケ【　】

コ【　】　サ【　】

シ【　】　ス【　】

セ【　】　ソ【　】

タ【　】　チ【　】

ツ【　】　テ【　】

ト【　】　ナ【　】

ニ【　】　ヌ【　】

ネ【　】　ノ【　】

ハ【　】

4　1にある助動詞を、次の①～⑨の活用の仕方で分類しなさい。

① 下二段型で活用するもの（六個）
【　】【　】【　】【　】【　】【　】

② ラ変型で活用するもの（五個）
【　】【　】【　】【　】【　】

＊形容動詞型は含まない。

③ 四段型で活用するもの（三個）
【　】【　】【　】

④ サ変型で活用するもの（一個）【　】

⑤ ナ変型で活用するもの（一個）【　】

⑥ 形容詞型で活用するもの（五個）
【　】【　】【　】【　】【　】

⑦ 形容動詞型で活用するもの（二個）
【　】【　】

⑧ 特殊な活用をするもの（三個）
【　】【　】【　】

⑨ 活用しないもの（二個）
【　】【　】

第十一講　第十二講　第十三講　第十四講　第十五講　助動詞総論

講義

一、現代語訳の要となる助動詞

古文を自分で訳すにあたって、助動詞の現代語訳ができないと話にならない。文法的な意味がわかっていても、現代語訳として表現できないという人も多い。最初は、「この助動詞が出てきたら、こうやって訳す」と決めておくのがよいだろう。現代語訳が施してある本（全集や訳本）などは、その内容を理解することを主眼として書いてあるので、助動詞などの意味がないがしろになっていることもある。「美しい現代語」にならなくてもよいから、この助動詞はこう訳すと決めておくのが大事である。その訳語の決め方を解説するのが、本書の目的の一つである。

ここでは、基本的に知らなければならない助動詞二八個について解説していく。ここでは取り扱わないが、複合語が一つの助動詞のようになっているもの、たとえば「ごとくなり・やうなり・べらなり」のようなものもある。が、何と何が重なっているかを考えれば、訳し方もわかるのである。

二、「接続」と「意味」の関係性

二八個の助動詞を覚えるということであるが、最も重要なのは、その助動詞の接続（その助動詞が何に付くか・何形に付くか）である。たとえば、次の例を見てほしい。

①花、咲きぬなり。　②花、咲かぬなり。

それぞれに助動詞「ぬ」と「なり」が用いられている。「ぬ」には、完了の助動詞の終止形と打消しの助動詞「ず」の連体形、「なり」には、伝聞・推定と断定、というそれぞれ二つの意味があるので、訳すのは容易ではないが、ここで目を付けるのは、「咲き」と「咲か」である。「咲き」はカ行四段活用の連用形、「咲か」は同活用の未然形である。接続から判断するならば、連用形に付いている「ぬ」は完了、未然形に付いている「ぬ」は打消しの助動詞「ず」の連体形ということであるから、①の「ぬ」は完了の助動詞終止形、②の「ぬ」は打消しの助動詞連体形となる。終止形に付く「なり」は伝聞・推定、連体形に付く「なり」は断定であるから、①は「花が咲いたそうだ」、②は「花が咲かないのだ」という訳になるのである。接続を知らないと訳せないのがわかるだろう。

三、接続による分類

接続によって助動詞を分類してみる。

未然形に付くものは一一個、連用形に付くものは七個、終止形に付くものは六個、連体形に付くものが三個、サ変の未然形・四段の已然形（命令形）という特殊な接続をする助動詞が一個である。

◉未然形に付くもの（一一個）

る・らる・す・さす・しむ／むず・む・ず・じ・まし・まほし

右の「／」の前後でそれぞれ一まとめにして覚えるのがよさそうである。最初の「る・らる・す・さす・しむ」は意味の分類でも受身・使役の助動詞としてまとめて出てくるので覚えやすい。後半は、□で囲った所を「むずむず」と続けて覚えるのがおもしろい。意味は後で考える。「むず・む」は推量、「ず」は打消し、「じ」は「打消し推量」なので関連づけて覚えるとよいだろう。「まし」は反実仮想（実際に起こったことに反することを想像して、その結果を推量すること）、「まほし」は希望である。「むず」以下の六つは、まだ実現・確定していないという点で共通である。

●連用形に付くもの（七個）

き・けり・つ・ぬ・たり・けむ・たし

最初の「き・けり・つ・ぬ・たり」は意味の分類でも、過去・完了・存続の助動詞としてまとめられているので、そのまま覚えればよい。「『き・けり・つ・ぬ・たり』は『けむたし』」と覚える。「けむ」は過去推量である。これらは「過去・完了」に関係しているので、連用形に付く助動詞は、「過去・完了」の意味を持つものだと考えてもよい。まだ終わっていない・確実になっていない意味の語が付く未然形と対照的である。一つ気を付けなければならないのは、「き・けり・つ・ぬ・たり・り」というのが「過去・完了・存続」の助動詞であるが、「り」は特殊な接続で、意味的に同類だからと言って、連用形接続にしてはいけないということである。

例外的なものとして、希望の意を表す「たし」が入っている。実現していないという点で、未然形接続に属しそうなものだが、なぜ連用形なのだろうか。それは、その語源を考えるとわかりやすい。「たし」はもともと形容詞「いたし（甚し）」が語源であると言われている。たとえば、「酒を飲みたい」時は「飲みいたし」のように言った。この時、「み」と「い」で母音が続くことになり、「み」の母音「い」を落として「飲みたし」となる。「飲み」は動詞の連用形と同じ形なので、「たし」だけが切り離されて希望の助動詞として認定され、結果的にその接続は連用形ということになる。未然形接続の「まほし」も希望であるが、古くは専ら「まほし」を用いていたのだが、中世以降、後からできた「たし」が勢力を持つようになり「まほし」が衰退したのである。「たし」は現代語でも「たい」として生き残っている。

●終止形に付くもの（六個）

まじ・めり・なり（伝聞・推定）・らむ・らし・べし

右のような順番で、最初の文字だけを取って「ま・め・な・ら・べ」と覚えるのがよいと言う人もいる。ただ、「ら」には、「らむ」と「らし」の二つの助動詞があるということをお忘れなく。さらに、下の一文字を並べると「じ・り・り・む・し・し」となり、「まめならべ」としておいて、その下は「じ・り・り・む・し・し」として覚えておくと、五つになることはないだろう。そんなことをするくらいなら、助動詞そのものを覚えるという人は、もちろんそれで問題はない。

この六つは、意味的には、単なる推量と違って、何か別の意味を付加したり、その推量の根拠が何であるのかを示したりするものと考えてよい。たとえば、次を見てほしい。

①花、咲かむ。②花、咲くべし。

①は推量で、「花が咲くだろう」と訳すが、②は「花が咲くはずだ」と訳す。①は単なる推量であり、②はかなり確信を持った推量である。おそらく②は季節的な（毎年、この時期になったらきまって咲いている）経験などが根拠になっていると考えられる。「べし」は「む」を強めたものとも考えられるので、「べし」を「推量」の助動詞として扱うことが一般的であるが、「当然（…ハズダ）・適当（…スルノガヨイ）」で訳して、「む」との違いを意識することが大切である。「まじ」は、「べし」の

打消したもので、「…スルハズガナイ・…スルノハヨクナイ」の意、「めり」は目で見たことを根拠とし、「…スルヨウダ」と訳すが、目の前のことに「めり」を使う場合は「…ガ見エル」の意となる。「なり」は聞いたことを根拠とし、「…ダソウダ・…トイウ（伝聞）」、「…ヨウダ・…ラシイ（推定）」の意を表す。「らむ」は現在推量（…テイルダロウ）の意である。未然形接続「む」が推量、連用形接続「けむ」が過去推量、終止形接続「らむ」が現在推量ということになる。訳し方を意識してほしい。「らし」は和歌にしか用いられないが、その和歌の中に根拠が示されているものである。「ラシイ」と訳すよりも、「（…トイウコトハ）～ニ違イナイ」と訳すとよい。

ラ変型に付く場合の特殊ルール

この終止形接続の助動詞には特殊なルールがある。それは、**「ラ行変格活用型の活用語には、連体形に付く」**ということである。動詞型活用をする活用語で、ラ変型活用以外の終止形は、みなウ段音であるが、ラ変型活用語だけは、「り」すなわちイ段音である。文法的に見ると全く別物のようであるが、「終止形接続の助動詞はウ段音に付く」と考えれば、全く問題ないことがわかる。

◉連体形に付くもの（三個）

なり（断定）**・たり**（断定）**・ごとし**

「なり・たり」は断定の助動詞で、「…デアル」と訳す。この二つの違いは、第十一講の「講義」一節でも説明したとおり、その上の語が和語か漢語（字音語）かという違いである。「ごとし」は、二つ以上の状況・事物を比較し、それらが同類・類似している状況であると判断する意味である。「比況」の助動詞と呼び、「…ト同ジダ・…ノヨウダ」と訳す。これらは、体言・準体助詞（の・が）、その他の助詞にも付く。ただし、「たり」だけは体言にしか付かないが、便宜的にここに置くのが一般的である。

◉特殊な接続をするもの（一個）

り

サ行変格活用の未然形「せ」、四段活用動詞の已然形（または命令形）に付く。サ行四段活用の未然形に付くと勘違いすることもあるので、気を付けてほしい。

「花咲く」という文に「そういう状態である」という意味を表す「あり」という動詞を付けて、「花咲きあり」という形にした際、「き」と「あ」の母音が連続して「け」という音になるのである。四段活用ではエ段音は、已然形か命令形なので、「已然形、または、命令形に付く」とするのである（これについては、上代特殊仮名遣いについて記した第十七講の「発展」も参照されたい）。エ段音に付く「り・る」が出てきたら、存続・完了の助動詞だと思えばよい。訳し方は「…テイル・…タ」である。

◉「この助動詞が出てきたら、このように訳す」

意味による分類は、各論で詳しく説明するが、2と3の問題を繰り返し解いてしっかり覚えてほしい。先にも述べたように、「この助動詞が出てきたら、このように訳す」と決めておくことが重要である。特に、前後の文脈から適当に訳すというのは間違いのもとである。「む・けむ・らむ」は「ダロウ」だけで訳せてしまうことも多いので、必ず「ダロウ・タダロウ・テイルダロウ」の違いを意識して訳してほしい。また、「き」「けり（詠嘆は除く）」が出てきたら「タ」と訳すと決めておかなければならない。

四、活用による分類

活用による分類は、その活用の型を覚えてもあまり現代語訳に影響はない。ただ、知っておくと、自分の判断が正しいかどうか確かめる手立てになるので、知っておくにこしたことはない。

終止形が「り」で終わる助動詞は、すべてラ変型である。また、終止形が「る・す・つ」で終わる助動詞は下二段型である。終止形が「む」で終わる助動詞は四つ（む・らむ・けむ・しむ）あるが、「しむ」は下二段型で、それ以外は四段型である。「ぬ」はナ変型である。「し・じ」で終わる助動詞のうち、「まほし・たし・べし・まじ・ごとし」は形容詞型活用であり、「まし・らし・じ」は特殊な活用である。特に、「らし・じ」は終止形・連体形・已然形しかなく、すべて形が同じである。「ず」で終わるものには、「むず・ず」がある。「むず」はその語源が、「むとす」であると言われているが、「むず」の活用がサ変型であることがその考えを支えている。打消し「ず」は特殊な活用をするが、これは必ず覚えておかねばならない。次のような活用をする。

未然形	連用形	終止形	連体形	已然形	命令形
ず ざら	ず ざり	ず	ぬ ざる	ね ざれ	ざれ

完了の助動詞「ぬ」の終止形「ぬ」・命令形「ね」は、「ず」の連体形「ぬ」・已然形「ね」と同じ形である。これらを間違えると、文脈は逆の方向に進んでいくことになる。下に付く語が何かによって、何形かがわかる。

「き」（過去の助動詞）も次のとおり特殊である。

未然形	連用形	終止形	連体形	已然形	命令形
（せ）	○	き	し	しか	○

これも終止形以外にカ行が出てくるものはないので、「し・しか」と出てきた時に終止形の「き」が思い出せなければ何が何だかわからなくなってしまう。というわけで、特に覚えておくのは、打消し「ず」、過去「き」だけでよい。これに加えて、打消しの助動詞と同じ形（ぬ・ね）を持っている完了「ぬ」（な・に・ぬ・ぬる・ぬれ・ね）も覚えておくとよいだろう。

発展

助動詞概説

助動詞という品詞名を最初に用いたのは、大槻文彦『語法指南』（明治二二 1889年、小林新兵衛刊）が早いものとされる。英語の Auxiliary verb の訳語として用いられたと言う。大槻は、助動詞を含む八つの品詞を認めた。次のように述べている（49頁）。

助動詞ハ、動詞ノ変化（＝活用）ノ、其意ヲ尽クサザルヲ助ケムガ為ニ、別ニ其下ニ附キテ、更ニ、種種ノ意義ヲ添フルナリ。

この他にも、「助働詞」（関根正直『国語学』明治二四 1891 年、弦巻書店刊）、「補助詞」（高津鍬三郎『日本中文典』明治二四 1891 年、金港堂刊）、「助動辞」（服部元彦編『中等教育日本文法』明治二八 1895 年、嵩山房刊）などが見られる。

英語などの助動詞と日本語の助動詞は大きく異なる。英語などでは、もともと、一つの動詞であるものが他の動詞を補助している。一つの動詞を用いているという点で、日本語の補助動詞にあたると考えてよいだろう。日本語では、「なり・たり・ごとし」以外は、常に用言の活用語尾と合わさって用いられるのである。ということから、山田孝雄は「動詞の語尾の複雑なるもの」（『日本文法論』明治四一 1908 年、宝文館刊 363 頁）として、助動詞を「複語尾」と名付け、用言の中に含めるのである（ただし、体言に付くことのできる「なり・たり・ごとし」は除く）。助動詞を接尾語的なものとして考えていると見ることもできる。

ただ、橋本文法では、接尾語というのは品詞の中には入っておらず、単語とは認められていない。たとえば、「者ども・気色ばむ・春めく」の傍線部のようなものである。「ども」は複数を表し、「ばむ・めく」は「そのような状態らしくなる」という意味を付け加えている。品詞としては、「者ども」で一つの名詞、「気色ばむ・春めく」で一つの動詞となる。接尾語は、ある語を構成する一つの要素でしかないのである。

では、助動詞と接尾語の違いはどこにあるか。それは、「助動詞は、自由に規則的に自立語に付くのに対して、接尾語は、不自由で限られたものにしか付かない」という所にある。断定の「なり」は、「犬なり・春なり・姿なり」などのように上に来る名詞は何でもよいが、接尾語「めく」は、「春めく・時めく」のように限られた名詞にしか付かないことを確かめてほしい。ここで扱う助動詞というのは、語によって違いはあるものの、どのような語にも付くものだということで、一単語と認め、助動詞とするのである。

古くは、助動詞は、助詞と共に「てには・てにをは」と呼ばれた。このように「てには」を意識するようになったのは（厳密に言うと意識せざるを得なくなったのは）、平安時代の言葉が中世の人々にとって古語となり、たとえば、「ぞ…ける」という形式が出てきた場合、連体形「ける」で結ぶ理由がわからなくなってきたからである。どういう時に「けり」で、どういう時に「ける」で終止するのかということを明解にする必要が出てきたのである。「ぞるこそれ思ひきやとはりやらんこれぞ五つの結びなりける」（「ぞ」が来ると「る」で、「こそ」が来ると「れ」で、「思ひきや」が来ると「とは」で、「は」が来ると「り」で、「や」が来ると「らん」で結ぶという意味）のように、非近代的ではあるが助詞・助動詞が意識され、口伝として後世に引き継がれていくのである。

江戸時代になると、栂井道敏『てには網引綱』、富士谷成章『あゆひ抄』、本居宣長『詞玉緒』、本居春庭『詞通路』、富樫広蔭『詞玉橋』（以上、国語学会編『国語学大辞典』（1980 年、東京堂出版刊）に挙げられているもの）など、近代的・科学的な分析が行われるようになり、後世の研究の礎となっていくのである。

助動詞各論1
—未然形に付く助動詞①「る・らる・す・さす・しむ」—

1 **次の①～⑤の動詞には「る」または「らる」を、⑥～⑩の動詞には「す」または「さす」を付けた形を答えなさい。**

① あり【　　】　② す【　　】
③ 打つ【　　】　④ まぎる【　　】
⑤ 落つ【　　】　⑥ 死ぬ【　　】
⑦ 来【　　】　⑧ 読む【　　】
⑨ 見る【　　】　⑩ 捨つ【　　】

2 **次の活用表を完成させなさい。また、後の問に答えなさい。**

助動詞	未然形	連用形	終止形	連体形	已然形	命令形
る						
らる						
す						
さす						
しむ						

問 **2の表の「る・らる」で、命令形を空欄にしなければならないのはどんな意味の時ですか。二つ答えなさい。**

【　　】【　　】

3 **次の①～⑦の傍線部の助動詞の意味を後のア～オから選び、傍線の右横に記号で答えなさい。同じ記号を複数回使用してもかまいません。また、【　】内に現代語訳を補いなさい。**

① 右近にことば読ませて見たまふに、（源氏物語・東屋72・13）

《訳》右近に言葉を【　　】てご覧になるが、

② 東宮、位につかせたまひぬ。（栄花物語・花山たづぬる中納言135・4）

《訳》皇太子が位に【　　】た。

*「東宮」は皇太子のこと。「春宮」と書いても「とうぐう」、逆に、「東宮」と書いて「はるのみや」と読むこともある。

③ 立ち帰りうち休みたまへど、寝られず。（夜の寝覚め36・3）

《訳》引き返してちょっとお休みになるけれど、【　　】。

④ 今日は都のみぞ思ひやらるる。（土佐日記20・15）

《訳》今日は都のことばかりが【　　　】。

⑤ 問ひつめられて、え答へずなりはべりつ。（徒然草273・9）

《訳》【　　　】て答えることができなくなってしまいました。

＊「え答へず」は「え…打消し」の構文で、不可能を表す。

⑥ かの大納言（＝藤原公任）、いづれの船にか乗らるべき。（大鏡116・2）

《訳》その大納言は、どちらの船に【　　　】のがよいか。

＊「かの」は普通遠称を表す代名詞であり、「あの」と訳すが、「かの」の前で既に話題になった事物を指して、「その」と訳すことも多い。ここは前の部分がないのでわからないが、後者である。

⑦ 愚かなる人の、目を喜ばしむる楽しみ、またあぢきなし。（徒然草110・10）

《訳》愚かな人が、目を【　　　】（だけの）楽しみもまたつまらない。

ア 受身　イ 可能　ウ 使役　エ 尊敬　オ 自発

4 次の①～⑤の傍線部のうち、助動詞「る・らる・す・さす」のいずれかの一単語であるものを一つ選び、記号で答えなさい。

① 見知れるもあり。（徒然草191・4）

② 木の葉に埋もるる懸樋のしづくならでは（＝水を導いている樋の雫以外には）、（徒然草90・8）

③ （木登りの名人が人に命じて）高き木に登せて、（徒然草167・2）

④ 御車に頭を打ち当てられにけり。（徒然草170・8）

⑤ 大方は、家居にこそ、ことざまは（＝だいたい、住居を見ると、そこに住む人の人柄は）おしはからるれ。（徒然草89・8）

【　　　】

講義

一、「る・らる」

「る・らる」は一般に受身の助動詞として分類され、未然形に付くのであるが、「る」と「らる」の違いは、接続する動詞の種類が異なる所にある。「る」は「四段活用・ナ行変格活用・ラ行変格活用」の未然形に付くのに対して、「らる」は「上一段活用・上二段活用・下一段活用・下二段活用・カ行変格活用・サ行変格活用」の未然形に付くのである。このように書くと、これを覚えるのはかなり難しそうであるが、**未然形がア段の動詞には「る」が付き、それ以外（イ段・エ段・オ段）の未然形には「らる」が付くと考えれば簡単である。**なお、「らる」は使役の助動詞にも付く。「る・らる」の活用は下二段活用である。

受身の助動詞とは言うものの、訳す時は、次の四つの意味で訳すことになっている。

①**受身**　②**自発**　③**可能**　④**尊敬**

●受身

①「受身」は、「ある事物がその動詞の表す動作の影響を直接間接に受ける」（国語学会編『国語学大辞典』1980年、東京堂出版刊60頁）とか、「主語を表すもの（以後「主体」と呼ぶ）が自分の意志と無関係に他からの働きかけでそうなることをいう」（山口明穂・秋本守英編『日本語文法大辞典』2001年、明治書院刊67頁）などのように説明される。たとえば、「太郎君が先生に怒られた」という文の場合、先生がした「怒った」という動作を、太郎君が受けたということになる。これが『国語学大辞典』の『直接』に受ける」に該当する。「間接」に影響を受けるというのは、「財布がどろぼうに取られた」というような場合である。どろぼうの「取った」という動作の影響を直接受けているのは「財布」であるが、実は「どろぼうが取った」という動作の影響を受けているのは「私、または誰か他の人」なので、このようなものを間接に受けると分類する。

受身の「る・らる」を現代語訳するには、「レル・ラレル」と訳す以外にない。

なお、文法書によっては、次のような記述が見られる。

ア 英語では見られない、自動詞が受身になることがある。
イ 日本語の場合、受身は迷惑の意を表すことが多い。
ウ 非情（＝無生物主語）の受身は日本語にはなかった。

アに関しては、「犬に逃げられた・子どもに泣かれた」のようなものである。「犬が逃げた・子どもが泣いた」という文を受身にしたのであるが、「逃げる・泣く」は自動詞なので、英語では受身にできない。日本語では、「犬が逃げた・子どもが泣いた」という動作の影響を「私が受けた」というふうに考えるのである。**イ**については、「足を踏まれた」のようなものである。下に「…て困った」という言い方を続けても意味が通る場合、この迷惑の受身とすることになる。この迷惑の受身は、**ア**の自動詞の受身であることが多いと言われる。しかし、たとえば、「友達から信頼されている」のような恩恵・利益を受けている場合もあり、迷惑の受身というのは前後の文脈によって決定されるもので、日本語の受身の特徴として挙げるのは適当でないだろう（前掲『国語学大辞典』「受身表現」の項・青木伶子筆61頁）。ただ、古典文法とは直接には関係ないが、このように日本語の受身表現は迷惑として取られることがあるということは知っておいた方がよい。「先生にあてられた・部長に呼び出された」などと言うと「それで困った・不愉快だ」という意味が入り込んでしまう。つまり、自分が主語の場合、目上の人の動作に受身を使うのは避けた方がよいのである。**ウ**については、無生物主語の受身はなく、欧文の翻訳により定着したとする人もいるが、「硯に髪の入りてすられたる」（枕草子64・9）のような例も見られ、量はそう多くはないけれども、あることはあるのであるから、その説は間違いであると言わざるを得ない。

●自発

②「自発」は、「動作主自身の意志や能力に基づく結果ではなく、自然に成立する事態であることを表す」（前掲『日本語文法大辞典』326頁）ことである。「自発的に勉強する」という時の「自発」は積極的な意志に基づいてという意味なので、文法で言う「自発」とは異なる。一

見、自発と受身とは全く関係がないように見えるが、「動作主自身の意志に基づく結果でない」という所に共通点がある。

「る・らる」が自発として用いられるのは、「思ふ・思ひ出づ・思ひやる・しのぶ・感ず・驚く」など、主に心理に関わる動詞である。また、「泣く」など気持ち・感情を伴った動作にも用いられる。なお、「（足柄山を登るにつれて）雲は足の下に踏まる（雲を足の下で自然に踏んでしまう）」（更級日記288・13）、「筆をとれば物書かれ（筆を執るとひとりでに何かが書かれ）」（徒然草207・2）のようなものもある。

自発の「る・らる」は、「自然ニ・ヒトリデニ…レル」「…（シ）ナイデハイラレナイ」「ツイツイ…スル・シテシマウ」などと訳す。最初からはなかなか決めづらいが、受身・可能・尊敬でなければ自発として考えるのがよく、最後にまわすのがコツである。なお、自発の「る・らる」は自然にそうなるのだから、命令形はない。また、ひとりでに実現することを言うのだから、「…レズ・…ラレズ」という形の場合は自発ではないということになる。

◉可能

③「可能」とは、「動作・作用・状態を成立させる可能性が能力や状況にあること」（前掲『日本語文法大辞典』161頁）ということである。言い換えると、「能力・状況によって、ある動作・作用・状態が成立すること」となる。①・②を見るとわかると思うが、「そうなる・成立する」という点が受身・自発と共通する。受身・自発は、「自分の意志と無関係に」「動作主自身の意志や能力に基づく結果ではなく」なのに対して、可能は、「能力によって・（能力があっても意志がなければ成立しないので）意志によって」である点が異なる。言い換えると、「る・らる」の本質は、「そうなる・成立する」という意味で、「人の力によって」なのか、「自然に」なのか、「自分の意志で」なのかによって訳し分けられることになるということになる。「状況的に」というのは、状況は整っているけれど、最終的に「成立させる」のは意志であるという点で可能に含める。次の例を見てほしい。

・足が痛くて走られない。
・グラウンドがぬかるんでいて走られない。

前者が能力的可能、後者が状況的可能である。「る・らる」の意味の変遷については、吉田永弘の『転換する日本語文法』（2019年、和泉書院刊、Ⅲ章Ⅳ章）に詳しく、興味深い論考があるのでぜひお読みになることを勧める。

「可能」の意味は時代も考慮する必要あり

可能の「る・らる」は「…（スルコトガ）デキル」と訳す。が、そのように訳せるものは中古の作品には出てこない。というのは、「る・らる」が可能である場合は、**打消し表現を伴う**からである。すなわち、「…スルコトガデキナイ」という言い方で現れる。逆に言うと、打消し表現を伴った「る・らる」は、とりあえず、可能と考えてみるのがよいということになる。中世になって、打消しを伴わない可能表現が現れる。「家の作りやうは夏をむねとすべし。冬はいかなるところにも住まる（家の作り方は、夏を主として作るのがよい。冬はどんな所にでも住むことができる）」（徒然草125・9）などの例が早いとされる。なお、現代語でも「…できろ」という言い方はないので、この可能「る・らる」にも、自発同様、命令形はない。

◉尊敬

④「尊敬」とは「動作の主体を高く扱う・もてなす」ことである。なぜこれが、受身の「る・らる」で表されるのか。これも①・②の所

をもう一度見てほしい。両方とも「動作主自身の意志に基づく結果ではなく、（自然に）成立する」のである。高貴な人の動作を表す時に、「誰が」ということを指し示すのは失礼にあたるので、それが自然に行われた（まるでその人が関わっていなかった）ものとして、表現することによって敬意を表そうとしたものと考えられる。

「る・らる」の敬意の度合い・高さは、は他の尊敬表現と比べると低く、天皇など最高階級の人物の動作にはあまり用いられない。また、尊敬の「る・らる」は尊敬の動詞「たまふ」とは一緒に用いられない。したがって、「知られたまふ」などという場合、この「れ」は尊敬以外の意味（多くは自発）ということになる。

訳し方は、「…ナサル・オ…ニナル・…テイラッシャル」とする。

「る・らる」を尊敬として取る場合は、動作主が敬意を払うに値する人物であることを確かめことが重要である。

●「る・らる」の意味の識別方法まとめ

結局、「る・らる」の意味の識別は、次のような手順で行うことになる。

打消し表現があれば、可能でまず訳してみる。「○○ニ（ヨッテ）…サレル」と訳せれば、受身。尊敬するに値するような人物が動作主であり、「…ナサル」と訳しておかしくなければ、尊敬。打消し表現がなく、受身・尊敬にあてはまらなければ自発。

二、「す・さす・しむ」

●使役の助動詞

「す・さす・しむ」は使役の助動詞として分類される。使役というのは、「主語となっているものが、他のものに何かの動作を行うようにしむけること」（前掲『日本語文法大辞典』306頁）である。現代語では「せる・させる」がこの意を担っている。古語の「しむ」は、奈良時代に使役を表す助動詞として用いられた。平安時代になってからは、漢文訓読文・変体漢文（日本語の語順が反映された漢文）において用いられ、和文では「す・さす」が用いられる。

三つとも動詞型活用語の未然形に接続するが、「す・さす」についての違いは、「る・らる」と全く同じである。すなわち、四段活用・ナ行変格活用・ラ行変格活用には「す」、それ以外（下一段活用・下二段活用・上一段活用・上二段活用・カ行変格活用・サ行変格活用）には「さす」が付く。未然形がア段のものには「す」、それ以外の段のものには「さす」が付くのである。活用は下二段活用である。訳し方は、「…セル・サセル」と訳すことになる。

武士の「心意気」が助動詞に影響？

中世の軍記物などでは、受身を表すことがある。次のような例である。

弓手(ゆんで)の膝口を射させて、立ちも上がらず、（平家物語・知章(ともあきら)最期237・13）

《訳》左側の膝頭を射られて、立ち上がることもならず、

この言い方は「射られて」と同義であると考えられるが、そうすると、意志とは関係なくそうなったこと、つまり、相手にやられっぱなしだということで負けを認めてしまうことになるので、「射させてやった」という言い方で、相手の上に立っているぞという武士の心意気を表したものだとされる。一方で、「（うっかりして）心ならずも、その結果を引き起こす」のような意味で、武士の心意気とは別物であるという考え（日本古典文学大系（岩波書店）の『平家物語　上』「解説」41頁）もある。

◉尊敬か使役か

「す・さす・しむ」は、尊敬の意を表す助動詞としても用いられる。その場合、「人のそしりをもえ憚（はばか）らせたまはず（他人の非難をも気にかけて遠慮なさることがおできにならず）」（源氏物語・桐壺17・9）のように、必ず下に尊敬の動詞「たまふ・おはす」などと一緒に用いられる。この「せたまふ」という形は、「たまふ」だけの尊敬よりも敬意が高いとされ、右の例文も主語は天皇である。最高尊敬・二重敬語などとも呼ばれる。ただ、「せ・させ」＋「たまふ」であるからと言って、必ず最高尊敬とは限らないので注意が必要である。使役＋尊敬ということも考えられるので、手順としては、使役で訳すと意味がわからなくなる場合は、尊敬語とするのがよい。たとえば、「（作者が）御簾を高く上げたれば、（中宮様が）笑はせたまふ（私が御簾を高く上げたところ、中宮様はお笑いになる）」（枕草子433・9）の傍線部は、使役で訳すとおかしくなることを確かめてほしい。

なお、上代の助動詞に、尊敬を表す「す」というものがある。これも未然形に付くのだが、活用は四段活用であるので気を付けてほしい。「この岡に菜摘ます児（この岡で菜を摘んでいらっしゃる娘さん）」（万葉集1）のようなものである。

身分の特に高い人は、常に物事を自分でしないで人を使ってさせるので、使役が尊敬語に転じて用いられたと考えられる。したがって、「せたまふ」の場合、「せ」が使役とも尊敬とも取れる例も出てくる。「…させなさる」は結果的に「なさる」ということなのである。

◉「たまはす・参らす」の正体

高校の文法書はこれで終わりなのだが、この使役の助動詞が関係していると思われる動詞が存在する。それは、「たまはす・のたまはす・参らす・奉らす」のようなものである。辞書には、一つの動詞で立項されるが、それぞれ「動詞『たまふ・のたまふ（＝言ふの尊敬語）・参る・奉る』の未然形に使役の助動詞が付いたもの」となっていて、これも高い敬意を表すとされる。もちろん、使役の意味を表す場合もあるが、それはさておいて、「たまはす・のたまはす」の場合は、「たまふ・のたまふ」が本動詞の時に限られる。補助動詞の場合は、上に別の本動詞が来るので（たとえば、「渡らせたまふ」）上の動詞に「せ」を付けることができるが、「上局（うへつぼね）にたまはす（控えの部屋として（帝が）お与えになる）」（源氏物語・桐壺20・13）の場合、「たまふ」の上に助動詞「す」を置くことができないので、「たまふ」の下に「す」を置いたという説明ができる。尊敬の意味を強めるために、尊敬の助動詞をくっつけたと考えることができる。しかし、「参らす・奉らす」の「参る・奉る」は謙譲語である。それを尊敬の助動詞「す」が付いて、謙譲語の敬意を強めるというのは不自然ではないか。尊敬語と謙譲語は敬意の方向が異なるので、敬意を強めたことにならないのではないか。ということは「参らす」の場合、「参る」に助動詞「す」が付くという説明をするのがおかしくなるために、「参らす・奉らす」を一語として扱ったというふうに考えられる。これを解消するには、「尊敬の本動詞や謙譲語の動詞に『す・さす』が付く場合、その前の敬語動詞の敬意を強める働きをする」というような説明をすることになろう。

発展

「る・らる・す・さす・しむ」

助動詞「る・らる・す・さす・しむ」は、「態(たい)」に関わる助動詞であるとされる。「態」というのは、英語の「voice」の訳語である。ヴォイスとは「一つの事態が幾つかの構成者で組み立てられている時、その構成者のどれを文の中心者(主格)とするかという、立場の相違にかかわる文法カテゴリー」(山口明穂・秋本守英編『日本語文法大辞典』2001年、明治書院刊64頁)である。能動態と受動態の対立がその一つである。英語の場合は単純なのだが、日本語の場合は「講義」一節でも述べたように、直接影響を受ける意味の他に、間接的に受けるものがあったり、自動詞の受身があったりするのでややこしいが、『日本語学大辞典』(日本語学会編、2018年、東京堂出版刊65頁)では、「主語者であるヒトが文に述べられた事態の発生によって何らかの影響を被った(と認識する)」受身を「被影響の受身」とし、主語がモノであって、「動作主項は表示されないのが普通」であるものを、「無影響の受身」として分類する。後者は、「講義」一節で述べた「無生物主語の受身(非情の受身とも言う)」である。金水敏は、古語における無生物主語の受身については、現代語で言う「この橋はわが友人によって作られた」のような、動作主が「ニヨッテ」で表される受身が見られないということを指摘し、この「ニヨッテ受動文」こそ近代になって欧文直訳体として広がったと説いた(「受動文の歴史についての一考察」『国語学』164、1991年)。

ここで、「す・さす」も「態」に関わる助動詞とするのは、受身と使役は表裏の関係にある場合があるからである。というのは、「AがBに姿を見られる」ということは、「AがBに姿を見せている」と取ることもできるからである。「講義」二節の軍記物の例もこれにあたる。

第十四講 助動詞各論2

―未然形に付く助動詞②「むず・む・ず・じ・まし・まほし」―

1 助動詞「む（ん）・むず（んず）」の活用表を完成させなさい。

語	未然形	連用形	終止形	連体形	已然形	命令形
む						
むず						

2 次の①～⑥の傍線部の助動詞「む・むず」の意味を後のア～オから選び、傍線の右横に記号で答えなさい。同じ記号は複数回使用してもかまいません。また、【　】内に現代語訳を補いなさい。

① 月の出でたらむ夜は、見おこせたまへ。（竹取物語73・15）

《訳》月が【　　】夜は、こちらを見やってください。

② 少納言よ、香炉峰の雪いかならむ。（枕草子433・8）

《訳》少納言よ、香炉峰の雪はどうで【　　】か。

③ 我はとても手負うたれば、ここにて討ち死にせんずるぞ。（太平記・大塔宮南部御隠居後十津川御栖ひの事277・10）

《訳》自分はとにかく負傷したので、ここで討ち死に【　　】。

④ とくこそ試みさせたまはめ。（源氏物語・若紫199・8）

《訳》すぐにお試しに【　　】。

⑤ 焼き殺されたりと言はれんずるは、念もなきことなり。（義経記272・3）

《訳》焼き殺されたと言われ【　　】、無念なことである。

⑥ （八重桜は）植ゑずともありなん。（徒然草194・8）

《訳》（八重桜は）植えなくても【　　】。

ア 推量　イ 意志　ウ 勧誘・適当　エ 婉曲　オ 仮定

3 次の①～⑤の例文は『徒然草』に現れるものですが、助動詞「ず」を適切な形にして入れなさい。

① この心を得【　】ん人（169・5）

② 法師ばかりうらやましから【　】ものはあらじ。（82・4）

③ 人の心すなほなら【　】ば（確定条件）、いつはりなきにしもあら【　】。（147・10）

④ 石清水（いはしみず）を拝ま【　　】ければ、心憂くおぼえて、（122・3）

⑤ この限りにはあら【　　】べし。（214・11）

4 **次の①〜③の傍線部を現代語に訳しなさい。**

① 月ばかりおもしろきものはあらじ。（徒然草98・14）

《訳》月ほどすばらしいものは【　　】。

② 京にはあらじ。東（あづま）の方（かた）に住むべき国求めにとて行きけり。（伊勢物語120・5）

《訳》【　　】。東の方で住むのにふさわしい国を探すためにと思って出かけた。

③ いかなる人なりけむ。尋ね聞かまほし。（徒然草115・13）

《訳》どのような人であろうか、【　　】。

5 **次の①〜③（傍線のあるものはその部分のみ）を現代語に訳しなさい。**

① 鏡に色・形あらましかば、映らざらまし。（徒然草263・7）

② これに何を書かまし。（枕草子467・9）

③ 見る人もなき山里の桜花ほかの散りなむ後（のち）ぞ咲かまし（古今集68）

①【　　】

②【　　】

③【　　】

6 **次の①〜⑤の傍線部「ぬ・ね」の意味が、打消しの助動詞なら「ウ」、完了なら「カ」と答えなさい。**

① まづ、女房出でね。【　　】（源氏物語・葵27・12）

② われは、えこそ知らね。【　　】（宇治拾遺物語211・7）

③ 二十日はさて暮れぬ。【　　】（蜻蛉日記296・12）

④ すべてものぞおぼえぬ。【　　】（蜻蛉日記217・11）

⑤ そのことの飽かぬとおぼゆる疵（きず）（＝欠点）もなし。【　　】（源氏物語・紅葉賀316・11）

講義

一、「む・むず」

「む・むず」は推量の助動詞である。推量というのは、「ある対象に対して話し手が思い浮かべること、又はその表現をいう」ことである（山口明穂・秋本守英編『日本語文法大辞典』2001年、明治書院刊361頁）。その中でも「む・むず」は、これから起こることに対して、「まだ実現していない・確定していない」ということを表している。「花咲かむ」というのは「花が咲く」ということがまだ確定していないということである。そして、「花が咲く」という状態を想像し、思い浮かべているのである。

同じ意味を表すのに「む・むず」の二つがあるのは違和感を覚えるかもしれないが、「むず」は、「む」＋「と」＋「す（サ変動詞）」（＝むとす）、あるいは、「む」＋「す」という言い方が融合して音変化を起こして成立したものであると言われている。

なお、「む」を「ん」と表記する場合もあるが、上代では「む」だったものが、平安時代には「ん」という発音になっていた。しかし、「ん」という文字を持たなかったために、よく似た発音である「む」を用いたとも考えられている。中世では「ん」という文字ができたので、「ん」と表記することになったのである。注意しなければならないのは、現代語の打消し「ん」として扱わないことである。「ありません」の「ん」や、関西方言の「行かん」の「ん」ではない。

◉形態で訳語を決める

訳語であるが、次のように複数の場合があり、それぞれ変えた方がよいと思われる。前後の文脈から判断しようとしないでまずは形態で訳語を決めるのが大事なことである。その基準は、次の二点である。このことが最も重要である。

- **文末に「む・むず」が使われている**（＝「む・むず」の直後に「。（句点）」がある）。
- **文中で「む・むず」が使われている**（＝「む・むず」の直後に助詞や名詞が続いている）。

前者を文末用法、後者を文中用法と呼ぶことにする。これが意識できれば、後は文脈にあっているかどうかを確かめればよい。

文末用法

「推量」「意志」「勧誘・適当」の三つがある。その見分け方は、主語が三人称の場合は推量、一人称の場合は意志（意思とは書かないので注意）、二人称の場合は勧誘・適当となる。それぞれ訳語は、「…ダロウ」（推量）、「…シヨウ・…スルツモリダ」（意志）、「…シテハドウカ・…スルノガヨイ」（勧誘・適当）となる。ただし、すべてがそうとは限らないので、じっくり考える必要がある。一人称主語の場合でも、「我、死なむ」という場合、「私は死のう」（意志）と訳せる場合と、「私は（死ぬつもりはないのに）死ぬだろう」（推量）と訳せる場合とが考えられる。また、文法書に、勧誘・適当の場合は、「…なむ（や）・てむ（や）」「こそ…め」という形で表されるとあるが、主語が二人称の場合に限られる。そうでない場合は、「キット…ダロウ」（推量）、「…シテシマオウ」（意志）のような意味になるので、じっくり考えてほしい。

文中用法

「婉曲」「仮定」の二つがある。婉曲とは、「露骨に言うのをさけて遠回しに表現する」（前掲『日本語文法大辞典』86頁）ことである。「遠回しに言う」というのは、「はっきり（確定）していないかのように言う」ことも考えられ、そういう点では、文末用法の「む」と同じである。たとえば、「花咲かむ木」というのは、「花の咲くことが確定していない木」ということで、現代語では婉曲として訳すしかないのである。

文中用法は次のように分けて考える。

- **「む・むず」の下に名詞が来る場合……………婉曲**
- **「む・むず」の下に助詞「に・には・は・こそ」などが来る場合**

婉曲、もしくは、仮定

下に名詞が来る場合は婉曲でよいが、下に助詞が来る場合は、まず仮定で訳してみて、文脈に合わなければ婉曲とするのがよい。婉曲の訳し方は「…ヨウナ」と一般に言われているが、訳さなくても意味は通じる。むしろ、訳さない方が現代語としてぴったりくるという場合も多い。仮定は「…ダッタトシタラ・…ダトシタラ」と訳す。2⑤の例は「焼き殺されたと言われるようなことは」と訳してもよいが、「焼き殺されたと言われたとしたら」と訳す方がよりよいので、仮定ということにするのである。文末用法に婉曲・仮定の意味はない。

◉活用

「む」の活用は、「○／○／む／む／め／○」というものだが、四段活用型に入れるのは、「○」の所を補おうとすると、「ま／み／む…」のように続くからである。さらに、上代、『万葉集』などでは未然形「ま」と思われる語が存在することにもよる。「梅の花散らまく惜しみわが園の竹の林に鶯泣くも（梅の花が散ることが惜しいので、私の庭の竹林で鶯が鳴くことよ）」（万葉集824）の傍線部である。「く」は「いはく」などのように、未然形に付いて全体を名詞化する働きの語である。辞書によっては、活用表の未然形に「（ま）」と表示してあるものも見られる。また、この「まく」という連語に「欲（ほ）し」（＝欲しい・願う・望む）という語が付いて、それが希望の助動詞の「まほし」になったとも言われる。

「むず」については、「む」に打消しの助動詞「ず」の付いたものとして解釈するとんでもないことになるので、接続をよく考えて判断しよう。

二、「ず」

「ず」は打消しの助動詞である。否定の助動詞とする本もある。訳語は「…ナイ」である。この語がわからないと絶対に古文は読めないので必ず識別できるようにしなければならない。前にも述べたとおり、特殊な活用をする。

◉活用

第十二講「講義」四節にも掲げたが、重要なので「ず」の活用表を再掲する。

未然形	連用形	終止形	連体形	已然形	命令形
ず	ず	ず	ぬ	ね	
ざら	ざり		ざる	ざれ	ざれ

ザ行だけで活用してくれるのならわかりやすいのだが、ナ行の文字も入ってくるのでわかりにくくなっている。3の問題をきちんと説明できるようにしてほしい。覚え方は、二通りあって、「ず／ず／ず／ぬ／ね」「ざら／ざり／ざる／ざれ／ざれ」と縦に覚えるやり方と、「ず・ざら／ず・ざり／ず／ぬ・ざる／ね・ざれ／ざれ」と活用形ごとに覚えていくやり方である。どちらでも構わないが、空いている場所を間違えないようにすることが大切である。活用表の右側「ず／ず／ず／ぬ／ね」は形容詞で言うところの本活用にあたる。下に付く語は、助動詞以外であると考えてよい。ただし、断定の助動詞「なり」だけは、和文では「ざる」ではなく、「ぬ」に付く。これは、「花の咲かぬ（コト）なり」のように、連体形の下に体言が省かれていると考えられるからである。活用表の左側（形容詞の補助活用にあたる）は、右側の連用形「ず」に「あり」が付き、「zuari」の母音連続を解消するために「u」が落ちて「ざり」となったものである。第九講「講義」

三節でも触れたが、助動詞は原則、動詞に付くので、「ず」を動詞化する必要があるのである。というわけで、左側の「ざり」は形容詞と同じように、下に助動詞を付ける働きを専らとする。ただ、漢文訓読文では、「…ざるもの・…ざれども」のように「ざり」活用の方を用いるものもある。

未然形「な」と連用形「に」の存在

また、活用表の右側については、もともと「ず」だけの形と、「ぬ・ね」が合わさったものと言われている。連体形「ぬ」、已然形「ね」ということは、四段型活用であるので、未然形に「な」、連用形に「に」があったとしてもおかしくはない。

たれをかも知る人にせむ高砂の松も昔の友ならなくに （古今集909）

《訳》（年老いて取り残された私は）誰を親しい知人としようか。（長寿で知られる）高砂の松も昔からの友人ではないのだから。

右の傍線部「な」が未然形で、「く」はその前の語を名詞化する接尾語である。連用形「に」については、「せむすべ知らに（する方法も知らないで）」（万葉集210）のように、上に付く動詞は限られるが、打消しの助動詞と考えられるものである。

打消しの接続助詞「で」の語源は、「ず」＋「て」とするのが一般的であるが、「ずて」がどういう音変化をすれば「で」になるのかうまく説明できない。ところが、この連用形の古形「に」＋「て」だとすると、「に」が「ん」に変わり、「んで」（「ん」の下は濁るので）から「で」となるという説明は、合点のいくものである。実は、「ず」の成立も、連用形「に」に「す」の付いた「にす」が「んす」、「んず」となり、「ず」となったものであるという説もある（大野晋「古典語の助動詞と助詞」『時代別作品別解釈文法』1955年、至文堂刊所収2頁）。さらに、未然形「な」と連用形「に」は、未然形がア段の活用語にしか付かないことが知られており、藤原為家が書写した青谿書屋本『土佐日記』（第一講「講義」一節参照）では、打消しの接続助詞「で」はア段の動詞にしか付かないことが報告されていて、まさしくぴったりなのである。

●「ず」は未然形？　連用形？

未然形「ず」が、（　）付きになって活用形に入っている文法書もあるが、それは仮定条件は、連用形「ず」に係助詞「は」で表すのが本来で、「ずば」という形は近世になってからと考えられるからである。形容詞と同様（第九講「講義」二節）の理由である。高校生向けの文法書では、「もともと上代では『ずば』だったものが、中古では『ずは』になり、近世にまた『ずば』になった」という説明がされることもある。

●「ぬ・ね」は完了の助動詞と紛れないように

この「ず」の厄介なのは、連体形「ぬ」と已然形「ね」が、連用形接続の完了の助動詞「ぬ」の終止形「ぬ」と命令形「ね」と同形であることである。必ず接続を確かめよう。また、上にある語の未然形と連用形が同形の時は、「ぬ・ね」の下に付く語によって判断する。つまり、打消しの助動詞「ぬ」は連体形であるから、下に体言や助詞が付いているのに対して、完了の「ぬ」は終止形であるので、「。」（句点）で終わっているはずである。特に気を付けなければならないのは、上に係助詞「ぞ・なむ・や・か」がある時は連体形で結ぶので、「。」（句点）で終わっていても連体形、すなわち、打消しの助動詞としなければならないことである。また、「ね」は、打消しの助動詞の場合は已然形であるので、「ど・ども」などが付いているのに対して、完了の「ね」は命令形であるから、やはり、「。」（句点）で終わっていなければならない。しかし、「こそ」がある場合は、「ね。」となっていても、打消しの助動詞であるということになる。①〜④の「ぬ・ね」を見て考えよう。

①水流れぬ。　②水ぞ流れぬ。　③水流れね。　④水こそ流れね。

解答：①完了　②打消し　③完了　④打消し

三、「じ」

「じ」は打消し推量の助動詞である。打消しだけで訳す人が多いので注意が必要である。この助動詞は推量の助動詞「む」の打消しであると言われているが、語源は不明である。意味は、打消し推量と打消し意志であり、訳し方は、「…ナイダロウ」と「…シナイヨウニシヨウ」となる。打消し意志の場合、「…スルツモリハナイ」とする方がよいこともある。「む」のような文中用法は有していない。多くの場合、主語が一人称以外である場合は、打消し推量となり、主語が一人称の場合は打消し意志となる。

●活用がない「じ」は助動詞？

この助動詞は、「○／○／じ／じ／じ／○」である。已然形には、（　）を付けるものもある。それは、已然形「じ」は係助詞「こそ」を受けるわずかな例しか見当たらないからである。

最も問題なのは、「じ」を活用語として見てよいかということである。助動詞と認定してよいかということである。活用表に入れられると、活用していると思ってしまうが、よく見てほしい。形は何も変わっていない。ということは、活用しているとは言えないのである。これについては、①「他の推量や打消しなどの意味を担うのは助動詞であること」、②「連体形は、下に助詞『ものを』や『を』が続く場合などに見られ、已然形は今述べたように係り結びの結びになる」という点で助動詞として認定しているのである。助動詞「らし」もこの問題を有している。

四、「まほし」

「まほし」は希望の助動詞である。一節で説明したように、「む」の古い未然形に接尾語「く」が付いて、願うという意味の「欲し」が付いたものが語源だと言われている。訳し方は「…タイ・…トイイ・…ガ望マシイ」と訳す。大事なことは、古文には、「誂（あつら）え望む」意味の終助詞「なむ」という語があり、それとの区別を意識することである。誂えというのは、「…テホシイ」と人や物に注文・依頼することである。たとえば、「いつしか梅咲かなむ」（更級日記295・14）のような未然形に付く「なむ」がそれである。訳は、「早く梅の花が咲いてほしい」となり、梅に注文しているのである。『徒然草』に、次のような例が出てくる。

少しのことにも、先達（せんだち）はあらまほしきものなり。（122・11）

《訳》ちょっとしたことにも指導者はありたいものだ。

一般に、「指導者はいてほしいものだ」と訳す。ここでは、あくまで希望の意を意識し、誂えの「テホシイ」とは訳さず、「指導者はいるといい」「指導者はいるのが望ましい」のように訳すことを勧める。

●形容詞「あらまほし」

「あらまほし」という形は、ラ変動詞「あり」の未然形に「まほし」が付いたものである。「そうありたい」ということから、「そうありたい状態だ・理想的な状態だ」という意味の一語の形容詞として用いられることもある。

家居のつきづきしく、あらまほしきこそ、仮の宿りとは思へど、興あるものなれ。（徒然草88・11）

《訳》住居が（その人に）似つかわしく、理想的であるのは、無常の世では仮の宿りとは思うけれど（＝そんなことはどうでもいいけれど）、おもしろいものだ。

助動詞（希望）で訳してみて、うまく合わなかったら形容詞として訳すのがよいだろう。

五、「まし」

「まし」は反実仮想の助動詞である。反実仮想というのは、字のごとくで、実際に反すること、または、ありえないことを仮に想定して、そうしたらどうなるかを考えるという意味である。

●活用

「まし」の活用は特殊型で、次のようになる。

未然形	連用形	終止形	連体形	已然形	命令形
ませ ましか	○	まし	まし	ましか	○

未然形「ませ」は、「ましか」よりも古く、平安時代には「ましか」が多く用いられるようになった。この「ましか」を已然形とする考え方もあるが、仮定条件の意味を表すので、未然形とし、已然形の「ましか」は、「こそ」の結びとして現れる場合だけとしておく。

●訳し方

訳し方であるが、いくつかのパターンがあるので、それに従って説明していく。

ア「ませば・ましかば」の下に「まし」が呼応する形

これが、最も典型的な反実仮想の形である。「Aませば、Bまし」という形の場合、「モシAデアッタトシタラ、Bダッタロウニ」という訳になる。「ませば」の所には、「ましかば」が来てもいいし、過去の助動詞「き」の未然形とされる「せ」が来て「せば」となってもよい。また、「ずは・なくは」という形が来ても「まし」と呼応して反実仮想となる。その場合は「モシ…デナカッタトシタラ、～ダッタロウニ」となる。

ここで注意しなければならないのは、普通の仮定条件と区別が付くように訳すことである。「モシ…ナラ、～ダロウ」はこれから先のことであり、反実仮想ではない。訳語において、最も重要なのは最後の「～ダッタロウニ」の「ニ」である。次の例文の訳の最後の波線部を頭に浮かべられるかが大事である。

竜を捕らえたらましかば、また、事もなく我は害せられなまし。
（竹取物語49・1）

《訳》もし、竜を捕まえていたとしたら、私もまた理由もなく殺されていただろうに。実際は竜を捕まえられなかったので殺されずにすんだ。

＊「害す」は「殺す」意。

イ 仮定条件（「ませば」の部分）を伴わずに、「まし」だけで終わっている場合

「Aまし。」という形の場合、Aが実際行われなかったことに対する後悔の念を表し、「Aダッタラヨカッタノニ・Aダッタラナア」と訳す。これも最後の「ヨカッタノニ」が大事な部分となる。この場合、「まし」の下には、逆接の助詞「ものを・を」などが付くこともある。

その（ホトトギスの声を）聞きつらむ所にて、きとこそは詠ましか。
（枕草子189・11）

《訳》そのホトトギスの声を聞いている場所で、さっと和歌を詠んだらよかったのに。実際は詠まなかったので後悔している。

ウ 疑問語の下に「まし」がある場合

「疑問語…まし」という形の場合、ためらい・迷いを表すと言われている。疑問語には係助詞「や・か」も含まれる。「…シヨウカシラ・…シタモノダロウカ」と訳す。前者の訳語は、現代の日常会話ではあまり使わない言い方なので、違和感があるかもしれないが、「…シタダロウカ」にすると、ただの疑問文になってしまい、ためらい・迷いの意味が含まれなくなるので、「…シヨウカシラ」で訳すと決めておいた方がよいだろう。この「ためらい」の用法は、奈良時代には見られない。

しやせまし。せずやあらまし。（徒然草157・8）

《訳》しようかしら。しないでおこうかしら。　＊「し・せ」はサ変動詞。

中世の「まし」の使用

ア～ウの他に、鎌倉時代には「まし」は推量・意志・勧誘・適当の助動詞、すなわち、「む」と同じように用いられるようになる。逆に、「ましかば…む」という形でも反実仮想を表すようになる。

我が身のこと、知らぬにはあらねど、…「知らぬに似たり」とぞ言はまし。（徒然草185・4）

《訳》自分のことを知らないわけではないけれど、…「知らないのと同じだ」と言おう（言うのがよい）。

発展

「む・まし」

「む」

助動詞「む」は、『万葉集』では、「六・牟」などの万葉仮名で表記されており、「せむ（サ変「す」＋推量「む」）」は「責（せむ）」という動詞を用いて表記している。これを発音通りの表記だとすれば、上代では「mu」と発音していたことになる。平安時代の音価は定かではないが、おそらく、「mu」が「m」、さらには「ん」（「m」の唇を合わせるのをやめて鼻にかかるような音。現代語の文末に来るような「ん」の音）になっていたと思われる。平安時代中期に成った『御堂関白記（みどうかんぱくき）』（藤原道長の日記）には、「しきゐむ（＝座るのがよい）」と詠まれている部分を「之幾尹」という表記にする所がある。「尹」という漢字は、唐代の発音（中古漢音といい、平安時代の漢字の発音がこれによるものとされる）では「n」で終わる漢字である。日本人が「ん」と表記するのに該当する漢字は、末尾が「n・m・ng」のものであった。もし、助動詞「む」が「m」であったのなら、末尾が「m」の漢字を用いるはずなのである。末尾「n」の漢字を用いたということは、一一世紀には助動詞「む」が鼻音「ん」になっていたことの傍証として考えることができる。「む」と書く理由は、「講義」一節で述べたとおりである。一方で、「む」という発音はもともとなかったという考えも十分可能である。

助動詞「ん」は、中世になると「u」と発音されるようになり、これが現代語の推量の助動詞「う」につながっていく。「う」の他に、現代語の推量の助動詞には「よう」がある。これは、たとえば、「ゐる」という上一段活用に「う」が付いた時の「ゐう」(iu)が、「ユー」と発音され、「ユー」と「ヨー」の交替現象が起きること（吉川泰雄『近代語誌』1977年、角川書店刊377頁に多数の用例が挙げられている）によって、「ヨー」となる。しかし、これだと、「ゐる」という動詞だということがわからなくなり、動詞の意味がわかるように語幹にあたる部分をはっきりさせよう（これを大塚光信「助動詞ヨウについて―その成立と性格―」（『國語國文』31-4、京都大学文学部国語国文学研究室編、1962年）は、「語幹保存意識」と呼ぶ）として、「ゐ（発音は「イ」）」を言ってから「ヨー」を言う、すなわち「イヨー」となり、助動詞「よう」が誕生したとする説が有力である。

「まし」

「まし」の語源については、次のように、推量の助動詞「む」との関わりを考えるのが有力である。

・「む」が形容詞的に一変して生じたるもの、この「まし」なるべきなり。（山田孝雄『奈良朝文法史』大正二1913年、宝文館刊284頁）

・「うらやむ」に対して「うらやまし」と云ふ形容詞のある如く、動詞的な「む」に対する形容詞的な助動詞が「まし」であらうと思ふ。（浜田敦「助動詞」『万葉集大成』6、1955年、平凡社刊所収100頁）

第十五講

助動詞各論3

―連用形に付く助動詞「き・けり・つ・ぬ・たり・けむ・たし」―

1　**次の助動詞の活用表を完成させなさい。**

語	未然形	連用形	終止形	連体形	已然形	命令形
き						
けり						
つ						
ぬ						

2　**次の①〜④の【　】にその下の［　］内の語を活用させて答えなさい。**

① 京より【　　】［下る］しときに、みな人、こども【　　】［なし］き。（土佐日記51・12）

《訳》京から（土佐へ）下った時には、そこにいる人全員、こどもがいなかった。

② 「さらにその験（しるし）おはしまさ【　　】［ず］しこそ、【　　】［口惜し］しか。（大鏡52・11）

《訳》全くその効き目がおありでなかったのは、残念なことであった。

③ （道頼は）ものより抜け出でたるやうにぞ【　　】［おはす］し。（大鏡260・2）

《訳》道頼は絵などから抜け出たように（美しくて）いらっしゃった。

④ 鬼のやうなるもの出で来て殺さんと【　　】［す］き。（竹取物語31・10）

《訳》鬼のようなものが出てきて、殺そうとした。

3　**次の1・2の傍線部の助動詞「けり」について、詠嘆の意味で用いられているのはどちらですか。番号に○を付しなさい。**

1　今は昔、竹取の翁といふものありけり。（竹取物語17・3）

2　（仁和寺の法師が極楽寺・高良神社などを拝んで）「聞きしにもすぎて（＝聞いていた以上に）、尊くこそおはしけれ。…」とぞ言ひける。（徒然草122・7）

4　**次の①〜③の例文中の助動詞「つ・ぬ」に傍線を引き、その意味が完了か強意かを答えなさい。また、後の問にも答えなさい。なお、解答は【　】の数だけあります。**

① 女をば草むらの中に置きて逃げにけり。（伊勢物語125・1）
【　　】

② 今は出で来ぬらむとこそ思ひつれ。（落窪物語83・4）
【　　】【　　】

③ 年を経て住み来し里を出でていなばいとど深草野とやなりなむ（伊勢物語215・4）
【　　】

＊住み来し…当時は、女の所に男が通う「通い婚」であり、そこで暮らし続けることもあった。
＊いとど…いっそう
＊深草（ふかくさ）…現在の京都市伏見区あたりの地名。「草深い」という意味をかける。

問　②・③の中の「来」の読みを平仮名で答えなさい。
②【　　】③【　　】

5　次の①〜③（傍線のあるものはその部分のみ）を現代語に訳しなさい。

① その沢にかきつばたいとおもしろく咲きたり。（伊勢物語120・11）
《訳》【　　】

② 門（かど）よくさしてよ。雨もぞ降る。（徒然草161・8）
《訳》【　　】。雨がふったら大変だ。
＊雨もぞふる＝「もぞ」は危惧・心配の表現。

③ あまた度（たび）入らむとするに、閉ぢつ開きつ入ることを得ず。（今昔物語集・巻二四252・3）
《訳》何度も入ろうとするけれど、【　　】。

6　助動詞「けむ」を含む次の①〜③の傍線部を現代語に訳しなさい。

① わ翁（＝あなた）の年こそ聞かまほしけれ。生まれけむ年は知りたりや。（大鏡17・3）
《訳》あなたの年を聞きたい。【　　】

② 口惜しくやありけむ、通ひ給ふさまいともうげなり。（源氏物語・若菜下162・8）
《訳》【　　】、（後妻のもとへ）お通いになる様子はあまり気が進まない感じだ。

③ かかる目見むとは思はざりけむ。（枕草子40・1）
《訳》【　　】

7　次の①・②の【　】に「たし」をふさわしい形に活用させて入れなさい。

① 家にあり【　　】木は、松・桜。（徒然草194・4）

② 敵（かたき）にあうてこそ死に【　　】。（平家物語・老馬202・15）
＊「こそ」がある！

講義

一、「き・けり」

「き・けり」は過去の助動詞と言われる。山田孝雄(やまだよしお)はその著『日本文法論』(明治四一1908年、宝文館刊409頁)で、次のように説く。

「き」は従来過去をあらはすものと称せられたり。然れども、こは過去をあらはすといふよりも、過去時にありし出来事を心内に回想したるその回想作用を言語にて発表したるものなり。

このように、山田孝雄は「き・けり」を回想の複語尾(学校文法の助動詞にあたる)とする。つまり、常に現在、またはある時点において、回想していることを表すだけなので、英語のような時制(時の流れを文法上の存在・区別として体系的に認識したもの)という考え方は存在しないことになる(時制については、「発展」で説明する)。この山田の説は広く用いられていて、過去の助動詞というと時制があるかのように取られるのを嫌う場合は、回想の助動詞と言うことが多い。

●「き」と「けり」の違い

過去(回想)という一つの意を表す助動詞は、一つで十分なはずである。しかし、「き」と「けり」という二つの助動詞が存在するのはどういうわけだろうか。その理由として広く知られている二つの違いは次のようなものである。

・き……直接体験の過去、または、目睹(もくと)(実際に見ることの意)回想

・けり……直接体験したものではない過去、または、伝承回想・伝聞回想

この「き」と「けり」の違いは、英語学者・細江逸記(ほそえいっき)『動詞時制の研究』(1932年、泰文堂刊)の説によるとされる。古英語や、トルコ語、ドイツ語などでも、「目睹回想」の形式と「伝承回想」の形式とが区別されていることをふまえ、日本語にもその区別があり、それが「き」と「けり」の違いであることを述べた。また、「話し手にとって体験不可能な遠い過去の表現」に「き」が用いられている場合も、伝達者がその伝達する事柄の内容を信じて保証に立つ用意がある時は、「直接体験の過去」を用いることがあるとして、『万葉集』の例を引いている。中世でも、「人間の愁ふるところを知らざつしかば、久しからずして、亡じにし者どもなり」(平家物語・祇園精舎19・9)のような例がある。この傍線部は、自分が体験できることではないのに、誰もが知っている明らかな(=その伝達する事柄の内容を信じて保証に立つ)事実であるから、「き」を用いているということになる。

●訳語

「き・けり」の意味についてはさまざまな説があり、すべての場合に通ずるような決定版は見られないようである。ここでは、学校文法で行われている意味について解説する。「き」は「…タ」と訳す。「き」はこの意味しかないので、こう訳すしかない。「けり」は「…タ」でもよいが、「…タトサ・…タソウダ」と訳してもよい。伝聞過去なので後者が本来の姿である。しかし、いちいちそのように訳すとわずらわしくなるので、「…タ」と訳すことが専らである。「けり」が詠嘆を

表す場合は、「…ダナア・…タナア」と訳す。

◉「伝聞回想」がなぜ「詠嘆」？　見分け方は？

なぜ「伝聞回想」の「けり」が詠嘆になるのかということについて説明する。自分の体験していない・知らないことを人から聞くと、新たな情報に驚き・感動を伴うことになる。「感動を伴った伝聞回想」という意味が、「伝聞回想」の部分を伴わなくても用いられるようになり、「詠嘆」の助動詞となったと考えられよう。また、人から聞いてあることを新たに理解した・知った・気付いたということもよくあることで、詠嘆同様、「伝聞回想」の意味がなくなって用いられる時、これを「気付きのけり」ということがある。「伝聞回想」の部分がなくなったという点が共通なので、ここでは詠嘆と気付きは同じものとして扱うことにする。伝聞回想と詠嘆の見分け方は、次のとおりである。

伝聞回想…「…タ・…タトサ」と訳せるもの。過去の出来事であり、動作主は一人称（私）ではない。

詠嘆………「…タ・…タトサ」と訳すと意味が通らないもの。現在または未来の出来事であるもの。動作主が一人称（私）であるもの。また、和歌中の「けり」。

◉特殊な「き」の活用と接続

「き」の活用は、第十二講「講義」四節でも述べたように特殊であり、覚えておかなければならない。「せ／○／き／し／しか／○」である。なお、連体形「し」、已然形「しか」がカ変動詞に付く場合、「来・し」「来・しか」の「来」は、「こ」でも「き」でもよい。すなわち、カ変の未然形にも連用形にも付くことができる。また、サ変動詞に付く場合、「せ・し」「せ・しか」となる。すなわち、サ変の未然形に付くのである。また、終止形の「き」は、カ変動詞「来(く)」には付かず、サ変動詞に付く場合は、「し・き」「おはし・き」のように他の動詞と同様、連用形に付く。

「こし・こしか」vs「きし・きしか」

以上のように学校文法では説いてきたのだが、実は、上代では「こ・し」「こ・しか」の用例のみで、「き・し」「き・しか」は見られず、平安時代から「き・し」のような例も見られるが、その場合、「きし方」という形に限られる（小林芳規「幻の『来しかた』―古典文法の一問題―」『汲古』10、1986年刊）。これに従えば、平安時代の作品で、「来し人・来しかども」と出てきたら、「こし人・こしかども」であって、「来し方」の場合のみ「きしかた」と読めばいいということになる。『源氏物語』の仮名書きの例では、「こし方」三例、「きし方」五一例という具合になっている。

未然形「せ」の議論

文法書によっては、未然形が「（せ）」となっているものがある。（　）が付いているのは、「…せば～まし」という反実仮想の表現にしか用いられないからである。また、この「せ」を過去の助動詞とせず、サ変動詞の未然形とする説があることにもよる。ただ、次のような例の場合、過去の助動詞「き」の未然形を認めた方が合理的である。

世の中にたえて桜のなかりせば春の心はのどけからまし　（古今集53）

と言うのは、「なかり」は形容詞「なし」の補助活用であり、補助活用は下に助動詞を付ける時に用いられるからである。

◉「けり」の未然形も上代のみ

「けり」の未然形も（　）でくることが多い。これは、「けらず」の形（そのほとんどは「けらずや」という形。反語の意を表す。）と、いわゆるク語法（「いはく」のように未然形に「く」を付けて、「言ふ」を名詞化する）「けらく」という形で、上代にのみ用いられたからである。平安時代になると、「ざりけり」のように、「ず」の下に「けり」が来るようになる。

●「けれ」は助動詞「けり」だけではない

助動詞「けり」の已然形「けれ」は、形容詞・形容詞型活用語（うれしけれ・劣るまじけれ）の已然形、カ行四段活用の已然形活用語尾＋存続の助動詞「り」の已然形（花こそ咲けれ）と同形になるので注意が必要である。特に「うれしけれ」と「うれしかりけれ」（前者は「うれし」の已然形活用語尾の一部、後者は助動詞「けり」の已然形。）を識別できるようになってほしい。

二、「つ・ぬ」―訳語は「…テシマウ」―

「つ・ぬ」は完了の助動詞であるとされる。日本語において、「完了」という概念の扱いはさまざまである。しかし、「発展」でも触れるが、英語のような時制としての過去・完了というものを日本語は持たないということになると、この完了という言い方はとても紛らわしくなるもととなる。「完了」の定義は、「動作・作用・状態の成立を確認するもので、確認あるいは確述の助動詞ともいわれる」（北原保雄他編『日本文法事典』1981年、有精堂出版刊、田中章夫筆203頁）とあるが、学校文法では、「完了（…テシマッタ・…タ・…シマウ）」、「強意、または、確述（キット…・タシカニ…・…テシマウ）」、「並列（…タリ、…タリ）」と分類することが多い。『日本文法事典』の定義に従えば、完了は確述に含まれるということになる。すなわち、完了を「過去の事柄の確述」と考えることになる。ここでは、確述の訳語として「…テシマウ」をあてることにする。過去の事柄の確述は、それに「タ」を付ければよいので、「…テシマッタ」となるのである。次の例を見てほしい。

①コップを割った。
②コップを割ってしまった。

①は過去の出来事を言っている。②は、その過去の出来事を確認しているとするのである。

次のような例は、過去以外の出来事や、そうなると決まっているような事柄に「ぬ」が付いたものである。

猛き者も遂にはほろびぬ。（平家物語・祇園精舎19・4）

《訳》勢いのある者も、結局は滅びてしまう。

●「強意」として示される「確述」

一般の文法書では、「確述」は「強意」として示される。

・風も吹きぬべし。（土佐日記19・10）

《訳》風がきっと吹くはずだ。

・とまれかうまれ、とく破りてむ。（土佐日記56・6）

《訳》何はともあれ、必ずすぐに破り捨ててしまおう。

・白玉か何ぞと人の問ひしとき露と答へて消えなましものを（伊勢物語118・9）

《訳》真珠ですかそれとも何ですかとあなたが尋ねた時、露ですよと答えて消えてしまっていたらよかったのに

右のように、**推量の助動詞を伴って現れる場合だけ**を、「強意」と呼んでいるものが専らである。しかし、ここでは、「…テシマウ」と訳せるもの（「…テシマッタ」と訳すとおかしくなるもの）を、強意として扱うことにする。なお、推量の助動詞と共に用いられる場合は、「キット…ダロウ」のように、推量を強めるような副詞を用いて訳すことが多い。ただ、意志の助動詞と共に用いられる場合は、「…テシマオウ」と訳した方がわかりやすい。

●並列の「つ・ぬ」

並列は、「…つ、…つ」「…ぬ、…ぬ」のように、繰り返して用いられる場合である。現代語に訳す時は、「…タリ、…タリ」となる。この並列に、なぜ確述の意味を表す助動詞が用いられるのかは、興味深い所ではあるが、管見の限り、それについて言及したものを知らない。並列の意は、5③の『今昔物語集』の例が早く、その後中世になって使用頻度が高くなる。

●「た」への集約

古文では、過去・完了・存続の助動詞として「き・けり・つ・ぬ・たり・り」を挙げるが、どういうわけかこれらが「たり」（存続の意）の変形である「た」という語に集約されていくのである。そういうわけで、「た」は、右の助動詞の意味をすべて持っていると思われる。次の「た」を含む例文が、過去ではないことがわかるだろうか。

ア あ、そうだった。　**イ** もうやめた。　**ウ** さ、寝た、寝た。
エ 今年いくつになった。　**オ** 今度会った時でいいよ。

「た」＝「過去」という先入観を持つと、「ご注文はこれでよろしかったでしょうか」のようないわゆるマニュアル語は誤用だと感じるが、確述と考えれば何も問題はないのである。

●「つ」と「ぬ」の違い

なお、「つ」と「ぬ」の意味の違いについては、「つ」は他動詞、ラ変型活用語につき、「ぬ」は多く自動詞に付くとか、「つ」は多く人為的・意志的な動作を表す動詞に付き、「ぬ」は多く自然的・無意識的な作用を表す動詞に付くなどと説かれるが、当てはまらない例も多い。最近では、「つ・ぬ」がどのような意味の動詞に付くかという研究が進んでいる（「発展」参照）。

●「つ・ぬ」の語源

「つ・ぬ」の語源は、それぞれ、「棄つ」（大野晋「古典語の助動詞と助詞」『時代別作品別解釈文法』所収、1955年、至文堂刊10頁）「果つ」（松尾捨治郎『国語法論攷』1936年、文学社刊693頁）、「往ぬ」（富士谷成章『あゆひ抄』安永七1778年刊）であるとされる。語頭にある母音は落ちやすいので、たとえば、「落とす」に「うつ」が付くと、「落としうつ」となるが、「うつ」の母音「う」が取れた「つ」だけが付いたと考えられる。「うつ」は用言なので連用形に付くのは当然である。「果つ」の場合、意味的にはわかりやすいが、音変化ということから考えると無理があるかもしれない。「ぬ」も「落つ」に「往ぬ」が付くと、「落ちいぬ」となるが、母音「い」の落ちた「ぬ」だけが付いたと考えるとわかりやすい。「いぬ」も用言なので、連用形に付くのは当たり前である。また、活用を見ても、「うつ」は下二段活用、「ぬ」はナ行変格活用ということも、「うつ・いぬ」の活用と同じなので、語源として納得できるものである。さらに、「ぬ」は、「死ぬ・往ぬ」には付かないということも、同じ動詞が重なる必要がないためと考えることができ、語源として十分認定できるものである。

三、「たり」

「たり」は存続の助動詞である。「テイル」と訳す。語源は、接続助詞「て」に動詞「あり」が付いた「てあり」の音変化であるとされる。『古事記』『日本書紀』には「てあり」は見られるが、「たり」は見られない。『万葉集』になると「てあり」（一〇例）も見られるが、「たり」の用例（四三例）も見られるようになるので、『万葉集』の時代に「たり」が成立し、広まったものと考えられる。なお、同じ存続を表す助動詞に「り」（サ変の未然形、四段活用の已然形に付く）があるが、これは、たとえば、動詞「咲く」の連用形「咲き」に「あり」が付いた「さきあり」の音変化形「咲けり」の「咲け」を動詞と見て、「り」を助動詞として捉えたものである。上代では「たり」よりも優勢であったが、平安時代中ごろ（一〇世紀後半ごろ）から「たり」に圧倒されるようになり、文語以外では用いられなくなった。

●まず「存続」で訳そう

「たり」は存続であると述べたが、存続というのは、ある動作が完了してその状態が続いているということなので、その完了した時点が特に問題になる場合は、「おのおの拝みて、ゆゆしく信起こしたり（それぞれが拝んで、はなはだしく信仰心を起こしてしまった）」（徒然草264・2）のように「テシマッタ」と訳した方がわかりやすい。完了した時点が特に問題にならない5①のようなものは「テイル」と訳すことになる。どちらとも取れるものは、まず存続で訳してみるということを決めておくとよい。

●動詞「来たる」

なお、紛らわしい動詞に「来たる」というものがある。「来たりて」と出てきた場合、カ変動詞「来」の連用形に存続の助動詞「たり」の付いたものとするのが穏やかであるが、その終止形を見ると「来たる。」と出てくるものが多い。これはカ変動詞「来」にラ行四段活用動詞「至る」の付いた「きいたる」の母音が取れた形とされる。しかし、複合動詞なのか、「来」に存続の助動詞「たり」が付いたものなのかは、終止形以外同形になってしまうので、判断が難しい。

四、「けむ」

「けむ」は過去推量の助動詞である。「…タダロウ」と訳す。活用は「む」と同じと考えてよい。「む」は「○／○／む／む／め／○」であるが、「む・む・め」の上に「け」を付けていけばよいだけである。

●文末用法

「けむ」は文末用法（＝句点「。」で終わる用法）には、過去推量の他に、過去の原因・理由の推量の意味を持つ。「…タノダロウ」と訳す。「…タノダロウ」と訳す方がよければ、過去の原因（理由）推量ということにする。また、形式的には、「疑問語の下にある『けむ』」、「順接確定条件の下にある『けむ』」という形は、過去の原因（理由）推量になることが多い。次に例を挙げておく。

・恨みを負ふ積りにやありけむ、…（源氏物語・桐壺17・8）

《訳》恨みを受ける結果であったのだろうか、…

・唐土（もろこし）の人は、これをいみじと思へばこそ、記しとどめて世にも伝へけめ。（徒然草95・9）

《訳》中国の人は、このことを大変すばらしいと思うから、書きとめて後世にも伝えたのだろう。

●文中用法

文中用法には、過去の婉曲（…タヨウナ）、過去の伝聞（…タトイウ）という意味があると文法書には書かれているが、過去の婉曲だけで考えて構わない。婉曲というのは、第十四講の「講義」一節でも扱ったように、はっきり言わないで、穏やかに言うことなので、「タ」と訳しておいてもよいし、その方がわかりやすいこともある。次に例を挙げておく。

・檜垣（ひがき）の御（ご）といひけむ人に、いかであはむ。（大和物語347・7）

《訳》檜垣の御といった（という）人に、何とかして会おう。

●「けむ」の語源

「けむ」の語源は、次のような説がある。

①過去の助動詞「き」の古い未然形「け」に推量の助動詞「む」の付いたもの（浜田敦「助動詞」『万葉集大成』6、1955年、平凡社刊所収100頁）

②過去の助動詞の終止形 ki に推量の助動詞 amu の付いたもの（大野晋「万葉時代の音韻」『万葉集大成』6、325頁）

過去の助動詞「き」との関連は、意味的にも動かないものと思われる。また、「む」同様、未然形「けま」が奈良時代にあったと言われている。次に例を挙げておく。

うち嘆き　語りけまくは　（万葉集4106）

《訳》語ったであろうことは（＝語ったことは）

五、「たし」

「たし」は希望の助動詞である。「…タイ・…スルトイイ」と訳す。

現代語でも希望の助動詞は、「たし」の連体形「たき」のイ音便「たい」が終止形となったものである。第十二講「講義」三節でも述べたが、語源は「いたし（甚し）」が動詞「飽く」の連用形につき、「あきいたし」となり、母音「イ」が連続することによって、一つが落ち、「あきたし」となったが、連用形「あき」に「たし」が付いたものとみなされ、助動詞「たし」が誕生したとする説が有力である（三矢重松『高等日本文法』大正一五1926年、明治書院刊285頁）。「たし」の早い例は、『栄花物語』（あさみどり149・9）の「起きては寝たく暮るる間を待つ」のようなものである。『万葉集』にも例がないわけではないが、一般に広まったのは平安時代であり、それに伴って「まほし」は鎌倉時代になると急速に衰えていくのである。

発展　時制

過去・完了の説明をする際に、「時制」ということが問題になる。「時制」について簡単に説明しておく。『日本文法事典』（北原保雄他編、1981年、有精堂出版刊、仁田義雄筆106頁）によると、「『時制』とは、時の流れを、言語の、特に文法上の存在、区別として認識したものである。…時制は物理的な時と一致しない。物理的な時の流れに人間の把握作用が加わって、時制と言う範疇が認定されることになる。…連続した時の流れを不連続に切り取ることによって、時制が成立する」とある。たとえば、英語の場合、「①I lost my shaver.」「②I have lost my shaver.」という例文を日本語に訳すと、両方とも「私は髭剃り器をなくした」であるが、①は、その後、新たに買ってもいいし、なくした髭剃り器が見つかってもいい、とにかく、「なくした」という過去の一点のことについて切り取るのであるのに対して、②は「なくした」という状態が今も続いているという連続の時間を切り取っているという違いがあり、その違いを異なる形態で表現するのである。そしてそれが体系として成立している場合、「時制がある」ということになる。

日本語において、山田の「回想」（「講義」一節を参照）は、過去の出来事を「不連続に切り取る」のではなく、常に現在であっても、ある時点においても「今思い出している・認識している」という話し手の立場を述べているだけなので、英語におけるような時制とは異なるということになる。日本語に時制がないというのは、こういうことによるものと考えられる。

ということは、われわれは一般的に、「き・けり」を過去の助動詞、「つ・ぬ」を完了の助動詞として分けて扱っているが、日本語では、「完了」（動作などが終わること・済んだこと）と過去との相違を説明することが困難になってくるということになる。たとえば、「今、帰ったところだ」の「た」を完了とする（『表現と理解のための中学文法』北原保雄著、1993年、教育出版刊79頁）のだが、「今」とあっても、過去であることには違いないのである。完了と過去とを別のものとして扱う場合は、明確な識別基準を示さなければならないと思われる。本書では、「講義」二節のようにしてみた。

さて、過去の助動詞については、さまざまな説があるが、このように解釈すれば完全にすっきり説明できるという説は見られないようである。最も新しい説として注目されるのは、井島正博『中古語過去・完了表現の研究』（2011年、ひつじ書房刊）である。この書は、これまでの諸説を丁寧にまとめてあるので、研究史の資料としての価値も大きい。井島は、「き・けり」を、経験的過去と伝聞過去との違いで説明するのは、物語の地の文（＝カギカッコでくくられていない部分）においては無理だとする。特に「けり」については、「解説・説明」「気付き」「詠嘆」などさまざまな解釈を一括できるようなおおもとの意味を追究しようとしている。なかなか難しい本であるので、井島自身が高校生向けに書いたと思われる『詳説古典文法』（井島正博・伊藤博美・仲島ひとみ著、2012年、筑摩書房刊58頁）の解説を引用する。

> むしろ、物語の中で現在進行中の出来事を、その場にいるように（ウチの視点）描写するときには過去の助動詞は用いられず、一歩身を引いて語り手の立場から（ソトの視点）描写するときには「けり」が用いられる。「き」は物語の時間あるいは表現の時間の上で進行中の現在に対してそれより以前の出来事を描写するときに用いられる。

右のように理解する方が無理がないと述べる。また、詠嘆の「けり」については、次のように述べている。

> 「けり」は、語り手が物語世界から身を引いて描く場合に用いられるが、それが和歌などに用いられると、その事実から身を引いてしみじみとした情趣を表す詠嘆の意味合いとなる。中には、会話文の中である事実にはじめて気が付いたことを表す気付きの意味、語り手が物語の中に割って入って注釈を加える説明の意味を表す場合もある。

この「ウチの視点・ソトの視点」というのは、物語の話の中の時間の流れに沿って表現する場合と、その物語の話の内容の時間から外れて、その物語の語り手として表現する場合との違いであると捉えられる。井島は、こう考えることによって、それまでの「けり」に関するさまざまな説が説明できるとするのである。ただ、会話文・心内文でどのように説明できるのかが知りたいところである。

「つ・ぬ」に関しては、鈴木泰『古代日本語時間表現の形態論的研究』（2009年、ひつじ書房刊）、井島正博『中古語過去・完了表現の研究』（2011年、ひつじ書房刊）などに詳しい。どちらも「つ・ぬ」の意味の違いは、その前にある動詞の違いによることが大きく、たとえば、鈴木は、動詞を「行為動詞・変化動詞・うごき動詞・状態動詞」のように分類し、次のように述べる。

> 基本的に、ツ形は、時間的なはばのある過程をもつ、行為動詞、うごき動詞、状態動詞にあらわれ、ヌ形は、基本的に過程性を持たな

い変化動詞に現れるという違いがある。ここで、過程性がなく、限界性を持つ変化動詞の観点から見れば、ヌ形は限界到達（＝それ以上その動作が続かない：10頁記述より）を表すということができる。一方、ツ形は、行為動詞の完成相にあらわれるということからは限界到達の意味を表すと考えることもできるが、おなじく過程性をもつものの、限界性をもたないうごき動詞にもあらわれるということからは、限界到達ではなく、動作過程を一括的に（＝一定期間続いて終わった動作をひとまとまりのものとして：10頁記述より）さしだす意味であると考えられる。（243頁）

井島は前掲『詳説古典文法』（61頁）で、次のように述べている。

従来、「つ」は他動詞あるいは意志動詞に、「ぬ」は自動詞あるいは無意志動詞につくといわれているが、例外も多く、「つ」「ぬ」どちらもつく動詞もあり、不充分な説明である。むしろ、動作にせよ状態にせよ、ある出来事の始まりを表すのが「ぬ」で、終わりを表すのが「つ」であると理解する方が古典語の実際に合っている。たとえば、「鶯（うぐひす）鳴きぬ」は鳴き始めたこと、「鶯鳴きつ」は（さきほど鳴いて、今はもう）泣きやんだことを表す。

鈴木の考えは、「つ・ぬ」の違いを動詞の意味・性質との関連によって考える。しかし、その動詞の分類については、人によって異なる分類になることもあるし、どちらとも捉えることができるというものもある。井島の考え方も、論理的には納得できても、それを訳に反映するのが難しいこともある。

「き・けり・つ・ぬ・たり・り」という過去・完了・存続と言われている助動詞の意味は、どういうわけか「た」という一つの助動詞に集約されたのであるが、これは、分類する必要がなくなった、または、意味が同じになったと考えるのが自然であろう。どうして「た」になったのか、どうして分類する必要がなくなったか、興味の尽きないところである。一般に「つ・ぬ」を同じ意味で対立するものとして、何の疑いもなく扱っているが、それでよいのかという所から入らなければならないとも思われるのである。

たとえば、「き」と「つ」の対立ということも指摘されている。「中古以降、キ形が発話当日中の過去を表すことがなくなった」（小田勝『実例詳解　古典文法総覧』2015年、和泉書院刊126頁）とあり、それに関しては、岡崎正継「今昔物語集の『今夜』と『夜前』と」（『中古中世語論攷』2016年、和泉書院刊31頁）があり、「つ」は近過去を表すものとして捉えられることが報告されているし、「推定伝聞の助動詞『なり』について」（同書28頁）では、推定・伝聞の助動詞「なり」が連用形で用いられる場合、「なりき」は伝聞、「なりつ」は推定の意を表すことが指摘されている。考えてみてほしい。

これまで述べてきたこと以外にも、さまざまな説をまとめてわかりやすく解説を施しているのが、前掲『実例詳解　古典文法総覧』である。辞書的な機能も備えているので有用である。

第十六講 助動詞各論4 ―終止形に付く助動詞 「まじ・めり・なり・らむ・らし・べし」―

1 次の終止形に付く助動詞の活用表を完成させなさい。問にも答えなさい。

語	未然形	連用形	終止形	連体形	已然形	命令形
まじ						
なり						
らし						
べし						

問 右表の「なり」は伝聞・推定の助動詞ですが、断定「なり」との活用上の違いはどこにありますか。

〔　　　　〕

2 次の①～⑤（傍線のあるものはその部分のみ）を現代語に訳しなさい。「まじ」は、「じ」との違いがわかるようにしなさい。

① 羽なければ、空をも飛ぶべからず。（方丈記25・4）

《訳》【　　　　】

② 下部（しもべ）に酒飲ますることは、心すべきことなり。（徒然草148・14）

《訳》身分の低い者に酒を飲ませるのは、【　　　　】。

③「いかがすべき」とおぼしわづらふに、（竹取物語51・11）

《訳》「【　　　　】」と思い悩みなさるけれど、

④「これよきことなり。人の御恨みもあるまじ」と言ふ。（竹取物語24・4）

《訳》「これはよいことだ。他の人の御怨恨も【　　　　】」と言う。

＊「ないだろう」以外の訳で。

⑤「ただ今は見るまじ」とて入りぬ。（枕草子137・7）

《訳》「【　　　　】」と言って中に入ってしまった。

3 次の①～⑤の傍線部の中で、助動詞「らむ」はどれですか。二つ探してその番号と現代語訳を、後の【　】に記入しなさい。

① 今は出で来ぬらむとこそ思ひつれ。（落窪物語83・4）

《訳》もう出来て（…）と思った。

② 月の出でたらむ夜は、見おこせたまへ。（竹取物語73・15）

《訳》（…）、こちら（＝月）を見やってください。

③ 我は院（＝上皇の御所）へ参らむ。（保元物語290・5）

《訳》私は院へ参上（…）。

④ またなでふこと言ひて笑はれむとならむ。（枕草子37・9）

《訳》またどんなことを言って笑われようと（…）。

⑤（桧垣の御は）いづくにか住むらむ。（大和物語347・8）

《訳》（桧垣の御は）どこに（…）。

【番号（　）　】
【番号（　）　】

4 次の①～⑤の傍線部の語を、ア伝聞、イ推定、ウそれ以外、に識別して、傍線の右横に記号で答えなさい。

① 問ひつめられて、え答へずなりはべりつ。（徒然草273・9）

《訳》問いつめられて、答えることが（…）。

② 右近の司（＝右近衛府：宮中の警備にあたる役所の役人）の宿直奏し（＝定時の点呼に応じて名乗ること）の声聞こゆるは、丑（＝夜中の一時）になりぬるなるべし。（源氏物語・桐壺36・8）

《訳》近衛の司の宿直奏しの声が聞こえるということは、丑の時に（…）。

③「丑四つ」と奏すなり。「明けはべりぬなり」とひとりごつを、（枕草子446・9）

《訳》「午前二時」と奏上するのが聞こえる。「（…）」と独り言を言うけれど、

＊「奏す」は天皇に申し上げる意。ここでは宿直が時刻を大声で告げる意。

④「いづれの国とかや」「みみらくの島となむいふなる」（蜻蛉日記132・8）

《訳》「どの国と言ったっけ」「みみらくの島と（…）」

＊「いづれ」は「どれ・どの・いつ・誰」「どちら・どっち」の意で、ここでは前者。「とかや」は、格助詞「と」＋係助詞「か」＋間投助詞「や」で、伝え聞いたことの記憶が曖昧である時などに用いる。

⑤ 人出でたまひなば、（門を）とく鎖せ。このごろ盗人いと多かなり。（枕草子300・11）

《訳》人が出てしまったら、門をすぐに閉めろ。最近盗人が多い（…）。

5 次の①・②の傍線部「めり」について、後の説明文のア～オ【　】に適語句を補いなさい。

① かぐや姫の皮衣を見ていはく、「うるはしき皮なめり」（竹取物語40・8）

《訳》かぐや姫が皮衣を見て言うことには「立派な皮（…）」

②もののあはれは秋こそまされと人ごとにいふめれど、それもさるものにて、（徒然草95・13）

《訳》情趣は秋がまさっていると人それぞれに（…）、それももっともなことだが、

伝聞・推定の助動詞「なり」は「音あり」を語源とするとも言われ、聞いたことを根拠にする推定であるのに対して、「めり」は「見あり」を語源とし、見たことを根拠にする推定である。①の「めり」は「見ていはく」なので、見たことを根拠に推定していることがわかるが、②は【ア　　】ことを根拠にしているというわけではないので、推定というより【イ　　】の意味として捉えることもできる。ただ、幸い、現代語訳する場合は、どちらも【ウ　　】と訳せばよいので、そう問題にはならないことがほとんどである。また、『大鏡』の最初の菩提講の場面では、次のような「めり」が多く現れる。

例の人よりこよなう年老い、うたてげなる翁二人、嫗と行きあひて同じ所にゐぬめり（13・3）

《訳》普段来ている人々よりこの上もなく年を取って怪しげなお爺さん二人が、お婆さんと出くわして、同じ所に座った（…）

今、作者が菩提講にいて、目の前で翁二人と嫗と座ったのだから、目で見ていることは確かであり、推定や婉曲にする必要はないのに、「めり」が使われている。こういう場合、「同じ所に座ったのが【エ　　】」と語源どおりに訳すことも可能であり、その方が臨場感があるように感じられるのである。これは「なり」も同様で、4③「『丑四つ』と奏すなり」も、「丑四つ」と奏上するのが【オ　　】と語源どおりに訳した方が自然である。

6　次の①・②の和歌を現代語訳した時、【　】に入る語句を答えなさい。

①降る雪はかつぞ消ぬらしあしひきの山のたぎつ瀬音まさるなり（古今集319）

《訳》降り積もっている雪は次々に解けて消えているに違いない。【　　】山の水が激しく流れる音がどんどん大きくなっているのが聞こえる【　　】。

＊かつ…「かつ～かつ…」のように用いられ、「一方では～、一方では…」と訳す。これが単独で用いられる場合は、「一方で」と訳す他に、「次から次に」「部分的に」のように訳す。

＊あしひきの…「山・岩」などを導き出すための枕詞。

②夕されば衣手寒しみよしの吉野の山にみ雪降るらし（古今集317）

《訳》夕方になると袖の所が寒い。【　　】奈良の吉野山には雪が降っているに違いない。

＊夕されば…夕方になると。

＊みよしの…ここでは次の「吉野」を導く枕詞的な働きをしている。

講義

一、「べし」

「べし」は、形容詞型活用で、意味的には推量の助動詞に分類され、推量・意志・可能・当然・命令・適当などの意味があるとされる。その頭の文字だけ取って、「す・い・か・と・め・て」と覚えるとよいなどと教わってきた人もいるだろう。しかし、そうなると、「推量・意志」は「む・むず」とどう違うのか、「可能」は「る・らる」とどう違うのか、「命令」は、命令形とどう違うのかということになり、よくわからなくなるのである。辞書を見ると、「む・むず」を強めた意などと記されているものもあるが、この「強めた意」という言い方は、実はよくわからないということを表しているのである。書かなければいいとも思うが、辞書としては何か書かなければならないので、そのような言い方になっているのである。言ってみれば、ギブアップ宣言なのである。

◉「べし」の語源から訳語を考える

「べし」の語源は、「事情を納得し、なるほどもっともだ」と肯定する意味を表す「うべ」が「うべし」となり、語頭の「う」が脱落したものと言われている。「うべ」は、「吹くからに秋の草木のしをるればむべ山風をあらしと言ふらむ」(古今集249)のように「むべ」とも書かれる。また、「うべなり」という形容動詞としても用いられる。「宜・諾」という漢字をあて、「筋道にかなう・もっともだ」という意味である。漢文で再読文字として読まれる場合は、「よろしく…すべし」となり、「…シタ方ガヨイ」という意味になる。「諾」にも「よい・よろしい・うなづく」のような意味がある。

というわけで、**「べし」は適当**(…スルノガヨイ・…ニフサワシイ)、**当然**(…スルハズダ・…シナケレバナラナイ)**で訳すことが基本**となる。推量や意志や可能で訳すのは、現代語で訳しやすいというだけの話であって、「む・むず」などとの違いがわからなくなるので、ここではかなり大胆ではあるが、「推量・意志・命令」は用いないことにする。なお、打消し表現を伴う場合には、どうしても可能で訳さざるを得ないものもあるが、その場合、可能の推量(…デキソウニナイ)と訳すことにする。つまり、「る・らる」との違いは、可能に推量の意味を加えた所にあると考えるのである。「…デキナイ」との違いを確認してほしい。ただし、連体形「べき」は、「む」同様、婉曲の意味として訳した方がわかりやすいこともあり、その場合は「…シソウナ」と訳すことになる。なお、「べからず」とほぼ同じ意味を表す語に「まじ」があるが、「まじ」は和文に用いられ、「べからず」は漢文訓読文に用いられるという違いがある。中世になって、和漢混淆文体が一般的になると「べからず」も2①のように普通に用いられるようになる。

◉音便

「べし」は形容詞型活用であるが、形容詞と同じく、連用形「べく」はウ音便「べう(ビョーとよむ)」、連体形「べき」はイ音便「べい」、連体形補助活用「べかる」は撥音便「べかん」となる。このうち「べい」は、終止形の役割を持つようになり、特に関東地方で盛んに使われたようで、キリシタン宣教師ジョアン・ロドリゲスもその著『日本大文典Arte da lingoa de Japam』（慶長九1604～慶長一三1608年）で「関東べい」として紹介している。現代語でも、「…だべ・…だっぺ」の「べ・ぺ」は「べい」の生き残ったものである。

二、「まじ」

「まじ」は「べし」の打消しである。であるから、打消し当然（…アルハズガナイ）、打消し適当（…シナイ方ガヨイ・スルノハヨクナイ・…ニフサワシクナイ）、不可能の推量（…デキソウニナイ）の三つの意味になる。下に「ダロウ」を付けて訳してもよい。

●語源と音変化

「まじ」は上代の「ましじ」の音変化とされる。おそらく、上代のサ行は「ツァ・ツィ…」のように破裂音を伴っており、「ましじ（マツィヅィ）→まっじ（マッヅィ）→まじ」となったものであろう。ちなみに、上代の「ましじ」は、「敢ふ・得・堪ふ・克つ」や助動詞「ゆ」のような、可能の意味を表す語にしか付かないという特徴を持っている。

「まじ」も「べし」同様、形容詞型活用であり、連用形では「まじく」が「まじう」、連体形では「まじき」が「まじい」となる。この「まじい」が終止形として用いられるようになり、さらには「まい」という現代語にも残る形となるのである。「まじい」が「まい」となった音変化は、うまく説明できないが、「べき」が「べい」になったことによって、その類推作用が働き、「まい」になったという説（大塚光信「助動詞マイの成立について」『国語学』一、1962年）が有力である。

三、「なり」（伝聞・推定）

終止形に付く「なり」は伝聞・推定（推定・伝聞という言い方もある）の助動詞である。伝聞は「…ダソウダ（文末）・…トイフ～（文中）」、推定は「…ヨウダ・…ラシイ」と訳す。「なり」の語源は「音（ね）あり」ということで、「めり」を「見える」と訳せる（四節参照）のと同じ要領で、「まつ虫の声すなり」とある場合は、「まつ虫の声のするのが聞こえる」と訳した方がわかりやすい。

●伝聞・推定と断定の識別

さて、先ほど「終止形に付く『なり』は」と述べたが、「なり」には連体形に付くものもある。その「なり」は断定の意味で、「…デアル」と訳す。「男もすなる日記といふものを女もしてみむとてするなり」（土佐日記15・1）の例がわかりやすいので見てみよう。「す・なる」はサ変動詞「す」の終止形に付いている「なる」なので、伝聞「スルトイウ」と訳し、「する・なり」は、サ変動詞「す」の連体形「する」に「なり」が付いているので、断定「スルノデアル」と訳すことになる。

ただし、終止形と連体形が同形の場合、すなわち四段活用に「なり」が付く場合、「なり」の識別が困難になる。また、終止形に付く助動詞は、ラ行変格活用には連体形に付くというきまりがあるので、ラ行変格活用に付いた「なり」も識別に困ることになる。四段活用とラ行変格活用に付いた時の「なり」の識別は次のとおりである（岡崎正継「推定伝聞の助動詞『なり』について」『中古中世語論攷』2016年、和泉書院刊4頁～による。記号・順番は変えた所がある。例文は同書のまま。なお、岡崎は「伝聞・推定」とせず、「推定伝聞」とする）。

伝聞・推定の「なり」

ア 助動詞「き・つ」の付いた連用形の「なり」。

さやうなることもいふなりし。（源氏物語・蜻蛉209・3）

イ 助動詞の付いていない連体形の「なる」（係助詞「ぞ・なむ」の結びを含む）。

御格子どもぞ下ろすなる。（源氏物語・東屋62・8）

ウ 係助詞「こそ」の結びの已然形の「なれ」。

さる人こそかやうには悩むなれ。（源氏物語・宿木385・10）

エ 撥音便形（無表記も）の下の助動詞「なり」。

かかる人は罪も重か（ん）なり。（源氏物語・柏木301・13）

断定の「なり」

㋐未然形の「なら」。ただし、「言ふならく・聞くならく」の「なら」を除く。

㋑助動詞「けり・けむ」の付いた連用形の「なり」。

㋒主語を格助詞「の」または「が」で示し、述語を「なり」で結んだ構文の、終止形の「なり」。

㋓助動詞の付いた連体形の「なる」。

エ、㋒以外の終止形「なり」、**ウ**以外の已然形「なれ」については、形態上からの識別が不可能で、前後の文脈によって判断することになる。前後の文脈というのは、たとえば、自分の体験や、自分が主語で伝聞の要素が全くないようなものは、断定であるということになる。たとえば、次のようなものである。

（夢で猫がしゃべって）うちおどろきたれば、この猫の声にてありつるが、いみじくあはれなるなり（更級日記302・9）

《訳》はっと目を覚ましたところ、この猫の声であったが（がしたが）、たいそうしみじみと思われることである。

形容動詞「あはれなり」は自分の心情を表すので、伝聞・推定ではありえないのである。また、「なり」の上に音源（音を出すもの）がある場合、その音が聞こえると訳してよい場合はすべて伝聞・推定であると判断してよい。

ちなみに、「ぬなり」という形がわかりにくい。次の二つの例文で、伝聞と断定を見分けてみよう。

1 この大臣（＝時平）の御末はおはせぬなり。（大鏡88・3）

2 侍従の大納言の御女（みむすめ）亡くなり給ひぬなり。（更級日記296・15）

解答：1断定　2伝聞

四、「めり」

「めり」は見たものを根拠にして推定する助動詞である。語源は「見あり」だと言われている。**「ヨウダ」**と訳す。よく文法書では、推定伝聞「なり」の推定を「…ラシイ」、推定「めり」を「…ヨウダ」と訳語を区別しているかのように書いてあるものが多いが、現在、何に依っての推定かという区別はないので、すべて「…ヨウダ」と訳すことにしても何の問題もない。そして、幸いなことに、婉曲用法も「ヨウダ」と訳せばよいので問題はない。どういう時に婉曲とするかであるが、視覚に関係のない場合に婉曲と解することが多い。また、目の前で起こっている事柄に対して「めり」を用いる場合は、「…スルノガ見エル」と訳すことがふさわしいこともある。源氏が小柴垣の所から中をのぞいている場面で、「花奉るめり」（源氏物語・若紫205・15）とあり、「仏様に差し上げているようだ」とするよりも、今目の前にある状況を述べているのだから、「仏様に花を差し上げているのが見える」とする方がぴったりくる。なお、「めり」は平安時代の散文に盛んに用いられるが、和歌に用いた例は、『古今集』では、次の例の他に四例しか見られず、三代集（古今集・後撰集・拾遺集）を合わせても、一五例しか見られない。

竜田川もみぢ乱れて流るめり渡らば錦中や絶えなむ　（283）

《訳》竜田川には紅葉が一面に入り乱れて流れているのが見える。もしこの川を横断したならば、錦織の帯が真ん中で切れてしまうのではないだろうか。

＊「や」は疑問の係助詞であるが、「…ダロウカ」と訳すことよりも、「…ナイダロウカ」とした方がうまくいくことが多い。

五、「らむ」

「らむ」は現在推量の助動詞である。「…テイルダロウ」と訳す。単に「…ダロウ」は推量で、「む・むず」の訳となり、「…タダロウ」は過去推量で、「けむ」の訳となる。訳す場合は意識して区別したいものである。ただし、「むずらむ・あるらむ」となっているものは「テイルダロウ」とは訳せないので、やむを得ず「ダロウ」と訳すことになる。現在推量というのは、基本的に自分の見えない所で今行われている動作を推量する意味である。「…シテイル最中ダロウ・…シツツアルダロウ」という意味で、たとえば、「行くらむ」というのは、「今まさに、向かっている最中であろう」ということになる。「行くだろう」との違いを確かめてほしい。

●語源

「らむ」の語源について、大野晋（おおのすすむ）は、次のように述べている。

「らむ」は起源的には恐らく「有り」と、推量の「む」との結合によって成立したものである。

（「古典語の助動詞と助詞」『時代別作品別解釈文法』1955年、至文堂刊23頁）

ただこれだと、「あらむ」は連用形に付くはずなので、「咲き・あらむ」となり、イ段音「き」とア段音「あ」の母音融合がウ段音「く」になるのは理解しにくく、終止形に付くという説明は納得しがたいものである（「発展二」参照）。

●現在の原因・理由推量

「らむ」の文末用法には、現在推量の他に「現在の原因・理由推量」がある。これは「けむ」が「過去の原因・理由推量」を持つのと同じことである。「…テイルノダロウ」と訳せるものがそれにあたる。疑問表現を伴う場合に現れることが多いが、次の例を見てほしい。

ひさかたの光のどけき春の日にしづ心なく花の散るらむ　（古今集84）

これは、「光がのどかな春の日にどうして落ち着いた心もなく花が散っているのだろう。」のように疑問語がなくてもそれを補って現在の原因・理由の推量とするようなものもある。ただ、これも桜が散っているのを見ることができない所にいて、「春の日ざしはのんびりとしているのに、おそらく、今頃、桜は落ち着きもなく散っているだろう」と現在推量で訳しても問題はなさそうである。江戸時代の国学者からの慣例でこのように訳しているのかもしれない。また、現在の原因・理由の推量と述べたが、「…テイルノダロウ」と訳すと不自然になる場合もあり、単なる「原因・理由の推量」として「…ノダロウ」と訳さなければならないこともある。「らむ」の文中用法は、「現在の伝聞・現在の婉曲」というふうに説明するが、これも「けむ」同様、現在の婉曲「…テイルナドスル・…テイルヨウナ・…テイル」として考えて、「…テイルトイウ」というように訳した方がよい場合は「現在の伝聞」とするのがよいだろう。

六、和歌専用の「らし」

「らし」は一般に、和歌にだけ用いられ、「根拠ある推定」と解説される。多くは、「―A―らし。―B―」「―B―。―A―らし」の形で現れ、「A」を推定する根拠が、「B」になっているのである。つまり、「B」の部分が根拠として和歌中に現れるということである。わかりやすく言うと、「根拠ある推定」というのは、「その和歌の中に根拠が示されている」ということなのである。根拠が示されているのだから、確信に近い推定と考えることもできる。したがって、「…ヨウダ」ではなく、**「…ニ違イナイ」**と訳すことにする。現代語「らしい」は、この「らし」とは無関係で、「江戸時代に古語の接尾語「らし」から転じてできた語ではないか」（山口明穂・秋本守英編『日本語文法大辞典』2001年、明治書院刊、山口明穂筆839頁）と言われている。「ラシイ」という訳語を文法書ではあてるが、古語の「らし」と現代語の「らしい」と混同しないために、ここではその訳語を用いないこととする。

●具体的な訳し方

和歌全体の訳し方は、「―A―らし。―B―」の場合は「Aニ違イナイ。ナゼナラバBダカラ」となり、「―B―。―A―らし」の場合は、「Bデアル。トイウコトハ、Aニ違イナイ」というふうになる。

この川にもみぢ葉流る（。）奥山の雪消の水ぞ今まさるらし　（古今集320）

右の場合、「目の前の川に、去年の降り積もって雪で閉じ込められていた紅葉が流れている。ということは、奥山の雪解けの水がどんどん増えてきているに違いない」となる。

●活用

「らし」は「○／○／らし／らし／らし／○」という助動詞としては、「じ」と同じ問題（すなわち活用がないと考えられる。第十四講「講義」三節参照。）を持つ。ただ、右の例で係助詞「ぞ」の結びとして用いられていることから、連体形としての「らし」を認めることも可能である。さらに、奈良時代には、次のような例が見られる。

いにしへもしかにあれこそうつせみも嬬を争ふらしき　（万葉集13）

《訳》昔からそうであったから、現世でも一人の女性を（二人の男性が）取り合って争うのであるに違いない。

このように、「こそ」の結びとして連体形「らしき」が用いられているものもある。なお、「こそ」の結びが連体形（本来なら已然形）を取る例として、次のような例も見られる。

野を広み草こそ繁き　（万葉集17）

《訳》野原が広いので草が生い茂っている

●語源

「らし」の語源については、松尾捨治郎（『助動詞の研究』1943年、文学社刊71頁）は、次のように述べる。

「ら」は「有ら」の「ら」からであらう。此を動詞的に用ゐたのが「らむ」で、形容詞的に用ゐたのが「らし」である。

これも「発展二」で触れるが、「…す。あらし。」のような「複述語講文」から、「あ」が脱落して、一つの助動詞となったとする考え方（築島裕「古典解釈のための助動詞」『解釈と鑑賞』一一月号、1957年、至文堂刊95頁）がわかりやすい。

発展一　「なり」伝聞・推定小考

伝聞・推定の「なり」は、江戸時代から、詠嘆の意を表すものとして扱われてきた。本居宣長はその著『古今集遠鏡』（巻一・寛政九1797年刊）で次のように述べている。

「春来れば雁かへるなり」「人待つ虫の声すなり」などの類の「なり」は、あなたなる事を、こなたより見聞きていふ詞なれば、これは、「アレ雁ガカヘルワ」「アレ松虫ノ声ガスルワ」など訳すべし。此「なり」は、「ヂャ」と訳す「なり」（いわゆる断定の「なり」）とは別にて、語のつゞけざまもかはれり。「ヂャ」とうつす方は、つゞく詞（＝連体形）よりうけ、此「なり」は、切るゝ詞（＝終止形）よりうくるさだまりなり。

この詠嘆説を退け、伝聞・推定を最初に明らかにしたのは、松尾捨治郎（「小疑三束」『國學院雑誌』25-8、大正八1919年、43頁）である。『中古中世語論攷』（岡崎正継著、2016年、和泉書院刊）のような分類ができるようになったのはつい最近である。さらに岡崎は、「伝聞」と「推定」の識別も試みている。次に挙げる（一部変更あり）。

1 「き」の付いた連用形「なり」は伝聞、「つ」の付いた連用形「なり」は推定。ここでも「つ」と「き」の対応が見られ面白い。
2 文中用法の「なる」は、原則として伝聞、「なるを」となる場合に推定となることがある。
3 文末用法の「なる」の場合、地の文（「　」の外にある文）・心話文（心内文とも言う）では、「ぞ―なる」は推定、会話文で「にぞあ（ん）なる・にぞ侍（ん）なる」（「に」は断定の助動詞）は、推定。
4 終助詞「かな」の付いた「なるかな」は推定。
5 形式名詞「こと」が付いて体言止めとなっている場合は、推定。
6 3～5以外の場合は伝聞。

参考　北原保雄『日本語の助動詞　二つの「なり」の物語』2014年、大修館書店刊

発展二　「らむ」はなぜ終止形接続なのか

北原保雄は「〈らむ〉〈らし〉の成立―複述語構文の崩壊―」（『言語と文芸』7-6、1965年、大修館書店〈のちに、おうふうへ版元が変わる〉刊）で、「花咲く。あらむ。」のような複述語構文（＝「主語＋述語。述語。」のような構文）の後部述語文節が形式化するに及んで、ア音が脱落し、「花咲くらむ。」が成立したと説く。

複述語構文とはどのようなものかを説明しておく。『万葉集』に、たとえば、次のような例がある。

海人小舟帆かも張れると見るまでに鞆の浦廻に波立てり見ゆ（1182）

《訳》海人が小舟に帆を張ったかと思うほど、鞆の浦（=地名）あたりに…

この傍線部のようなものである。「波立てる見ゆ」だと「波が立っているのが見える」と簡単に解釈できるのであるが、「見ゆ」の前が終止形になっているのである。このようなものがいくつも見られる。これは、「波が立っている」と一度そこで文を完結させて、その後にこの和歌の作者（=言語主体）が、その前の部分が自分の目に入ってきたという事実を明確にするために「見ゆ」を付けたものと解釈されている。一般に、「波が立っているのが見える」と訳すようだが、あえて訳すなら「波が立っている。その（感動的な）情景が目に飛び込んできている」とでもなろうか。「咲く。あり。」も「咲く」は終止形であるが、偶々連体形と同形なのでわかりにくいのである。

この考え方に従うならば、終止形に付く助動詞「べし・めり・なり・らむ・らし」（「まじ」は語源がよくわからないので除く）がこの複述語講文で説明できる。すなわち、「…終止形。うべし。」（=べし）、「…終止形。見あり。」（=めり。以下同じ）とすれば、なぜ終止形に付くかが無理なく説明できることになる。

一方、未然形に付く多くの助動詞が未実現であり、連用形に付く多くの助動詞が既実現であることに着目し、終止形に付く助動詞を「向実現（未実現だが実現性が強い、あるいは、既実現に強く傾くが未実現である）」性の強い助動詞とし、それらは、終止形自体が持つ未実現でも既実現でもないという様相に適っていたから、終止形に付くのであるという、小柳智一の説（「ベシ・ラシ・ラムの接続について」『國學院雑誌』105-2、2004年）は、注目に値する。

第十七講 助動詞各論5

—連体形などに付く助動詞「なり・たり・ごとし」・変則的な接続の助動詞「り」—

1 次の【　】に適語句を補いなさい。

断定の助動詞「なり」は格助詞【　　】と動詞【　　】とが融合してできた語で、【　　】・活用語の【　　】形、いくつかの助詞・副詞などに接続する。また、断定の助動詞「たり」は格助詞【　　】と動詞【　　】が融合してできた語で、【　　】の名詞にしか接続せず、和文調の文章にはほとんど見られない。活用は形容動詞と同じである。

2 次の①～⑧の傍線部「なり」が、断定の助動詞の場合は「ダ」、形容動詞の活用語尾の場合は「ケ」、伝聞・推定の助動詞の場合は「デ」と傍線の右横に記入しなさい。また、どれにも該当しない場合は、「×」を記入しなさい。

① 閏(うるふ)二月の朔日(ついたち)の日、雨のどかなり。（蜻蛉日記289・9）

《訳》閏二月の一日の日に、雨が（…）降る。

＊閏とは十二ヶ月以外に加えられた月のこと。

② あな、らうがはしや。いと不便なり。（源氏物語・横笛350・3）

《訳》ああ、無作法だ。たいそう（…）。

③ 夜居(よゐ)の僧は、いとはづかしきものなり。（枕草子230・1）

《訳》夜通し貴人にお仕えしている僧は、たいそう（…）。

④ 子になりたまふべき人なめり。（竹取物語17・10）

《訳》子どもに（…）はずの人であるようだ。

⑤ 明けはてぬなり。帰りなむ。（枕草子285・15）

《訳》すっかり夜が明け（…）。帰ってしまおう。

⑥ 音には聞けども、いまだ見ぬものなり。（竹取物語38・1）

《訳》噂には聞いているけれども、まだ（…）。

⑦ 「…」など言ふも、いとしたりがほなり。（枕草子314・13）

《訳》「…」などと言うのもたいそう（…）。

⑧ 悲しきはかへらぬ人のあればなりけり。（土佐日記18・8）

《訳》悲しいことは（都へ一緒に）帰らない人がいる（…）。

3 **次の①～⑤の傍線部の中で、断定の助動詞「なり」には「ダ」、完了の助動詞には「カン」、格助詞には「カク」、形容動詞には「ケ」と傍線の右横に記入しなさい。また、どれにも該当しない場合は、「×」を記入しなさい。**

① 年のうちに春は来にけり　一年(ひととせ)を去年(こぞ)とや言はむ今年とや言はむ　（古今集1）

＊暦の正月よりも早く立春が来た時の歌。まだ新年になっていないのに立春が来たということで、今年（＝暦の新年までの残りの日）を去年と言おうか、今年と言おうかと迷っている。

② われ朝ごと夕ごとに見る竹の中におはするにて知りぬ。（竹取物語17・9）

《訳》私が毎朝毎夕に見ている竹の中に（あなたが）いらっしゃる（…）。

③ 東宮は十一にぞおはしける。（栄花物語・花山たづぬる中納言135・7）

《訳》皇太子は十一歳（…）。

④ こまやかに書かせたまへり。（源氏物語・桐壺29・3）

《訳》（…）お書きになっている。

⑤ つひに行く道とはかねて聞きしかど　きのふ今日(けふ)とは思はざりしを（伊勢物語216・3）

《訳》（…）行く道（＝死は避けられないこと）だと以前から聞いていたが、昨日今日というさし迫ったことだとは思わなかったのに。

4 **次の①～⑤（傍線のあるものはその部分のみ）を現代語に訳しなさい。**

① 壺なる御薬たてまつれ。（竹取物語74・4）

＊「たてまつる」は「飲む・食ふ・着る・乗る」の意を示す場合は尊敬語。

《訳》【　　】を召し上がれ。

② 坂上(さかのうへ)の田村麻呂(たむらまろ)といふ人、近衛(このゑ)の将監(しやうげん)とありけるとき、（今昔物語集・巻一一141・2）

＊近衛の将監＝近衛府（宮中の警備にあたる役所）の三等官。

《訳》坂上の田村麻呂という人が【　　】時、

③ つひに本意のごとくあひにけり。（伊勢物語136・13）

《訳》【　　】

④ 和歌・管弦（に関するもの）・往生要集ごときの抄物(せうもつ)（＝抜書きや写本）を入れたり。（方丈記30・2）

《訳》【　　】

⑤ あたら夜(よ)の月と花とを同じくはあはれ知れらむ人に見せばや（後撰集103）

《訳》せっかくの（春の）夜の月と桜の花とを、どうせ同じ見せるのなら、【　　】

講義

一、「なり」（断定）

断定の助動詞「なり」は、格助詞「に」に「あり」が付いて、母音「i」が落ちて「なり」となったものと言われる。本居宣長が「にありをつづめてなりとはいふなれば」（『詞玉緒』天明五 1785 年刊）と述べているように、『万葉集』には、「なり」の他に、断定の意味で用いられている「にあり」も見られる。次に示す。

天地の　神なきものに　あらばこそ　我あが思もふ妹に　逢はず死にせめ （万葉集3740）

《訳》天地の神々がいらっしゃらないものであるならば、私の愛しく思う人に逢わずに死のうが（実際は神々がいるから、いつかは妹に逢えるだろう）。

＊傍線部の原表記は、「可未奈伎毛能尓　安良婆許曽」。なお、「有・在」だけでも「にあり・なり」と慣例的に読んでいるものもあるので、正確な用例数を言うのは難しい。

ただ、「にあり」という用例の場合、「にしあり・にかある」などのように、「に」と「あり」の間に、副助詞・係助詞などが入る例は多く見られ、これは、平安時代以降にも引き継がれている。平安時代以降「にあり」という断定の形は見られなくなる。

●所在の意味

断定「なり」には、所在の意味がある。これは、「にあり」のもとの意味である。「…ニアル・…ニイル」と訳すが、多くは、「名詞＋なる＋名詞」という形で現れる。「船なる人の詠める」（土佐日記44・4）のようなものであるが、次のように、その下が体言句のようになっている場合もある。

御厨子のもとなりける取りて （枕草子252・9）

《訳》（和歌の草稿が）戸棚のあたりにあったのを手に取って…

断定「なり」と伝聞・推定「なり」の違いについては、第十六講「講義」三節で詳しく述べたので、ここでは割愛する。

二、「たり」

断定の助動詞「たり」については、古く、富士谷成章が、その著『あゆひ抄』（安永七 1778 年刊）で次のように記しているように、格助詞「と」＋動詞「あり」の縮約形として成ったものである。

「とあり」のひきあへる（＝融合したもの）なり。

なお、上代には次のように、「とあり」という形は出てくるが、断定という概念とは異なるものとも取れるものである。

世の中は　空しきものと　あらむとそ　この照る月は　満ち欠けしける （万葉集442）

《訳》世の中はむなしいものであると言っているかのように満ちたり欠けたりしているのだなあ。

＊原表記は「空物跡 将有登曽」。

平安時代になると、漢文訓読文や、訓点資料において「たり」が見られるようになるが、女性の手になるような和文調の物語類には普通は用いられない。平安時代末期・中世の和漢混淆文体（今昔物語集・平家物語など）において見られるようになる。

◉「たり」の識別

一般の文法書にも書かれているとおり、「なり」は体言・連体形・副詞・助詞などに付くのに対して、「たり」は名詞にしか付かない。その名詞も漢語（字音語）である。ただ、「子・妻・君・人・主・后・太子・弟子・友達・猟師・毒蛇」のような、人（の身分・地位・資格）や生き物を表す名詞に付く場合は、漢語でなくてもよい。

ここで気を付けなければならないのは、「ナリ」同様、「タリ」も形容動詞タリ活用と全く同じ活用をするので、「タリ」、連用形「ト」が出てきた場合は、その上の語が名詞かどうかを確かめなければ品詞の認定はできないということである。次の傍線部で、どれが、断定「たり・と」であるかを識別してみよう。形容動詞以外のものもあるので気を付けよう。

① 南には蒼海漫々として、岸うつ波も茫々たり。（平家物語・海道下286・12）

② 井手の少将とありし君は、出家とか。（大鏡282・9）

③ ほととぎす我とはなしに卯の花の憂き世の中に鳴き渡るらむ（古今集164）

④ かくてほかへも行かで、つとゐにけり。（大和物語382・15）

⑤ 寄りて見るに、筒の中光りたり。（竹取物語17・7）

解答：①「と・たり」共に形容動詞活用語尾。「漫々・茫々」は広々とした様を表す。②「と」断定の助動詞。「出家とか」の「と」は格助詞。③格助詞。「我とはなしに」で「自分とは同じ身の上ではないけれど」の意。④副詞「つと」の一部。「つと」の下に状態性の動詞がある場合は、「じっと」の意。「じっと座っていた」と訳す。⑤存続の助動詞「たり」。光っている。

◉「指定」の助動詞

なお、断定の助動詞のことを指定の助動詞と呼び、後世の「ぢゃ・ぞ」など文末に用いられる断定の言葉を（文末）指定辞と呼ぶことがある。これは、大槻文彦が、「なり・たり」（および「べし」）を「指定の助動詞」と呼んだ（『語法指南』明治二二1889年、小林新兵衛刊55頁）のを踏襲しているものと思われる。特に、活用がない「ぢゃ・ぞ・や」などは、断定の助動詞と区別する意味で用いられることが多い。学校文法では、『中等文法　一』（1944年、文部省刊111頁）が、口語の「だ・です」を断定の助動詞と呼んで以来、定着している。

三、「ごとし」

◉比況と例示

「ごとし」は比況の助動詞である。「比況」というのは、「他のものと比べたとえる」ことである。「比較」とどこが違うかというと、ただ単に比べるだけでなく、同類のものをたとえとして挙げるということである。よって、比況・類似・比喩を表す場合は、「…ト同ジダ・…ノヨウダ」という訳になる。また、多くの中から例として示す意（＝例示）の場合は、「タトエバ…ナド・一例ヲ挙ゲルナラバ…ノヨウナ」という訳になる。例示は、4④のように、体言に直接つき、連体形で下に続いていくものとして考えればよい。副助詞の「など」と同じ働きである。比況の場合は名詞・連体形・助詞に付くとされるが、「…のごとし・…がごとし」のように、助詞「の・が」に付くことが多い。

◉語源

「ごとし」の語源は、橋本進吉は「『ことさけば』の『こと』と如の『ごと』」という論文（「上代語の研究」『橋本進吉著作集　第五冊』所収、1951年、岩波書店刊205頁）で、「同じ・同じこと・同じく」の意を表す名詞「こと」を、「ごとし」の「ごと」の語源としている。たとえば、次のような「こと」である。

ことならば　咲かずやはあらぬ　桜花　見る我さへに　静心なし　（古今集82）

《訳》どうせ同じことならば（＝どうせ同じ散るのなら）咲かないでいないものか（＝咲かないでいられないのか）。桜花よ、（いずれ散るものだから）見ている私までもが落ち着かない。

＊「さへ」は添加の副助詞。

●「ごとし」の活用と性質

「ごとし」の未然形「ごとく」は、「ごとくは」という場合だけである。これも形容詞同様、未然形としないで、連用形「ごとく」に係助詞「は」の付いたものと考えることも多い。そうなると、未然形は「○」になる。

「ごとし」の下に断定の助動詞「なり」が付くと、本来は「ごときなり」となるはずなのだが、「ごとくなり」となることも多い。「ごとくなり」という形で一つの助動詞として取ることも可能である。この「ごとし」は形容詞型活用であるが、補助活用（カリ活用）を持っていないので、「なり」を付けて形容動詞型活用にすることによって、下に助動詞を付けようとしたものと考えられる。また、『今昔物語集』には「ごとしなり」という形も見られる。

「ごとし」を助動詞として認めないものもある。その場合は、形式名詞「ごと（こと）」が形容詞化したものとし、形式形容詞と呼ぶようである。

四、「り」

「り」は存続・完了の助動詞である。存続というのは、「たり」の所でも述べたが、過去の動作・作用の、結果の存在と継続とを表すものである。「…テイル・テアル」「…テイタ・テアッタ」「…タ」と訳す。第十五講の「講義」二節でも述べたが、日本語の「完了」という概念は、「過去の動作の確述」とも取れるが、「たり・り」には確述という意味はなく、存続（結果の存在と継続）を表すと考えることにする。

●特殊な接続の理由

「り」の接続は特殊なものである。一般に「さ・み・し・い」助動詞と言われる。これは、サ変動詞の未然形、四段活用の已然形に付くので、このような覚え方が出てくる。傍線部をつなぐとそうなる。なぜこのような特殊な接続をするかというと、「り」という助動詞の成立が原因である。「たり」は「て＋あり」が語源であったが、「り」は、たとえば、「咲く」という動詞の場合、じかに「あり」が付くと、連用形「咲き」に付いて「咲き＋あり」となる。この時、「き」の母音「i」と「あり」の「a」が母音の連続となり、「ya」となるか、または、前の母音が落ちて「a」となるのが普通だが、どういうわけか（一般的には、「i」と「a」の中間音と説明する）「e」すなわち「咲けり」となったのである。そして、動詞はどの部分かというと当然「咲け」なので、「り」を助動詞として扱うことになるのである。四段活用の場合、エ段になるのは、已然形と命令形であるが、音変化の結果、偶々「エ段」になっただけなので、江戸時代からの慣例で已然形に付くということにしているのである。人によっては、「り」という助動詞を認めないこともある。その場合、辞書には、四段活用動詞に「あり」の付いたものという説明を施した「咲けり・思へり・残れり・住めり…」などの語を見出しとして立てることになる。「り」を助動詞として見出し語を立てると、「咲けり」などの見出しをいちいち立てなくて済むということになる。その一方で、助動詞「り」を認めると、「り」の接続（已然形に付くのか未然形に付くのか）の面倒な説明に触れなければならなくなる。「り」の接続と、音変化に関しての詳細は「発展」を参照してほしい。

●「り」から「たり」へ

上代から平安時代の初期（『土佐日記』成立ぐらいまで）においては、「り」が「たり」より優勢であった。平安時代中期（一〇世紀後半）ごろから、次第に「たり」に圧倒されるようになる。「り」は口語（その時代の話し言葉）としては滅びてしまったと言われている。「たり」は盛んに用いられ、鎌倉時代から室町時代に連体形「たる」が終止形となり、「る」（または、撥音便「たん」の「ん」）が脱落して、現代語の「た」として残っている。

発展　上代特殊仮名遣い

本居宣長（1730~1801）は、その著『古事記伝』（寛政一〇 1798年脱稿）で、『古事記』に現れる万葉仮名（第一講「発展一」参照）を調べたところ、同じ音を表す仮名の中に書き分けのあるものを発見する。たとえば、「上・髪」は「可美・可祢・加三」などと書く例が見える。また、「神」は「加未・加微・可尾」などと書く例が見える。おそらく宣長は、「上・神」だけでなく、他の単語についても、それぞれどのような漢字を使用しているのかを、カード形式で一つ一つ記録していったのであろう。その結果、「上・髪」などの「ミ」を書き表す漢字と、「神」の「ミ」を書き表す漢字は互いに混ざり合うことがないということを発見したのである。すなわち、「神」の場合、「可美」とは書くことがなく、「上」の場合、「可未」と書くことがないのである。ちなみに、その発見は、「神様」は「上」にいるから「かみ」と言われているという語源説を否定する根拠となったのである。この例だけでなく、その他の単語においても、「ミ」については「美・祢・三」の群と「未・微・尾」の群は混用されることがないのである。この現象は「ミ」以外に、「キ・ヒ・ケ・ヘ・メ・コ・ソ・ト・ノ・モ・ヨ・ロ」（その濁音も含む）の万葉仮名について見られることもわかってきた。実は宣長は、すべてを指摘しているわけではないし、その書き分けが何に基づくのかを解明しているわけでもない（後掲原文参照）。が、その弟子、石塚龍麿の『仮名遣奥山路』（寛政一〇 1798年以前には成立。「かなづかいおくのやまじ」とも言う。漢字についてもさまざまある）によって、さらに詳しく調査され、確かめられたのである。

この万葉仮名の書き分けは、大正になって橋本進吉「国語仮名遣研究史上の一発見」「上代の文献に存する特殊の仮名遣とその語法」「古代国語の音韻に就いて」などにおいて再び取り上げられ、橋本はこの書き分けを、音韻の違い、すなわち、右の一三個の文字とその濁音の母音には、二種類の発音があったのではないかということを発表し、「上代特殊仮名遣い」として定説化したのである。橋本は、イ段・エ段・オ段の使い分けを甲類・乙類という呼び方で分類し、現在もそう呼ばれている。

この上代特殊仮名遣いは、『万葉集』の最後の方ではかなり乱れ始めている。『万葉集』のたとえば巻二〇では、先述した「神」と「上」の用例を見ると、上代特殊仮名遣いの区別は見られなくなっている。一般に上代特殊仮名遣いは「平安時代初期に」乱れ始めたとあるが、もっと前に乱れていた可能性が高い。

母音の違いであると言っても、その母音の音価は学者によって異なり、上代の母音体系がどうであったかということも異なっている。大野晋の八母音説（この説は多くの言語学者が否定している）をはじめとして、七母音説、六母音説、五母音説、四母音説などさまざまである。

ただ、母音の違いであるとすると、なぜ、すべての行のイ段・エ段・オ段に使い分けがないのかという疑問が残る。特に、イ段とエ段については、たった三つの行（カ行・ハ行・マ行）にしか使い分けがないのである。ということで、松本克己は『古代日本語母音論―上代特殊仮名遣の再解釈―』（1995年、ひつじ書房刊）で、子音の違いであるという考えを示した。カ行・ハ行・マ行の三つの行は、舌を使わない（＝非舌音性）子音であるということに着目し、直音と拗音の違い、もっとわかりやすく言うと、カ行とキャ行の違いであるとした。そして、拗音の方が甲類で、直音の方が乙類であるとした。ハ行・マ行についても同じである。すなわち、「キ」は[ki]（乙類）：[$k^{j}i$]（甲類）、「ヒ」は[pi]：[$p^{j}i$]、「ミ」は[mi]：[$m^{j}i$]という具合である。

動詞の活用表においても上代特殊仮名遣いの違いがみられる。

	未然形	連用形	終止形	連体形	已然形	命令形
四段活用（カ・ハ・マ行）		甲（キ・ヒ・ミ）			乙（ケ・ヘ・メ）	甲（ケ・ヘ・メ）
上一段活用（カ・マ行）	甲（キ・ミ）	甲（キ・ミ）	甲（キ・ミ）る	甲（キ・ミ）る	甲（キ・ミ）れ	甲（キ・ミ）よ
上二段活用（カ・ハ・マ行）	乙（キ・ヒ・ミ）	乙（キ・ヒ・ミ）				乙（キ・ヒ・ミ）よ
下二段活用（カ・ハ・マ行）	乙（ケ・ヘ・メ）	乙（ケ・ヘ・メ）				乙（ケ・ヘ・メ）よ
カ行変格活用	乙（コ）	甲（キ）				乙（コ）

（空欄は上代特殊仮名遣いに無関係な所である）

この表を見てもわかるとおり、カ行上一段活用とカ行上二段活用とでは、未然形と連用形はどちらも「キ」であるが、上一段活用「着る」では甲類の文字であり、上二段活用「起く」では乙類の文字なのである。四段活用を見ると、已然形が乙類で、命令形が甲類となっている。助動詞「り」の上のエ段音の万葉仮名は甲類になっている。助動詞「り」の接続は命令形であると主張する人の根拠はここにある。そして、「咲きあり」の「きあ」の部分の音変化は「i」という母音の影響を受け、口蓋音である可能性は高く、、甲類は口蓋音であるとする松本説に合致するのである。

ただ、右の話はあくまでカ行・ハ行・マ行・ガ行・バ行に「り」が付く時の話であり、他の行には関係しないし、もともと已然形と命令形には他の助動詞も付かない。さらにまた、平安時代には上代特殊仮名遣いのような違いもなくなるので、平安時代以降のものについては、「り」は、已然形・命令形どちらに付くと言ってもよいということになる。なお、「り」がサ行変格活用「す」に付く時は「せり」という形になるが、もし四段活用の場合、命令形に付いているということを考えれば、サ変の命令形「せよ」の「よ」が落ちたものに付くという考え方も出てくる。しかし、面倒であるし、これも「しあり」という語の音変化なので、サ変には未然形に付くとしておくのが一般にわかりやすいと思われる。

＊上代特殊仮名遣いに関する本居宣長『古事記伝　巻一』「仮字の事」の記述

さて又同音の中にも、其ノ言に随ひて、用フる仮名異にして、各定まれること多くあり、其例をいはば、コの仮字には普く「許」「古」の二字を用ひたる中に、「子」には「古」ノ字をのみ書きて、「許」ノ字を書ることなく、(彦　壮子などのコも同じ) メの仮字には普く「米」「売」ノ二字を用ひたる中に、「女」には「売」ノ字をのみ書て「米」を書ることなく、(姫　処女などのメも同じ) キには「伎」「岐」「紀」を普く用ひたる中に、「木」「城」には「紀」をのみ書て、「伎」「岐」をかかず、トには「登」「斗」「刀」を普く用ひたる中に、「戸　太問」のトには「斗」「刀」をのみ書て、「登」を書かず、ミには「美」「微」を普く用ひたる中に、「神」のミ、木草の「実」には「微」をのみ書て、「美」を書ず、モには「毛」「母」を普く用ひたる中に、「妹　百　雲」などのモには「毛」をのみ書て、「母」をかゝず、ヒには、「比」「肥」を普く用ひたる中に、「火」には「肥」をのみ書て、「比」をかゝず、「生」のヒには「斐」をのみ書て「比」「肥」をかゝず、ビには「備」「毘」を用ひたる中に、「彦」「姫」のヒの濁りには、「毘」をのみ書て「備」を書ず、(以下、ケ・ギ・ソ・ヨ・ヌに関しては省略) 右は記中に同じ言の数多処に出たるを験て、此レ彼レ挙たるのみなり、此ノ類の定まり、なほ余にも多かり、此レは此ノ記のみならず、書紀万葉などの仮字にも、此ノ定まりほのぼの見えたれど、其はいまだ偏くもえ験ず、なほこまかに考ふべきことなり、…

第十八講 助詞総論・助詞各論1 ―格助詞―

1 次の①～⑤の例文中の助詞を○で囲みなさい。「／」は文節の区切りです。

① 手を／たたき／ののしれど、／いらへする／人も／なし。（紫式部日記186・3）

《訳》手をたたいて大騒ぎするけれど、応対をする人もいない。

② 鶯ばかりぞ／いつしか／音したるを／あはれと／聞く。（蜻蛉日記309・4）

《訳》鶯だけはいつの間にか鳴き声がしたのを、趣深いと思って聞く。

＊「いつしか」は一単語。

③ 仏だに／よく／描き／たてまつらば、／百千の／家も／出で来なむ。（宇治拾遺物語115・12）

《訳》せめて仏様だけでも上手にお描き申し上げるならば、百千の家もきっと建つだろう。

＊「来なむ」の「な・む」はそれぞれ助動詞。

④ かく／さしこめて／ありとも、／かの／国の／人／来ば、／…。（竹取物語69・6）

《訳》そのように（扉を）締め切っていたとしても、その国（＝月）の人が来るならば、…。

＊「かの」は一単語。

⑤ いかなる／ことにかと、／おぼし疑ひてなむ／ありける。（源氏物語・桐壺40・12）

《訳》どのようなことであろうかと、お疑いになっていた。

2 次の①～⑤の傍線部「の」の用法としてふさわしいものを後のア～オから選んで、傍線の右横に記号で答えなさい。

① この国の博士どもの書けるものも、いにしへのは、あはれなること多かり。（徒然草92・1）

《訳》この国の博士たちの書いたものも、（…）、趣の感じられることが多い。

② あしひきの山鳥の尾のしだり尾のながながし夜をひとりかもねむ（拾遺集778）

《訳》山鳥の尾が（…）長い長い夜を一人で寝ることになるのだろうか。

③ かの桟敷の前を、ここら行きかふ人の、見知れるがあま

たあるにて知りぬ。（徒然草191・11）

《訳》その桟敷の前を、大勢行き交う（…）顔見知りの人がたくさんいるので（世間の人の数が多くはないということが）わかってしまう。

④夕暮れは火の燃えたつも見ゆ。（更級日記289・12）

《訳》夕暮れは（富士山の）（…）も見える。

⑤わがありさまのやうなるは、なかりけり。（源氏物語・蛍210・9）

《訳》私の境遇（…）は、ないことだなあ。

ア主格　イ連体格　ウ同格　エ連用格（比喩）　オ準体用法

3 **次の①〜④の傍線部「が」の用法としてふさわしいものを 2 のア〜オから選んで傍線の右横に記号で答えなさい。**

①この若やかに結ぼほれたるは誰がぞ。（源氏物語・胡蝶179・12）

《訳》この若々しく結ばれた手紙は（…）。

②昔、こはたと言ひけむが孫といふ。（更級日記288・1）

《訳》昔、「こはた」と（…）と言う。

③（女御・更衣あまたさぶらひたまひける中に）いとやんごとなき際にはあらぬが、優れて時めきたまふありけり。（源氏物語・桐壺17・4）

《訳》（女御・更衣がたくさんお仕え申し上げている中で）あまり高貴な身分では（…）帝の寵愛を受けていらっしゃる人がいた。

④雀の子を犬君が逃がしつる。（源氏物語・若紫206・14）

《訳》雀の子を犬君（＝人名）（…）。

4 **次の①〜⑧の傍線部「に・にて」の意味を後のア〜ケから選んで、傍線の右横に記号で答えなさい。**

①夜一夜、船にてかつがつ物など渡す（更級日記282・3）

《訳》一晩中、（…）とりあえず荷物などを（向こう岸に）運ぶ。

②海竜王の后になるべきいつきむすめなり。（源氏物語・若紫204・5）

《訳》海竜王のお后（…）のにふさわしいほどの秘蔵子であるようだ。

③（夕霧が）あざやかにぬけ出でおよすけたる方は、父大臣にもまさりざまにこそあめれ。（源氏物語・藤裏葉436・14）

《訳》（夕霧が）はっきりと抜きん出て成長していく様子は、（…）様子であるようだ。

④草も高くなり、野分にいとど荒れたる心地して、（源氏物語・桐壺27・8）

《訳》草も高くなり、野分（＝台風のような風）（…）いっそう荒れている感じがして、

⑤御車は、「まだ暗きに来」とて、返しつ。（落窪物語35・12）

《訳》お車は「（…）」と言って、返してしまった。

⑥ 東の方に住むべき所求めにとて行きけり。（伊勢物語120・5）

《訳》東国の方に住むのにふさわしい所（…）と思って出かけた。

⑦ 御禄(ろく)の物、上の命婦(みやうぶ)取りて賜(たま)ふ。白き大袿に、御衣(そ)一領(くだり)、例のことなり。（源氏物語・桐壺47・1）

《訳》ご褒美の品を、天皇の世話をする女官が受け取って、下賜なさる。白い大袿（…）お召し物一そろいで、これはいつもどおりである。

＊袿は「うちき」と清音で読む。「袿　宇知岐」（図書寮本類聚名義抄）。

⑧ 盗人、泣きに泣きていふことなし。（今昔物語集・巻二五437・4）

《訳》盗人は、（…）何も言うことがない（＝できない）。

ア 時	イ 手段	ウ 目的	エ 原因・理由
オ 変化の結果	カ 継続する動作・作用の強調		
キ 添加・列挙	ク 比較の対象	ケ 場所	

5 **次の傍線部①～④の語は格助詞であるが、その意味を後のア～エから選んで傍線の右横に記号で答えなさい。**

① 車にても、徒歩(かち)よりも、馬にても、すべて（横笛を）懐にさし入れて持たるも、（枕草子339・4）

《訳》牛車でも、（…）、馬でも、どんな場合でも、横笛を懐にさし入れて持っているのも、

② 名を聞くより、やがて面影は推し量らるる心地するを、（徒然草138・1）

《訳》名前を聞く（…）、すぐに顔立ちが自然と推し量られる気持ちがするのを、

③ 葦の中より漕ぎて行く。（蜻蛉日記210・1）

《訳》葦の中（…）漕いでいく。

④ 心もとなさに、明けぬから船を曳(ひ)きつつ上(のぼ)れども、（土佐日記50・6）

《訳》（京に入るのが）待ち遠しいので、（…）舟を引きずり引きずりして上るけれども、

ア 起点	イ 即時	ウ 手段	エ 経過する場所

6 **次の①～③の傍線部を格助詞に注意して、現代語に訳しなさい。**

① 立ちとまり見てを渡らむ　紅葉葉は雨と降るとも水はまさらじ（古今集305）

《訳》立ちどまって見てから渡ろう。紅葉は【　　】水かさはふえないだろう（から）。＊「見てを」の「を」は間投助詞。

② 蔵人して削りくづをつがはしてみよ。（大鏡321・6）

《訳》【　　】破片を合わせてみろ。（道長が高御座(たかみくら)から削り取ってきた）

③ 犬を蔵人二人して打ち給ふ。（枕草子40・6）

《訳》犬を【　　】おたたきになる。

講義

一、「助詞」とは

助詞というのは、活用のない付属語である。助詞の多くが、名詞などの具象的な意味を持つ内容語に付き、その内容語がその文の中でどのような成分になるのか、どのような意味で使われているのかを示し、下の内容語に続けるという役割を担っている。つまり、内容語と内容語とを結び付ける働きをしているのである。まるで、接着剤のような働きをしているのである。日本語が「膠着語」と呼ばれる所以である。「膠」とはかつての接着剤の名である。

第十二講の「発展」でも述べたが、助詞と助動詞を合わせたものをかつては「てには・てにをは」と呼んでいて、助動詞を「うごきてにをは・はたらくてにをは」、助詞を「すわりてにをは・はたらかぬてにをは」と分けていたようである。明治になって、大槻文彦は、『語法指南』（明治二二1889年、小林新兵衛刊68頁）において、次のように述べている。

> 言語ノ中間ニ居テ、上下ノ語ヲ承接シテ、種種ノ意義ヲ達セシムル語ナリ。

その後の『広日本文典』（明治三〇1897年、49頁）においても、助詞にあたる語を「弖爾乎波」として扱っている。さらにその後、関根正直は次のように述べ、ここに「助詞」という名称が登場してくるのである。

> 助詞は元より活用せざる詞なるが、他の体言用言を補助して、主客を分かち、是れと彼れとの関係を明かにし、上下の語句を連接するなど、種々の用をなすものなり。
>
> （『普通国語学』明治二八1895年、六合館書店刊38丁表）

関根は、「之をまた意趣の上より」分類し、一一種類の助詞を認めた。

二、接尾語との違い

助詞にも助動詞同様、接尾語との違いを定義しておかねばならないが、助動詞の場合と、ほとんど同じである。「君に」と「君たち」の「に」と「たち」は、それだけでは用いられず、付属語的である。しかし、「に」はどんな名詞にも付くのに対して、「たち」は限られた、たとえば、人称代名詞や（擬人的に言う場合も含めて）人物にしか付かない。したがって「に」は助詞、「たち」は接尾語として扱うことになる。接尾語には「たち」の他に、「〇〇様・さん」「私ども」などがある。

三、助詞の分類

さて、現在行われている学校文法においては、六種類の助詞を認めている。次のとおりである。

①格助詞　②接続助詞　③副助詞
④係助詞　⑤終助詞　⑥間投助詞

この分類は、次の山田孝雄の分類によっていると思われる。

> 吾人の助詞と称するものは、六種となるなり。格助詞、副助詞、接続助詞、係助詞、終助詞、間投助詞これなり。
>
> （『日本文法論』明治四一1908年、宝文館刊551頁）

かつては、副助詞と係助詞、終助詞と間投助詞をまとめて扱うこともあったが、現在は、六分類が一般的である。

格助詞には次のようなものがある。

が　の　を　に　へ　と　より　から　にて　して

接続助詞には次のようなものがある。

ば　と　とも　ど　ども　が　に　を　て　して　で（打消し）
つつ　ながら　ものの　ものから　ものを　ものゆゑ

副助詞には次のようなものがある。

だに　すら　さへ　のみ　ばかり　まで　など　し

係助詞には次のようなものがある。

は　も　ぞ　なむ　や　か　こそ

終助詞には次のようなものがある。

な（禁止）　そ　ばや　なむ　もがな　てしがな　にしがな　か
かな　な（詠嘆）　かし

間投助詞には次のようなものがある。

や　よ　を

● 分類に矛盾はないか？

『日本文法事典』（北原保雄他編、1981年、有精堂出版刊220頁、桑山俊彦筆）には、次のように示されている。

・格助詞……体言もしくは体言に準ずる語につく。その体言が、文中の他の語に対して、どのような関係にあるかを示す。
・接続助詞…活用する語について、上の語の意味を下の語句に続ける。
・副助詞……いろいろな語について、その語に、ある意味を添える。また、副詞のように下の文節にかかっていく。
・係助詞……いろいろな語について、下の述語に影響を及ぼす。
・終助詞……文末にあって、希望・疑問・反語・禁止・強意・感動などを表す。
・間投助詞…文節の終わりについて、語勢を強めたり、感動を表したりする。

そして、参考文献として、山田孝雄『日本文法論』（前掲）と橋本進吉（はしもとしんきち）『国語法研究』（1948年、岩波書店刊）を挙げている。

一見、わかりやすそうな定義であるが、多くの問題をはらんでいる。詳しくは各論で説明するが、たとえば、副助詞の「副詞のように下の文節にかかっていく」という部分と、係助詞の「下の述語に影響を及ぼす」という部分、言い方は異なるが、係助詞が副助詞に含まれると考えることもできる。副助詞と係助詞を分けるには、別の観点が必要になる。対比、累加、限定、極限の強調、評価などの機能に着目して、副助詞と係助詞を「とりたて語」（一部の副詞を含む）として扱うことも増えてきている。また、終助詞の「文末にあって」という部分は、文末は必ず文節の終わりであるから、間投助詞の「文節の終わりについて」という部分に含まれるとも考えられ、間投助詞だけでもいいのではないかという考えが出てきてもおかしくはない。

四、格助詞

格助詞というのは、『日本語文法大辞典』（山口明穂・秋本守英編、2001年、明治書院刊135頁、秋本守英筆）によれば、次のとおりである。

助詞の一つ。体言又は体言に準ずる語に下接して、それが文の成分としてどんな働きをするか、文中でそれを受ける語に対してどのような関係に立つかを示す。「私…見る」で、「私が見る」といえば、「私」は「見る」の主体（＝動作をする人）であり、「私を見る」といえば「私」は「見る」の対象であるというように、「私」と「見る」との関係は「が」や「を」ではっきりと示される。「私」が「見る」の主体であるとか対象であるとかいうような関係を格関係という。どのような格関係にあるかをはっきりと示すのが格助詞である。

本来、日本語は、「花咲く」のように「花」が主格に立つ場合、助詞は用いなかったとされる。また、「本読む」のように「本」が動作の対象に立つ場合も「を」という助詞も用いなかったとされる。ただ、どちらもないと何が何だかわからなくなるということで、どちらかが入ることが多いが、たとえば、「藤原ときざね、船路なれど、馬のはなむけす（藤原のときざねが、（馬を使わない）船路であるけれど、馬のはなむけ（別れを惜しむこと）をする）」（土佐日記16・1）のようなものは、「が・を」共に用いられていない例である。

●「が・の」

「が・の」については、主格・連体修飾格・同格・準体用法がある。また、「の」には比喩（連用修飾格とも）があるが、これは「が」には見られない。この二つは、もともと連体修飾を表す助詞であった。「わが家・帝の御歌」のように、名詞（名詞句）と名詞（名詞句）の間に入って用いられるものであった。

「主格・連体格・準体用法」の識別

格助詞「が・の」の意味による識別の仕方は、次のとおりである。

・現代語に訳してみて、「ガ」と訳して動作の主体と解することができれば主格。

・現代語に訳してみて、「ノ」と訳して連体修飾格と解することができれば連体格。

・現代語に訳してみて、「ノモノ」と訳せれば準体用法。

唐のはさらなり。大和のもいとめでたし。（枕草子120・6）

《訳》中国のものは言うまでもない。日本のものもたいそうすばらしい。

なお、ここでは準体用法（＝体言に準ずる用法）としたが、橋本進吉はこれを「準体助詞」とする。

「同格」の識別

次のパターンになっているものは同格として扱う。対等格などということもある。特に、連体形の下に名詞ではなく、助詞が付いて続いているということが重要である。

「A（名詞）＋『の・が』＋活用語の連体形＋助詞（「を・に」など。なくてもよい）」という形になっているもの。

訳し方は、「Aデアッテ、ソノ…スルAヲ（・ニ）」となる。

高欄のもとに青き瓶（かめ）の大きなるを据ゑて、（枕草子49・6）

《訳》清涼殿の高欄の所に青磁の瓶であって、大きいその瓶を置いて、

「大きなる」の主語も「瓶」であることを確認してほしい。「の・が」の下の部分の主語が、その上の部分と異なる場合は、接続助詞「…だが」として扱うことになる。

「比喩」（「の」）の識別

和歌の中に現れて、「ノヨウニ」と訳すものは、比喩（連用修飾格）である。このように訳せる場合は、「の」の上の部分が、それに関係の深いものを導き出す「序詞」になっていることが多い。

秋の野に乱れて咲ける花の色の千種（ちくさ）にものを思ふころかな（古今集583）

《訳》秋の野原に咲き乱れている花の色のように、いろいろと物思いをする今日このごろだなぁ。

「の」の上の部分が、「千種に」を導き出す序詞になっている。すなわち、この歌は、「千種に…かな」だけが作者の気持ちであり、「秋の野に乱れて咲ける花の色」はそれを強く印象付ける比喩であるということになる。「が」には比喩の用法は見られない。

なお、これらの他に、「同じ」などの語の前に用いて、「…ト同ジ」と訳す際の比較の基準を示すものがある。これは「ノヨウニ」という比喩的な用法ともとれる。

二十四日。昨日の同じ所なり。（土佐日記37・12）

また、動作の対象を示すと考えられるものもある。

草の手に仮名の所どころに書き交ぜて、（源氏物語・絵合387・15）

《訳》草体の文字に仮名を所々に書きまぜて、

◉「に・にて」

「に」は体言、連体形に付いて、時・所・人・事など対象を指示する助詞である。この「に」に接続助詞「て」が付いて、「にて」が成立したとするが、山田孝雄の助詞の分類によると、「格助詞と接続助詞は重ならない」ので、他の考え方があるかもしれない。また、前掲『日本語文法大辞典』（糸井通浩執筆、594頁）には、次のように述べられている。

格助詞「に」は多様な用法を持つが、「に」だけでは果たしえないとき、「て」を加えた「にて」の形で働くことになったものと思われる。「に」の補助として発生した。「にて」は、後世「で」となるが、「で」は院政期頃から見られる。「これまでのがれくるは、汝と一所（＝同じ所）で死なんと思ふ為也」（平家物語・木曽最期）

ただし、具体的にどのような用法を補助するのかには触れてはいない。「に」も「にて」も「時間、場所、動作・作用の帰着点、動作の目的、変化の結果、原因や理由、受身や使役の対象、比較の基準」を表す。現代語に訳す時は「ニ・デ」と訳してみて、どのような意味かを考えることになる。

なお、「動詞の連用形＋に＋動詞の連用形」という形（4⑧）について、最初の「…に」の部分を副詞として取り、格助詞に入れないという考え方もある（関谷浩「『ただあきに』の構成について―『ただ』は、はたして副詞か―」『国語研究』31、國學院大學国語研究会、1971年）。

◉「より・から」

奈良時代には格助詞「より」と同じ意味の「ゆり・ゆ・よ」という助詞があったが、平安時代には「より」に統一された。体言・副詞・活用語の連体形、形容詞の連用形、ある種の助詞に付く。また形容詞の連用形に付く場合は、その形容詞は、「いはけなく・遠く・小さく・早く・若く・幼く」などであり、相対する語（たとえば、「おとなしく・近く・大きに・遅く」など）を持つものである。「より」は起点を示すとされるが、これは、「明くるより暮るるまで、東の山際を眺めて過ぐす（明ける時から暮れるまで、東の方の稜線付近の空のあたりをぼんやり見て過ごす）」（更級日記317・4）のようにある範囲の始まりを示す用法から生まれたと考えられる。「より」のに前に来る体言は、「後・先・右・東・こなた」などの範囲や方向性を示すものであることからも納得いく。「―より―まで」の「―まで」の部分が書かれないと、帰着点や方向や範囲に関係なく、「出発点」だけを表す格助詞となると考えられる。なお、副詞に付くと書いたが、『源氏物語』では、「かねてより」という形だけである。

「より」にあって「から」にはないモノ

「より」と「から」は、「起点を示す」「経由する場所を示す（…ヲ通ッテ）」「手段・方法を表す」「原因・理由を表す」「受身の対象（…ニヨッテ）」「即時の意味（…スルヤイナヤ）」（この場合、「から」は「からに」となる）などの意味が共通している。しかし、「比較の対象」は「から」にはない。また、「よりほか（に）」とは言えるが、「からほかに」という言い方も見られない。「から」は奈良時代に、「わが母の袖持ち撫でてわがからに泣きし心を忘らえぬかも（私の母が袖でもって撫でながら私のために泣いた気持ちを忘れることができない）」（万葉集4380）のように、格助詞「が・の」に下接する「から」が見られることから、山田孝雄（『奈良朝文法史』大正二1913年、宝文館出版刊469頁）は、次のように述べている。

　古くは「から」は理由といふ意の一の体言なりけむ。

また、石垣謙二（『助詞の歴史的研究』1955年、岩波書店刊129頁）は、次のように述べている。

　上代の「から」は単なる出発点や論理的原因・理由などをあらはす語ではなくして、「ある事柄に何等積極的な力を加へない」という概念をもつ形式体言である。

「からほかに」という言い方が無理なのも、体言が二つ続くことになるからかもしれない。この二つの助詞の主な意味は「より」から「から」に移っていくと言われ、「より」を使う場合はかたくるしい文語的な表現になると言われている。

◉「と」

「と」は体言、助動詞の連用形・連体形、助詞、引用語句に付く。現代語でも用いられている用法を挙げる。

・引用語句を受けるもの。

（草の上の露を）「かれは何ぞ」となむ男に問ひける。（伊勢物語118・1）

《訳》草の上の露を「あれは何だ」と男に尋ねた。

・動作作用の結果を示すもの。

わが君は千代に八千代にさざれ石の巌となりて苔のむすまで（古今集343）

・添加・列挙

たとしへなきもの（＝まるで違うもの）夏と冬と、夜と昼と…。（枕草子123・6）

・動作を共にする相手を示すもの。

何事ぞや。童べと腹立ち（＝喧嘩する）たまへるか。（源氏物語・若紫206・12）

その他には、次のような用法がある。

・比喩・状態を表すもの。

ふるさとは雪とのみこそ花は散るらめ（古今集111）

《訳》ふるさとではもう雪のように桜の花が散っているだろう。

・同じ動詞を重ねて、その動詞を強調するもの。

生きとし生けるもの、いづれか和歌を詠まざりける（古今集・仮名序17・5）

《訳》生きているものはどんなものでも和歌を詠まないことがあったろうか、いいやみんな和歌をよんだのだ。

このようにして見てくると、格助詞「に」と同じような意味を持つものが多いことに気付くだろう。「に」と「と」の違いについては、形容動詞の連用形活用語尾、副詞を作る接尾語なども含めて、研究の余地がある。

◉「して」

「して」は体言、用言・助動詞の連体形、助詞に付く。格助詞の

「して」は、サ変動詞の連用形「し」に接続助詞「て」の付いた「して」が動詞性を失ったものである。紛らわしい場合は、「し」を「…ヲスル」のように訳せたら「動詞＋て」、それができなかったら格助詞として考えるのがよい。「して」には次のような意味・用法がある。

・人数・範囲を表す。⑥③

・動作を共にする相手の人数や範囲を表す。

もとより友とする人、ひとりふたりして行きけり。（伊勢物語120・6）

・使役の対象・相手を表す。⑥②

・手段・方法を示す。

黄なる紙に、丹(に)して（＝朱を使って）、濃くうるはしく（＝きちんと）書かれたり。（更級日記290・8）

また、「して」は、他の格助詞「を・に・より」と重なって、一つの連用格を示す格助詞として現れることもある。主として、漢文訓読文や和漢混淆文で見られる。その場合、「して」は訳せないことも多い。

入道相国、病つき給ひし日よりして水をだに喉へも入れ給はず。（平家物語・入道死去448・8）

《訳》入道相国（＝清盛）は発病なさった日から水さえ喉にお入れにならない。

発展一　助詞の分類

接続助詞を、文と文とをつなぐものとすることは容易に理解できる。山田孝雄(やまだよしお)が立てた副助詞について、山田自身は、次のように述べている。

副助詞は或る用言の意義に関係を有する語に附属して遥か下なる（＝にある）用言の意義を修飾するものなり。この副助詞といふ名目は著者のはじめて命名せしものにして、…その意義をみれば、大略属性の副詞（＝状態副詞・程度副詞）に対比するものにして、自然英語などの副詞に似たる点あることは既にいへる所なり。

（『日本文法学概論』1936年、宝文館刊439頁）

助詞の分類の基準として大きく作用しているのは、山田の『日本文法論』（明治四一1908年、宝文館刊1144頁）、『日本文法学要論』（1931年、岩波書店刊43頁、『岩波講座　日本文学』の中の一冊）に見られる助詞の重なり方の精緻な研究である。

要約したものを、『古典文法別記』（岡崎正継・大久保一男著、1991年、秀英出版刊155頁）にあるとおり引用する。

1 格助詞どうしは重ならない。
2 接続助詞どうしは重ならない。
3 接続助詞と格助詞は重ならない。
4 接続助詞と副助詞は重ならない。
5 副助詞どうしは重なることがある。組み合わせ・上下は比較的自由である。

6 係助詞どうし重なることがある。組み合わせ・上下に慣用がある。

7 格助詞と副助詞は重なる。その場合、副助詞が下に来るのが通例であるが、上に来ることもある。

8 格助詞と係助詞は重なる。その場合、係助詞が必ず下に来る。

9 接続助詞と係助詞は重なる。その場合、係助詞が必ず下に来る。

10 副助詞と係助詞は重なる。その場合、係助詞が必ず下に来る。

ここで注目されるのは、「格助詞どうしは重ならない（**1**）」、「副助詞は格助詞の上に来ることができるが、係助詞は格助詞の上に来ることができない（**7・8**）」、「係助詞は他の助詞と重なる場合、必ず下に来る（**8**〜**10**）」である。

1 については、例外と思われるようなものが見られる。

ア プレゼントを、父からと君からともらった。

イ 走るのをやめた。

ウ 帰ってこいとの連絡を受け取った。

これらは格助詞どうしが重なっていると判断できるものである。橋本進吉（はしもとしんきち）は、**ア**の「と」を並立助詞、**イ**の「の」を準体助詞（体言に準ずる助詞）、**ウ**の「の」を準副体助詞（橋本は連体詞のことを副体助詞と言う。連体詞に準ずる助詞である。連体助詞とも言う）とした。この結果、**1**の項目は守られることになった。しかし、「の」には格助詞、並立助詞（あだのこうだの）、準副体助詞が存在することになり、また、「と」には格助詞、並立助詞が存在することになる。同じ形で助詞の種類が異なるというのは煩雑になるため、学校文法では、この三種類は立てないことになっている。

7〜**10**については、格助詞と副助詞と係助詞とを分類する上で、非常に大きな手掛かりとなる。第二十講「講義」一節で触れることにする。

発展二 「が・の」

「講義」四節でも述べたように、「が・の」は名詞（名詞句）と名詞（名詞句）の間に入って連体修飾関係を表すものであった。では、なぜこれが主格の意味を持つようになるか。

『万葉集』など上代の文献には、山田孝雄（やまだよしお）の命名した「喚体句」すなわち体言止めの感動表現（例：行くがかなしさ（万葉集4338））が見られる。この「○○が□□さ」という表現は、形式としては「体言＋の・が＋体言」であるが、意味的には、「かなしさ」（名詞）は「かなしいことだなあ」と、その和歌の述語として扱うことが可能なのである。つまり、形は連体修飾関係、意味は主語・述語の関係になっている。この喚体句こそ、「が・の」が一般に主格用法を持つようになった原因であるとする説（石垣謙二『助詞の歴史的研究』1955年、岩波書店刊）が有力である。

本居宣長は、係り結びの法則を一枚の表にしたものとして知られる『てにをは紐鏡』（明和八1771年成）において、「ぞ・の・や・何」を同類のものとして扱い、その結びには連体形に相当する語形を挙げる。したがって、「ひさかたの光のどけき春の日にしづ心なく花の散るらむ」(古今集84)の「らむ」は連体形とするのがよいということになる。さらに、「の」と同じ意として扱われる「が」についても同じことが言えるならば、「雀の子を犬君(いぬき)(=人名)が逃がしつる」(源氏物語・若紫369・9)のような連体形で終わるものも説明ができるかもしれない。ただ、この例の場合、その前に「何事ぞや」という問があり、「…ということだ」という連体句の答えが要求されているために連体形で終止しているとも考えられる。いずれにせよ、宣長の調査は、山田孝雄の言う「喚体句」に「が・の」の主格用法の起源を認める石垣謙二の説を確かめるものと言える。そういうことから考えると、「笹の生ひたるがをかしきなり」(枕草子369・9)のような例は、主格「が」の下にある「をかしき」の叙述性をはっきりさせるために「なり」を付けたと見ることもできそうである。

では、「が」と「の」の違いはどこにあるのだろうか。これは古くから「の」は尊敬に値する人に対して用いられ、「が」は卑しい人に対して用いられるという、尊卑の違いが指摘されている。一六〇四〜一六〇八年に長崎で出版された、宣教師ジョアン・ロドリゲス著『日本大文典 Arte da lingoa de Japam』137丁裏〜138丁表「主格」、138丁裏「属格」(=日本語の連体修飾格にあたる)にそのことが記されている。土井(どい)忠生(ただお)訳(1955年、三省堂出版刊501頁〜)によると、次のようになっている。

> この格辞(=助詞に相当する)は丁寧な言ひ方をする場合の主格に用ゐるものであって、それの接続する名詞(の意味する者)を卑しめる。…(「の」は)関係句(=連体句・連用句など)の中で第二人称及び第三人称に用ゐるのが普通であって、それ自身ある敬意を含み、或いは少くとも軽蔑する意のない助辞である。
>
> (属格について)この格辞としてはただ二つの助辞があるのみである。即ち、第二人称及び第三人称の尊敬すべきものに使ふ「の」と、第一人称及び低い身分の第三人称に対して、又時には、主としてその人を軽蔑した場合に、第二人称に対して使ふ「が」とがそれである。

たとえば、「柿本人麻呂が歌なり・帝の御歌なり」のごとくである。

助詞各論２ ―接続助詞―

1　次の①〜④の傍線部中の「ば」の意味を後のア〜エから選び、その記号を傍線の右横に答えなさい。また、傍線部を現代語に訳しなさい。

① ただ今、行方なく飛び失せなば、いかが思ふべき。（更級日記303・12）

《訳》たった今、私が【　　　　】、あなたはどのように思うはずがあろうか。何も思うはずはない。

＊「な」は完了の助動詞。

② 南風吹けば北になびき、北風ふけば南になびき、（更級日記283・15）

《訳》【　　　　】

③ 京には見えぬ鳥なれば、みな人（＝そこにいる人々は）知らず。（伊勢物語122・13）

《訳》【　　　　】、そこにいる人々は誰も（その鳥の名を）知らない。

＊「みな人」は「そこにいる人」の意、「人みな」は「すべての人」の意。

④ それを見れば、三寸ばかりなる人、いとうつくしうてゐたり。（竹取物語17・7）

《訳》【　　　　】、三寸（約一〇センチメートル）ぐらいである人が、たいそうかわいらしい様子で座っている。

ア 順接確定条件　**イ** 偶然条件
ウ 恒時（恒常）条件　**エ** 仮定条件

2　次の①〜④の傍線部を現代語に訳しなさい。

① 風はいみじう吹けども、木陰なければ、いと暑し。（蜻蛉日記196・5）

《訳》【　　　　】、木陰がないので、たいそう暑い。

② よき絵師といへども、丹の色にかならず咎(とが)あり。（今昔物語集・巻一一101・3）

《訳》【　　　　】、赤い色に必ず難点がある。

③ 唐の物は、薬のほかは、なくとも事欠くまじ。（徒然草174・10）

《訳》中国の物は、薬以外は、【　　　　】。

④ 風吹くと枝を離れて落つまじく花とぢつけよ青柳の糸　（山家集151）

《訳》【　　】枝から離れて落ちることができないように花を結び付けろ。青柳の糸のような枝よ。

3

次の①〜⑦の傍線部の助詞は接続助詞であるが、その意味を後のア〜エから選び傍線の右横に記号で答えなさい。同じ記号を複数回使う場合もあります。

① 所のありさまを見るに、南は海近くて下れり。　（方丈記20・4）

《訳》（…）、その土地は南側は海が近くて海に向かって傾斜している。

② 桜の花は優なるに、枝ざしのこはごはしく、幹のやうなどもにくし。　（大鏡202・12）

《訳》桜の花は（…）、枝ぶりがごわごわしていて、幹の様子なども気にくわない。

③ このゐたる犬のふるひわななきて、涙をただ落としに落とすに、いとあさまし。　（枕草子41・14）

《訳》この座っている犬がおののき震えて、涙を（…）、たいそう驚きあきれたことだ。

④ ふたつなきものと思ひしを水底に山の端ならでいづる月かげ　（古今集881）

《訳》月は二つはないものと（…）、水底に山の端でもないのに出ている月の姿だよ。

＊水面に月が映っている様子を言う。

⑤ 明日は物忌みなるを、門(かど)強く鎖(さ)させよ。　（蜻蛉日記211・14）

《訳》明日は（…）、門を堅く閉めさせろ。

⑥ 昔より多くの白拍子(しらびやうし)ありしが、かかる舞はいまだ見ず。　（平家物語・祇王35・15）

《訳》昔から多くの白拍子が（…）、そのような舞はまだ見たことがない。

⑦ 大和の国の人を尋ぬるが、日暮れたり。　（十訓抄316・10）

《訳》大和の国の人を（…）、日が暮れてしまった。

ア 順接確定条件	**イ** 偶然条件
ウ 逆接確定条件	**エ** 単純接続・前置き

4

次の①〜③の傍線部の助詞はどのような意味か簡単に説明しなさい。

① 工(たくみ)ども、裏板どもを、いとうるはしく鉋(かな)かきてまかり出でつつ、またの朝(あした)にまゐりて見るに、　（大鏡81・11）

《訳》大工たちが、裏板それぞれを、たいそうきちんと鉋をかけて（…）、次の日の朝に（内裏に）参上して見てみると、

【　　　　】

② 吹くからに秋の草木のしをるればむべ山風をあらしといふらむ　（古今集249）

《訳》（…）秋の草木がしおれるので、なるほどそれで山風を嵐と言っているのであろう。

＊「山」＋「風」＝「嵐」ということ。

③ 偽りと思ふものからいまさらに誰（た）が誠かを我は頼まむ（古今集713）

【　　　　】

《訳》（あの人の言葉を）嘘とは（…）、今となっては他の誰の誠意を私はあてにしようか、いや、誰もあてにはできない。

【　　　　】

講義

一、「接続助詞」とは

接続助詞というのは、主に活用語に付いて（別の言い方をすれば、体言には付かないで）、主語述語関係を含む文相当の一まとまりの文節（連文節）を、別の主語述語関係を含む文相当の一まとまりの文節（連文節）に続ける役割をする助詞である。格助詞は、その格助詞の上にある語がその文の中でどういう働きをするかということを示す助詞であったが、接続助詞は、前と後ろとがどのような関係になっているかを示すものである。

接続助詞には、「ば・と・とも・ど・ども・が・に・を・て・して・で（未然形に付くもの）・つつ・ながら・ものの・ものから・ものを・ものゆゑ」などがある。□で囲ったものは、格助詞から接続助詞になったものである。

二、「が・に・を」の識別

◉「が」の識別

「が」については、『助詞の歴史的研究』（石垣謙二著、1955年、岩波書店刊）に、「主格『が』助詞より接続『が』助詞へ」の中の第四章「主格形式より接続形式」（31頁）がある。石垣は、格助詞と接続助詞の識別は次のように行われているとする。

(一) 文意の解釈による。

(二) 「が」助詞の下の部分に主体を示す語が現れていれば「が」は接続助詞である。

(三) 「が」助詞の承ける用言も懸る用言も共に作用性用言ならば「が」助詞は接続助詞である。

＊「作用性用言」とは（間違いをおそれず本当に簡単に言うならば）、「何ガドウスルコト」のように「コト」に続けることのできるものである。

その識別方法について、石垣は、(一)は客観性がなく、判断の根拠にはならない、とする。

(二)(三)は接続助詞を認定する根拠にはなるけれども、格助詞でないということを示す根拠にはならないとし、どちらとも取れるものは、格助詞として扱うということで調査を進めている。その結果、「接続形式『が』が現れるのは、院政期に成立したとされる『今昔物語集』からであり、それ以前の『が』はすべて格助詞と見るのが妥当である」としている。

現代語との違いに注意

最初に述べたとおり、「が」は格助詞から派生しているので、連体形に付くのであるが、現代語では注意を要する。それは、現代語の動詞・形容詞は、終止形と連体形が同じ形であるので、「今日は涼しいが、明日からまた暑くなりそうだ」の「涼しい」は、古文同様、連体形としてもよい。しかし、現代語の形容動詞は、終止形が「だ」で連体形が「な」と形が異なっている。「静かだ」に接続助詞の「が」を付けると、「静かだが」となり、「静かなが」とは言わないので、現代語の接続助詞「が」は終止形に付くということになる。動詞・形容詞などもそれにならう。いつの時代も同じとは限らないので注意が必要である。

◉「に・を」の識別

「に・を」については、格助詞としての意味も多くあるので、「が」よりも接続助詞としての認定が難しくなるが、ただ一つだけ言えるのは、接続助詞というのは、前の文と後ろの文の関係を示すものであるから、最初から、逆接だとか順接だとかを決めるわけにはいかないということである。すなわち、「に・を」が出てきたら、まず格助詞で訳してみる。たとえば、「に」の場合は、時・場所・目的・原因・理由・手段・方法などで訳してみて、意味が通ればそのまま格助詞として扱う。それでだめなら、一旦ストップをかけて、そこで文を終わらせる。そして、後の文を読んで、前の文との関係を考えるということになる。たとえば、次を見られたい。

あやしがりて寄りて見るに、筒の中光りたり。（竹取物語17・6）

この場合、「不思議に思って近寄って見る時に」と格助詞として訳してもよいが、不自然だと思ったら、「不思議に思って近寄って見てみる。」（それでどうした？）「筒の中が光っている。」と考えて、何の因果関係もないので、偶然条件を表すと判断して、「不思議に思って筒の中を見てみると、筒の中が光っている」と訳すことになるのである。

三、「ば」の識別

「ば」は、さまざまな条件（前の部分が後の部分のどういう前提条件になっているか）を表す。

一般に、「ば」が未然形に付いた時は、順接仮定条件を表す。「仮定」というのは、まだ起こっていないことや起こるはずのないことを、仮に起こったとして考えることである。「順接」というのは、前提条件から期待される順当な内容を下に続けることであり、「モシ…ナラ、〜」と訳す。「ば」が已然形に付いた時は、確定条件になる。「確定条件」というのは、あることが既に起こったこと、または、起こるものとして考えることである。

接続助詞「ば」が已然形に付いた時には「確定条件」の意となる。なお、第三講の「講義」四節でも触れたが、「已然形＋ば」の中には順接確定条件とは呼べないものとして、恒時条件（…スルトイツモ・…スルトキマッテ）や、偶然条件（偶々…スルト・…シタトコロ）の意を表すものもある。なお、偶然条件を、「単純接続」（＝接続助詞の前にある部分が、後にある部分の前提条件とはならない接続）と呼ぶこともある。

次の**ア**が恒時条件、**イ**が偶然条件である。

ア 命長ければ、恥多し。（徒然草86・11）

《訳》命が長くなると（＝長生きすると）必ず、恥をかくことも多い。

イ 見渡せば山もとかすむ水無瀬川夕べは秋となに思ひけむ　（新古今集36）

《訳》偶々見渡すと山の麓が（春霞で）かすんでいて、そこには水無瀬川（が見え、絶景である）。夕方は秋（に限る）とどうして思っていたのだろうか。

アは、実際に確定はしていなくても、一般的に常識とされる事柄、この条件下では必ずそうなるという事柄などの意を表している。この**ア**の用法は、厳密には**実際に事実として成立していない**ので、「命長くは、恥多し」と表すこともできないわけではない。1②「南風吹けば北になびき」は「南風吹かば北になびき」とすることもできよう。ただそうすると、「常にそうなる・一般的にそうである」という意味を表すことができなくなるのである。ところが、右の**太字**の所が強調されると、「已然形＋ば」に単なる仮定条件としての意味が備わるようになる。さらに、「已然形＋ば」が専ら仮定条件として用いられるようになり、「未然形＋ば」が衰えていく。その結果、形は「已然形＋ば」なのだが、現代語では仮定条件を表す言い方として「仮定形＋ば」として扱うのである。なお、「已然形＋ば」が明確に仮定条件として用いられるのは、江戸時代後期からと言われている。

その他、次のようなものもある。

・打消しの助動詞「ず」の已然形「ね」＋「ば」という形で、「…ナイウチニ・…ナイノニ」の意を表す。

天の川浅瀬白波たどりつつ渡りはてねば明けぞしにける　（古今集177）

《訳》天の川（の浅瀬を知らないので、）白波をたどりたどりして（行くけれど）渡り切らないうちに、夜が明けてしまった。

・鎌倉時代ごろからは、「…は…ば、…は…」の形で、並列を表す（「…スル一方～」と訳す）用法もある。

鏑は海へ入りければ、扇は空へぞあがりける。　（平家物語・那須与一360・4）

《訳》（那須与一の放った）鏑矢は海へ入り、（その一方で）扇は空へ舞い上がったのだった。

この用法は、現代語の「雨も降れば風も吹く」のような「…も～ば、…も～」という形に通じる所がある。

四、「と・とも」の識別

「と・とも」は、両方とも終止形に付くが、形容詞・形容詞型の助動詞には連用形に付く。もともと格助詞「と」から派生した接続助詞「と」があり、それに係助詞「も」の付いたものが「とも」であると考えられている。両方とも逆接の仮定条件を表すが、「と」の用例は稀である。鎌倉時代ごろから、次のように連体形にも付くようになる。

たとひ都を出ださるるとも、嘆く道にあらず。　（平家物語・祇王41・5）

《訳》（清盛によって）仮に都から追放されるとしても、嘆く離京の道ではない。

また、次を見てほしい。

我が身は女なりとも、敵の手にはかかるまじ。　（平家物語・先帝身投381・13）

《訳》私は女であっても、敵の手にはかかるわけにはいかない。

右の例文では、傍線部は事実であり、仮定の対象にはならない。本来なら「女なれども」となるはずである。このように事実であることを、

「とも」を用いて逆接仮定条件として表すこともある。逆接仮定条件の「と・とも」は現在用いられず、「…テモ・…トシテモ」という形を用いる。

なお、現代語の「と」（二つの動作が同時または間を置かずに起こる意（例：扉を開けると、猫が飛び込んできた）、ある動作がきっかけとなって、次の動作が起こる・行われる意（例：汗をかいたままにすると、風邪を引くよ。）など）は、古文では見られない。この現代語の「と」については、江戸時代初頭ごろに例が見え始めると言う（岡崎正継「順態接続助詞『と』の成立について」『国語助詞論攷』1996年、おうふう刊）。

五、「ど・ども」の識別

「ど・ども」は、已然形に付いて、逆接確定条件を表す。「ど」と「ども」の違いは、用いられる環境の差異によるものと考えられる。平安時代の和文では、「ど」が「ども」を圧倒している。これに対して、漢文訓読文・和漢混淆文では「ども」が圧倒的に多い。ということは、女性が「ど」、男性が「ども」を使っていたとも考えられる。逆接確定条件は「デアルケレドモ」と訳すが、次のように逆説恒時条件（…テモ、イツモ・必ズ・絶対ニ）を表す場合もある。

いかなる大事あれども、人の言ふこと聞き入れず。（徒然草131・4）

《訳》どんな大切なことがあっても、人の言うことは絶対に聞き入れない。

また、次の例文のように、「たとひ」のような仮定条件と呼応する語の下にあって、逆接仮定条件を表すものもある。

人に勝れりと思へる人は、たとひことばに出でてこそは言はねども、内心にそこばくの咎(とが)あり。（徒然草212・10）

《訳》人より勝っていると思っている人は、たとえ言葉に出して言わなくても、心の奥に過失がある。

六、「て」の識別

「て」は連用形、助詞「と・など」に付いて、単純に続ける働きをする。現代語とほぼ同じと考えてよい。語源は、完了の助動詞「つ」の連用形が接続助詞になったものとする。また、文法書では、解釈上さまざまな意味（たとえば、原因・理由、並行する事態、逆接）を示すが、「テ」と訳しておいても構わない例が多い。ただ、形容詞連用形＋「て」の形の場合、状態を表して下を修飾する意味がある。これは結構出てくるので要注意である。たとえば、「いとうつくしうてゐたり」（竹取物語）は「たいそうかわいらしい様子で座っている」と訳すことになる。

「て」の直前が、ガ・バ・マ・ナ行の動詞で音便となる場合、「で」と濁音化する（例：泳ぎて→泳いで、進みて→進んで）。

七、「して」の識別

「して」に関してはさまざまな意が考えられるが、サ変動詞「し」＋接続助詞「て」（「…ヲシテ」と訳せるもの）以外は、「…テ・デ」と訳して、その意味を考えることになる。

気を付けなければならないのは、格助詞の「して」との識別である。接続助詞「して」は、「形容詞・形容動詞、および、形容詞形容動詞型活用の助動詞の連用形（例：べくして、にして）と、打消しの助動詞『ず』の連用形」に付く。動詞には付かない。それに対して、格助詞「して」は体言、活用語の連体形、助詞に付く。

接続助詞「して」は格助詞同様、和漢混淆文や漢文訓読文に用いられる。

八、「ものに・ものの・ものを・ものから・ものゆゑ」の識別

「ものに・ものの・ものを・ものから・ものゆゑ」は名詞「もの」

に助詞、または助詞相当の名詞が付いて一つの接続助詞となったものである。「ものの」には順接の意味が見当たらない。また、「ものを・ものから・ものゆゑ」も原則、逆接として考える。特に「ものから・ものゆゑ」も同じなので注意を要する。「ものから」が原因・理由を表すのは、次のような例である。

　さすがに辺土の遺風忘れさるものから、殊勝に覚えらる。（奥の細道94・8）

《訳》それでもやはり、辺鄙な地方に残る風流を忘れないでいるので、けなげに思われてならない。

このような例は江戸中期の頃からだと言われている。また、「ものの」などは名詞＋「の」と取ることができるものもある。

　目には見えぬものの、戸を押し開けて…（大鏡46・15）

「（式神という）目には見えないものが」とも「（式神は）目には見えないけれども」とも訳せる。さらに、文末に「ものを」が来る場合は、終助詞と取ることもある。

九、「で」の識別

「で」は活用語の未然形に付き、打消しの意味で下に続ける意を表す。「…ナイデ」と訳す。

この「で」の語源には、次のような説がある。

ア　ではずしてのつゞまりたる辞也。（本居宣長『詞玉緒』天明五1785年刊）

イ　万葉にはずてとのみ有りてでと云へる事見えざれば、（中略）ずの濁りをてに持ちたる物にもやあらむ。（黒沢翁満『言霊のしるべ』安政三1856年刊）

ウ　「で」は「にて」の約音で「ずして」の意。「に」は奈良時代にのみ用ゐられた。（松下大三郎『標準日本文法』大正一三1924年、紀元社刊371頁）

アと**イ**は音韻変化ということを考えれば、かなり無理がある。**ウ**は、音韻変化としては無理はないものの、実際に「にて」という用例が見られない所に説得力を欠くところがある。ただ、この打消しの助動詞「ず」の古形「な・に」は、未然形がア段音の語に付くと言われており、貫之自筆本を忠実に写したという青谿書屋本『土佐日記』に現れる打消しの接続助詞「で」はすべてア段音に付いているという事実がある。そうなると、「にて」説がかなり有力と言えるのではないだろうか。

一〇、「つつ・ながら」の識別

●「つつ」の識別

「つつ」に関しては、その語源を完了の助動詞「つ」の重なったものとする説（たとえば、栂井道敏『てには網引綱』明和七1770年刊など）が多くあるが、付属語が重なるということは考えにくいとするのが橋本進吉（『助詞・助動詞の研究』1969年、岩波書店刊361頁）である。さらに、林大（「万葉集の助詞」『万葉集大成』6、1955年、平凡社刊所収139頁）は、「橋本博士は、東歌の『すす』の如く、動詞『す』に起源を求められた。」とし、動詞「す」の意味の「つ」という動詞を反復したものが万葉時代に既に助詞として用いられるようになっていたと解説している。これは、かつてのサ行が「ツァ行」であったことなどから考え合わせると、用例は見られないものの、得心のゆくものである。

この「つつ」は同じ動作の反復・継続を表し、「…シ、…シ」「…シテハ、…シテハ」「…シツヅケテ」と訳す。最初の「…シ、…シ」は動詞だけを繰り返すと訳しにくいので、たとえば、「竹を取りつつよろづに使ひけり」（竹取物語17・3）だと、「竹を取り竹を取りしていろんなことに使った」のように全体を繰り返すと訳しやすい。現代語で「つつ」はあまり用いられないが、用いられる場合は、「二つの動作を並行する」意の「ナガラ」と同じ意となる。右の『竹取物語』の例文をそのように訳すと大変なことになるのがわかるだろう。「つつ」の継続の意が、状態を表すことに通じるのだろうが、安易に「ナガラ」と訳さないことである。動作の繰り返しが「つつ」であるが、大勢の主語が同じ動作をする場合、動作の回数が増える、すなわち、動作が繰り返されると取ることもでき、「つつ」は複数主語を表すことが可能となる（4①）。

●「ながら」の識別

「ながら」は、状態を表す意の接尾語が、接続助詞になったものと言われている。接尾語「ながら」の語源として、吉田金彦（松村明編『古代語現代語助詞助動詞詳説』1969年、學燈社刊472〜473頁）は次のように記している。

…むしろ「助詞ナと名詞カラ（柄）との複合」とした徳田浄の説（『国語法査説』1936年、文学社刊）がよく、詳しく言えば古い格助詞「な」に当時まだ副詞だった「から」が付いたとする山田孝雄の説（『奈良朝文法史』大正二1913年、宝文館刊）、その「な」はもと助詞「の」がのちの「か」「ら」の影響でア列音に変じたのかもしれないという説（前掲、石垣謙二『助詞の歴史的研究』）などに落ちついて、諸家もこれを支持している。

ただ、山田の格助詞「な」（現代語の「の」にあたる古代の助詞で、「まなこ・たなごころ」の「な」である）に対して、石垣は「『の』が…ア列音に変じた」とする理由は、古代の「な」助詞は、「特定の音節でをはる語にかぎつてつくとみとめられるが、上代の「ながら」はそのつき方が大分自由であるかにみえる」（助詞『から』の通時的考察」前掲『助詞の歴史的研究』184頁〜）という理由で「ながら」の「な」を助詞「な」とせず、「の」の音変化としたのである。

「ながら」の接続については、動詞の連用形に付く。その他、形容詞ク活用語幹・シク活用終止形、形容詞の連体形、形容動詞の語幹にも付く。さらに、「車ながら（＝車に乗ったままで）立ちてある」（蜻蛉日記230・4）、「二人ながら（＝二人とも）その月の十六日に亡くなりぬ」（蜻蛉日記353・13）、「七珍万宝さながら（＝金銀財宝が全部）灰燼（くわいじん）（＝燃えかす）となりにき」（方丈記17・4）のように、名詞や副詞に付くものも見られる。名詞や副詞に付くものは、接続助詞とはせずに、副詞を作る接尾語とするのが一般的であるようだ。

品詞認定のことはともかく、意味的にはもとの「…状態デアル」というふうに訳してみるのがよいと思われる。特に、接尾語として扱う「車ながら・二人ながら・さながら」は「車の状態で・二人の状態で・そのような状態で」から、「ノママデ・全部」という訳を容易に導き出すことができよう。接続助詞にしても、「…トイウ状態デ」と訳して、「その状態で、他の…という動作もしている」と取れれば、「二つの動作の併存」を表す意であり、現代語の「…ナガラ」と訳せばよいし、「…トイウ状態デ」と訳して、「それはそういう状態だけれども、それに反して…である」と取れれば、逆接の確定条件であるということになる。たとえば、次のような例である。

身はいやしながら、母なむ宮なりける　（伊勢物語187・14）

《訳》（その男の）身分は低いけれども、母は皇女であった。（母が皇女であれば、男の身分も高いはずなのに）

第二十講　助詞各論3 ―係助詞―

1　次の①～⑤の【　】にその下の［　］の語を活用させて答えなさい。

① まことにさることやは【　　　】［侍り］。（枕草子193・5）

《訳》本当にそのようなことが、ございますか。

② いづれの時にか【　　　】［忘る］。（土佐日記28・9）

《訳》（亡き娘のことを）どの時に忘れるか、忘れることなどない。

③ かくおとなしき心あらんとこそ思はざり【　　　】［き］。（十訓抄355・2）

《訳》そのような大人びた心があるだろうとは知らなかった。

④ かの御時（＝文武天皇の御代）に、正三位（おほきみつのくらゐ）柿本人麻呂なむ、歌の聖なり【　　　】［けり］。（古今集・仮名序24・10）

《訳》その文武天皇の御代には、正三位柿本人麻呂が歌の聖人であった。

⑤ 九重のうち（＝宮中）鳴かぬぞいと【　　　】［わろし］。（枕草子96・3）

《訳》（鶯は）宮中で鳴かないのがたいそう面白くない。

2　次の①～⑤の文中の係り結びを探し、その結びになっている一単語の終止形を答えなさい。なお②は二つ探しなさい。

① ただ人の、後（しり）の簾（すだれ）あげて、二人も、一人も、乗りて走らせゆくこそ涼しげなれ。（枕草子347・6）

《訳》たいして身分の高くない人が、車の後ろの簾を上げて、二人でも一人でも乗って走らせてゆくのは涼しそうに見える。

【　　　】

② 「また対面せでや止みなむと思ふこそいみじけれ」と言へば、（蜻蛉日記141・1）

《訳》「今回も対面しないで終わってしまうのだろうかと思うのはひどく悲しいことだ」と言うので、

【　　　】【　　　】

③ 敵にあうてこそ死にたけれ。（平家物語・老馬202・15）

《訳》敵と戦って死にたいものだ。

【　　　】

④ 龍の頸(くび)の玉をえ取らざりしかばなむ、殿へも参らざりし。（竹取物語48・10）

《訳》龍の頸の玉を取ることができなかったので、お屋敷にも参上しなかった。

【　　】

⑤ 文の詞などぞ、昔の反古(ほうご)どもはいみじき。（徒然草99・14）

《訳》手紙の文章などが、昔の不用になった紙に書いてあるのはすばらしい。

＊「反古」は「反故」とも。「ほぐ・ほうご」とも読む。

【　　】

3 次の①・②の傍線部の係助詞の結びについて説明しなさい。

① 年ごろよくくらべつる人々なむ別れ難く思ひて、日しきりにとかくしつつ、ののしるうちに、夜更けぬ（土佐日記15・10）

《訳》ここ数年、十分に親しくしてきた人々が、別れにくく思って、一日中あれこれして、騒ぐうちに夜が更けてしまった。

〔　　〕

② 世に語り伝ふること、まことはあいなきにや、多くはみな虚言なり。（徒然草139・2）

《訳》世の中に語り伝えていることは、本当はわけがわからないことなのであろうか、多くはみな嘘である。

〔　　〕

4 次の①〜③の傍線部を現代語に訳しなさい。

① 春の夜の闇はあやなし 梅の花 色こそ見えね香やはかくるる（古今集41）

《訳》春の夜の闇はわけがわからない。梅の花は、【　　】

＊「あやなし」の「あや」は「文目模様」の「文」で理路整然とした幾何学模様を言う。したがって「あやなし」は「理路整然としていない・無秩序だ・わけがわからない・つまらない」の意。3②の「あいなし」は「や」の母音が落ちた形と考えられる。ヤ行は母音が落ちて「い」になることが多い。

② あなかま。人に聞かすな。煩はしきこともぞある。（源氏物語・手習288・2）

《訳》静かに。人に聞かせるな。【　　】。

＊「あなかま」は「あな」に「かまし」の語幹「かま」の付いたものと思われる。「あ、うるさい、静かに」と訳す。

③ (犬君(いぬき)が逃がした雀の子を) 烏もこそ見つくれ。（源氏物語・若紫207・3）

《訳》【　　】

講義

一、「係助詞」とは

係助詞という名をこれらの助詞に与えたのは、山田孝雄（やまだよしお）である。その著『日本文法学概論』（1936年、宝文館刊472頁）において、次のように述べている。

係助詞は陳述をなす用言に関係ある語に附属して、その陳述に勢力を及ぼすものにして、これらは従来係詞といへるものなれば、之を他の助詞と同じ様の名を与へむが為にかく名づけしなり。

ここで言う「陳述」とは、「述部」のことと解釈してよいだろう。山田は、「係助詞は文末の陳述部までかかっていくことができる」ということも述べている。よく引き合いに出される例は、『日本文法学要論』（1931年、岩波書店刊、『岩波講座　日本文学』の中の一冊91頁）の、「鳥が飛ぶ時」と「鳥は飛ぶ時」である。この二つの違いをまとめて言うと、「が」の勢いは「時」以下の部分には及ばず、「は」の勢いは「時」以下に及んでいるとするのである。「鳥は飛ぶ時、大きく羽を広げる」の「は」は「広げる」まで係っていく。「鳥が飛ぶ時、銃声がした」の「が」は「した」まで係っていかない。「鳥は飛ぶ時、銃声がした」という文がおかしいことを確かめてほしい。

●「は」が格助詞として扱われない理由

なお、「鳥は飛ぶ時、大きく羽を広げる」を文節に区切って、文節相互の関係を見ると、「鳥は」は、「飛ぶ」に係るにしろ、「広げる」に係るにしろ、主語・述語の関係であることは間違いない。係助詞とされる「は」が主語・述語の関係になることは普通であるので、格助詞とした方がよいという考えも出てくるだろう。では、なぜ、格助詞としないのか。次の例を見てみよう。

ア　僕は水を飲む。

イ　僕は水は飲む。

両方とも日本語としておかしくはない。**ア**・**イ**共に文節「僕は」は文節「飲む」に係り、主語・述語の関係をなしている。**ア**の文節「水を」は文節「飲む」に係り、連用修飾・被修飾の関係をなしている。**イ**の「水は」は同じ関係で「飲む」に係っている。格助詞というのは、その上の語が、その文の中でどういう成分になるかを示すものである。「が・を」はほとんどの場合、「が」が主格、「を」が連用修飾格を表すということが決まっているのに対して、「は」は主格にも連用修飾格にもなっている。つまり、**「は」自体は、「は」の上にある語が、その文の中でどんな成分になっているのかを決定するものではない**と解釈できるのである。そこが格助詞として扱われない大きな理由である。

●「係り結びの法則」を再確認

第三講「講義」二節でも触れたが古文には「係り結びの法則」というものが存在する。山田は次のように述べているが、これが係り結びの法則を意識していることは間違いないだろう。

係助詞は主として副助詞の如く用ゐらるれども、その支配する点は陳述の力にあり。即ちこの種の助詞が上にあらはるる場合にはそれに対して一定の陳述をなさずしてはこれらの結末がつかぬ。

(前掲『日本文法学概論』476頁)

「ぞ・なむ・や・か」は文末の活用語を連体形にし、「こそ」は已然形にするということを言っていると思われるのである。

なお、第十八講の「発展二」で、「が・の」が主格を表す場合、その文末の活用語(断定「なり」が書かれていないもの)は連体形で結ぶと述べたが、それは、「体言・連体句」+「が・の」+「体言・連体句」という格助詞「が・の」が持つ形式から来るもので、係り結びの法則には含まない。また、「は・も」は、文末が一般の文と同じく終止形で終わるからと言って、係助詞ではないというのはこれまでの説明からして本質をわきまえない考え方であるということを理解してほしい。

●副助詞との関係から

さて、係助詞と同様、副助詞も「文末の陳述部」に係っていくということは明らかである。この違いを形態的に捉えたことが、山田の最も大きな功績である。助詞どうしの重なり方に注目したのである。助詞どうしの重なり方には次のような特徴が見られる(第十八講「発展二」でも触れた)。

・副助詞と係助詞は重なる。その場合、**係助詞が必ず下に来る**。
・(副助詞も係助詞も格助詞と重なるが)副助詞は格助詞の上に来ることができるが、**係助詞は格助詞の上に来ることはできない**。
・係助詞は**他の助詞と重なる場合、必ず下に来る**。

ここから、係助詞は次のように定義できる。

係助詞は助詞どうしが重なる場合、常に下に置かれる。すなわち、係助詞の下に助詞(係助詞は除く)は付かない。

なお、口語文法(現代語の文法)では、係り結びの法則が消滅してしまったため、係助詞であったものを副助詞として扱うものも多い。

二、「は・も」の機能

「は」は、連体詞・接続詞・感動詞などを除く種々の語に付いて、主題・区別・対比などの意を表す。現代語に訳す時も、「は」で置き換え可能である。例を挙げてみる。

春はあけぼの。　(枕草子25・2)

右の「春は」はどのような役割をするのだろうか。現代語訳する際には、「春はあけぼの、いとをかし」のように考えるのがよいとされるが(そうではなく「春はあけぼのよね」と訳せと言う人もいる)、「春」イコール「あけぼの」ではないことは確かである。「春は」は、その下全部をまとめているということになる。このようなものを「題目」(主題の提示)ということにする。現代語についてであるが、題目という考え方は、三上章(みかみあきら)『象は鼻が長い』(1960年、くろしお出版刊)が早いものである。

この「は」については、その直前の語を「取り立て強調」(「卓立の強調」とも言う)していると説明することもある。「取り立て強調する」というのは、あるものを他と区別して設定し、その文の陳述を要求するということである。「春はあけぼの」の場合、「春」という季節を取り上げて、「あけぼの」の時間帯が最も春を感じさせると言っているのであるが、夏や秋や冬との比較ではないし、他の季節を否定しているわけでもない。わかりやすく言うと、「他の季節のことは知らないけれど、春だけを取り上げるならば」ということなのである。「春のみ」との違いを考えてみればわかりやすいだろう。

現代語においては、「は」と「が」の違いを、既知と未知という観点から論じることもあったが、既知と未知の定義も難しい上に、常に既知と未知という分類が成り立つわけでもなく、「は」の性格を全体的に見極めたものとは言えない。

「も」については、山田は次のように説明する。

「も」が一定の陳述を要求するといふことは「は」と同様である。その意味の違ひは「は」はそれと他との区別を明かにするを意味するものであり、「も」はそれと他とを一つにせう（＝しよう）とする意味のものであるといふ点にある。（前掲『日本文法学要論』53頁）

◉「は」備考

なお、「は」には、次のようなものがある。

・格助詞「を」の下に来る時は、「ば」と濁る。

名をば、さぬきの造（みやつこ）となむいひける。（竹取物語17・4）

《訳》名前をさぬきの造と言った。

・打消しの助動詞「ず」の連用形、形容詞、および、形容詞型活用の助動詞の連用形に付いて順接仮定条件を表す。

これについては、第十四講「講義」二節を参照されたい。

さらずは飲まじ。（伊勢物語162・10）

《訳》そうでなければ飲まないようにしよう。

・文末に用いられて、詠嘆の意を表すことがある。

さるべき人は、とうより御心魂のたけく、御まもりもこはきなめりとおぼえはべるは。（大鏡318・5）

《訳》天下を取るような立派な人は、早くから精神力が秀でていて、神仏の御加護も強いようだと思われることですなあ。

なお、文末にあっても、文が倒置している場合もあるので、どちらか迷う場合は、倒置としてまず考えるのがよい。

◉「も」備考

「も」に係助詞「ぞ・こそ」が付いて、危惧・心配の意を表すことがある。「…デモシタラ大変ダ・…スルト困ル」と訳す。

・門よく鎖してよ。雨もぞ降る。（徒然草161・9）

《訳》門をしっかり閉めてしまえ。雨が降ると困る。

・あやしうもあまりやつしけるかな。聞きもこそすれ。（源氏物語・若紫201・6）

《訳》異様なほどに簡素にしているなあ。人が聞き付けでもしたら大変だ。

危惧・心配の意で訳せない時は、「も」＋「ぞ」として考え、「モ」と訳す。

三、「ぞ」の機能

「ぞ」は連体詞・感動詞などを除く、種々の語に付き、強く指示する意を表す。終助詞的に文末に用いられる場合は、強く指示して断定する意を表す。「…ダ」と訳す。

いづこに行きたりつるぞ。（蜻蛉日記285・4）

《訳》どこに行っていたのだ。

一般に、「疑問語―ぞ」は問いを表す（後述）が、「…カ」と訳すことが多い。しかし、この「ぞ」が中世に文末指定辞になっていくことを考えるならば、「ダ」と訳した方が妥当であろう。

◉「ぞ」の語源

「ぞ」の語源については、橘守部（たちばなもりべ）は次のように述べ、指示代名詞「そ」を「ぞ」の語源としている。

てにをはのぞも、其（そ）の義なる事を知るべし。〈ぞと濁るは、毎（いつ）も上より引連（ひきつづ）けたる、下にのみ付る故に、上の言に牽（ひか）れて、濁り習へる也。〉（『助辞本義一覧』天保九1838年刊。〈 〉は細注）

大野晋（おおのすすむ）は、指示代名詞が文末に用いられていることに疑問を呈し、古くは、「ぞ」を指定の助動詞と想定し、「あきづ島大和の国はうまし国ぞ」の倒置が、「うまし国ぞあきづ島大和の国は」となり、強調表現の「ぞ」が発生し、文末が連体形（＝体言相当）となるのは当然であると説く（『時代別作品別解釈文法』1955年、至文堂刊40頁）。『日本語学大辞典』（日本語学会編、2018年、東京堂出版刊131頁）には、大野説の他に、阪倉篤義の挿入説、野村剛史の注釈説がより有力な考えとして紹介されている。

係助詞「ぞ」を「そ」とするのは、奈良時代の文献にこの助詞を「曽」という清音仮名で表記した例が多くあることによるものであり、大野が日本古典文学大系（岩波書店）『万葉集』の読みに採用したことによって広く知られる所となった。が、「叙・序」のような濁音仮名も見られ、その歌の作者によっても異なっている。これについて、岡崎正継は、奈良薬師寺の仏足石歌碑の例を資料として、「曽」はもともと清音仮名であったが、奈良時代に既に「ぞ」と濁っていた可能性があることを示している（「係助詞『曽』の清濁について」『国語助詞論攷』1996年、おうふう刊187頁）。

●否定ではない「ざり」

「ぞ」とラ変動詞「あり」が重なる場合は、「zoari」の「o」が落ちて「ざり」になることがある。格助詞であれ、断定の助動詞の連用形であれ、「に」に「ず」は付かないので、助動詞「ず」の連用形としてはならない。

照る月の流るる見れば天の川出づる港は海にざりける　（土佐日記24・11）

《訳》照っている月が流れている（ように移って海に沈む）のを見ると、天の川の流れ出る河口は（地上の川と同じように）海なのだなあ。

四、「なむ（なん）」

「なむ」は、連体詞・感動詞などを除く種々の語につき、強く指示する意を表す。

●「なむ」の語源

「なむ」の語源は、次のような「なも」の「も」が「む」に転じてできたものと考えられている。

いつはなも恋ひずありとはあらねどもうたてこのころ恋し繁しも　（万葉集2877）

《訳》いつだって恋しくないということはないけれど、みょうにこのごろは恋しく思う気持ちが激しいことだ。　＊「恋し」の「し」は副助詞。

ただ、宣命（せんみょう）（天皇の勅令）には多く見られるが、『万葉集』にはこの一例だけであり、決定的な説とは言えない。

また、田辺正男（「いはゆる誂（あつら）への助詞『なむ』について」『金田一京助古稀記念言語民俗論叢』1953年、三省堂刊所収）は、次の「な」（万葉仮名は「奈」と表記）を係助詞とし、それにさらに係助詞「も」の付いた「なも」が語源ではないかと見ている。

草蔭の安努（あの）なゆかむ…　（万葉集3447）

《訳》安努（＝地名）に行こう…　＊「草蔭の」は枕詞で、意味未詳。

これも、「に」助詞の来るべき所に「な」があるというのが少し気にかかるところではある。

●「なむ」の結びと表記

なお、「なむ」の結びが連体形を取ることについて、大野晋は「ぞ」と同じように指定の意味の助動詞が倒置されることによって強調表現になったとする（前掲『時代別作品別解釈文法』41頁）。

また、「なん」と表記することについては、最初「mo」であったものが「mu」となり、平安中期には「m」に転じていたと考えられている。仮名で書く場合は「ん」を表記する文字がなかったためとも考えられる。一般に現代人が読む場合は「なん」と読んでおくのがよい。

◉「ぞ」と「なむ」の違い

最も疑問に思われるのは、「ぞ」と「なむ」の違いである。一つの意味を表すには、一つの単語でよいはずである。接続も意味も同じ「ぞ」と「なむ」はどこが違うのであろうか。現在、定説を見ていない。これまでも、大槻文彦（『語法指南』明治二二1889年、小林新兵衛刊100〜102頁）、松尾捨治郎（『国語法論攷』1936年、文学社刊427頁）などでは、「ぞ」より「なむ」の方が語勢が緩やかで婉曲であるのように説いている。
阪倉篤義は、「なむ」に関して、次のように述べている（「歌物語の文章―『なむ』の係り結びをめぐって―」『國語國文』22-6、京都大学文学部国語国文学研究室編、1963年）。

「ぞ」「こそ」に比して、より理詰めな感じを伴ふ。

これはおもしろい捉え方であり、注目に値する。

別の観点から見てみると、「なむ」は会話文・手紙文中に多く用いられるという傾向がある。また、和歌で用いられる場合は、「つれづれに何か涙の流るらむ 人なむわれを思ふともなく（所在なく長々とどうして涙が流れているのだろうか。自分の思う相手が自分のことを思っているというのでもなくて）」のように、「と」で引用される語句の中に見られるという特徴を持つ。さらにまた、平安時代の物語などの地の文では、「なむ」の下は「ける」（伝聞の過去の助動詞連体形）で結ぶのがきまりとなっている。このような特徴は何を意味するのだろうか。考えてほしいものである。

五、「こそ」の機能

「こそ」は、連体詞・感動詞を除く種々の語につき、強く指示する意味を表す。すなわち、「ぞ・なむ・こそ」は全く同一のものとして定義することも可能である。「ぞ」と「なむ」については前述のとおりであるが、「こそ」が最も強調の度合いが強いと言われている。しかし、その根拠は説明のしようがない。語源も「此・其」の重なったものであるとする説が一般的であるが、よくわからない。

◉大野説に見る「こそ」

「こそ」については、大野晋（前掲『時代別作品別解釈文法』46頁）がおもしろい。次に挙げておく。

「こそ」は、已然形終止のために必要な語でなく、むしろ、古来行われていた已然形による前提条件の語法を明瞭にするために、前提句の中に投入されたもので、「こそ」と已然形との協同により、既定の条件、ことに逆接の条件であることを明らかに濃厚に示す語法が発達し、それが離れ難いものとなったのである。

奈良時代には、已然形が助詞を伴わずに順接確定条件と、稀に逆接確定条件を表すことができ、逆接条件であることをはっきり示すために「こそ」があるというのである。大野のこれまでの説をまとめると次のようになる。

倒置法で強調の意を表す……「ぞ・なむ」
已然形の逆接確定条件を明確にする……「こそ」

平安時代に「―こそ…已然形。」という形が、形の上では切れているのだけれども、意味の上では逆接の意味で下に続くことがあるという例が見られる。

中垣こそあれ(。) 一つ家のやうなれば、望みてあづかれるなり。

（土佐日記55・3）

これは、「中垣はある。けれども、一つの家のようであるので、（相手が自分から）望んで留守をあずかったのである。」となる。こういう場合、現在では解釈のことを考えて、「中垣こそあれ、…」のように句点ではなく読点（、）を打って示すことになっている。こういうものを逆接の強調と言う。大野説を裏付ける例と考えることもできる。

奈良時代には、「こそ」の結びが形容詞・形容詞型活用の助動詞の場合、已然形ではなく、「草こそ繁き」のように連体形で結ぶこともあった。これは大野説では説明できない事象である。

●接尾語「こそ」に注意

「こそ」には、人名・官職名などに付いて、呼びかけ（…サンヨ）の意味を持つものがある。この場合、係り結びの法則は成り立たない。すなわち、已然形で結ぶことはない。「北殿こそ、聞きたまふや」（源氏物語・夕顔155・15）のようなものである。これは、係助詞ではなく、接尾語として扱われるものである。

六、「や・か」の機能

「や」も「か」も、連体詞・接続詞・感動詞などを除く種々の語に付き、問い・疑い・反語などの意を表す。ただし、活用語に付く場合は、「や」が終止形に、「か」は連体形に付くので、注意が必要である。動詞「あり」の場合は、「ありや・あるか」となる。

●「問い」か「疑い」か

今、「問い・疑い」と分けて表記したが、一般には「疑問」とされる。これについては、岡崎正継の一連の精緻な論考（前掲『国語助詞論攷』）がある。まず、問いと疑い（以下、問・疑と表記する）の違いは、問は答え・返事を要求するが、疑は答え・返事を要求しないという所にある。現代語で言うと、次のような違いである。

a これは食べ物ですか。　**b** これは食べ物だろうか。

aは「はい、そうです／いいえ、そうではありません」などの答え・返事を要求している。それに対して、**b**は、自分の心の中で思っていればよいのである。そして、その客観的な根拠を岡崎はどこに求めたかというと、次のような、「問ふ・疑ふ」（「恠しく思ふ」なども含む）の例を根拠としている。

・「有シ人ハ有ヤ」ト問ヒ給ヘバ、「候フ」ト答フ。
（今昔物語集・巻二二180・8）

・〈郎等ノ中ニ知タル者ヤ有ラム〉ト、互ニ疑ヒ思ヘドモ、
（今昔物語集・巻二五402・8）

＊なお、『新編 日本古典文学全集』（小学館刊）では、最初の例文は「有シ人ハ有カ」となっている。

このようにして調査していくと、「や・か」と共に推量の助動詞が使われるかどうかで、問と疑の意味が分かれているということがわかるのだと言う。次のように示している。「推」は推量の助動詞を表し、それがなければ、推量の助動詞がないということである。なお、ここで言う推量の助動詞というのは「む・らむ・けむ・まし」であり、「べし」は含まれない。

①―や―推　②何―か―推…疑
③―や―　④何―か―
⑤――や　⑥――か　}…問
（「何」は疑問語）

こうして見てみると、一つの意味に二つの単語があるように見えるが、疑問語がある場合は「か」、疑問語がない場合は「や」というように、明確な役割分担があり、また、疑問語がない場合に、「や・か」が文

末に来ると「問」になるという共通点を持っている。疑問語がある場合は、文末に来るのは「ぞ」であり、これも問の意味である。「疑・問」表現という観点からすると、「や」と「か」はそれぞれに足りない所（表現不可能な所）を相補っているということがわかる。このようなものを「相補分布」（補完分布とも言う）をなすといい、二つの単語で一つの体系をなしていると考えるのである。

◉反語の場合

なお、これらすべての場合において、反語の意味になる可能性を持っていて、疑の形式を借りて反語の意を示す場合は、「…ダロウカ、イヤソンナコトアルモノカ」、問の形を借りて反語を表すものは「…（スル）モノカ」と訳すとわかりやすい。また、係助詞「は」が下接された「やは・かは」という形の場合は、ほとんどが反語である。さらに、推量の助動詞「む」の已然形に「や」が付いた「めや」という形は、奈良時代に用いられ、反語を表している。

わが命の全またけむかぎり忘れめや　（万葉集595）

《訳》私の命が無事である限りは、あなたを忘れるものですか。

助動詞「べし」が付く場合

①〜⑥の例外的なものと言えば、推量の助動詞とされる「べし」が付く時である。「疑・問」表現の場合、「べし（べき）」がある場合は、疑ではなく、問か反語を表す。

守、「何物か要るべき」と問へば、　（今昔物語集・巻二六543・8）

《訳》守は、「どのような物が要るはずなのか（＝なければならないのか）」と尋ねると、

◉「や」小考

「や」は、推量の助動詞「む」について「むや」、または強意の助動詞の付いた「なむや・てむや」という形で、勧誘・適当（…スルノガヨイノデハナイカ、…シテハドウカ）の意味を持つと言われる。これを岡崎は「意志質問」（「…スルツモリハアルカ」の意）という名称を用いている。

文末の「や」に注意

「や」が文末に来る時、一つ厄介な問題が付いてまわる。それは、詠嘆の間投助詞に「や」というものがあり、係助詞「や」同様、終止形に付くのである。この分類についても、岡崎前掲書『国語助詞論攷』では細かく分けられているので、引用しておく。『源氏物語』の文末の「や」（岡崎ではヤと表記する）を対象に考察している。

A 問を表すヤ……「存在動詞・き・つ・ぬ・む・らむ・けむ・まじ」に付くヤ

B 詠嘆を表すヤ…「形容動詞・なり（断定）・べし」に付くヤ

C 問・詠嘆を表すヤ

a 形容詞…「無シヤ・良シヤ」（語幹一文字）は問、他は詠嘆。

b 動作動詞作用動詞（＋補助動詞・る）…一人称主体の場合は詠嘆、二人称主体、三人称主体の場合は問。

c り・たり（て侍り）…「イト・イトドーリ・タリ・テ侍リ＋ヤ」は詠嘆。

d けり…「―ケリヤ」は問、「ニケリヤ・ザリケリヤ」は詠嘆。

e ず…①「―ハーズヤ」は問、「―モーズヤ」は詠嘆。

②「アラズヤ」（一文節文）は詠嘆。

③右の他は、一人称主体の場合は詠嘆、三人称主体の場合は問。

f じ…一人称主体の場合は詠嘆、三人称主体の場合は問。

七、係り結び全体の注意点

最後に、係り結びに関して注意するべき点をまとめておく。

1 引用文の中にある係助詞の結びは、引用文中で行われる。地の文にある係り結びは、地の文の中で行われる。

「俊賢の宰相など、『なほ、内侍に奏してなさむ』となむ定めたまひし」とばかりぞ、左兵衛督の中将におはせし、語りたまひし。（枕草子210・5）

《訳》「俊賢の宰相などが、『やはり帝に奏上して、（清少納言を）内侍にしよう』とお決めになった」とだけ、左兵衛督で、中将でいらっしゃった人が、語ってくださった。

2 係り結びの結びにあたる部分で文が終わらないで、接続助詞などが付いて文が続く場合がある。これを結びの流れ（消失・消去）と言う。

冷泉院なやませたまふといふことこそ出で来たれば、よにいみじきことなり。（栄花物語・ひかげのかずら496・5）

《訳》冷泉院が病気でいらっしゃるという事態が起こったので、本当に大変なことである。

右は、本来なら「冷泉院なやませたまふといふことこそ出で来たれ。」となるはずなのが、接続助詞「ば」が付いて下に続いている。なお、「消失・消去」という言い方は、次の「省略」と紛らわしく、「流れ」と呼ぶのがよいかもしれない。

3 係り結びの結びの部分が表出されない（＝省略される）ことがある。これは表出しなくても（＝文を言い切らなくても）文意が相手（読者）に伝わるような場合であり、多くは「あり」系の語、たとえば「はべり・なり」など、または、「す」系の語が省略されている。引用の「と。」で終わっている場合は、「言ふ・思ふ」が省略されている。そうでなければ文中のその部分の前に出てくる動詞である。これを「結びの省略」と言う。

・昔より言ひけることにや。（徒然草224・12）

《訳》昔から言い伝わったことであろうか。

…「あらむ」が省略されている。

＊「に」は断定の助動詞「なり」の連用形、「む」は推量の助動詞「む」の連体形。「…ナイダロウカ」と訳してもよい。

・これなむ都鳥。（伊勢物語122・14）

《訳》この鳥の名は都鳥である。

…断定の助動詞「なり」の連体形「なる」が省略されている。

・またそこにぞ行ひてゐたりけるとなむ。（宇治拾遺物語39・7）

《訳》（師とする僧が亡くなっても）再びその場所で勤行して、（その場所から離れず）ずっとそこにとどまったということである。

…「言ふ」が省略されている。「行ふ」は「勤行する」の意味、「ゐる」は安定している様子。「座っている」と訳して無理なら「じっとしている」と訳す。

・「あるやうこそは。」とて、（大鏡381・6）

《訳》「何かわけがあるのだろう。」と言って、

…「あらめ」が省略されている。「やう」は「わけ・事情」。「何かわけがあるのだろう」と訳す。

第二十二講 助詞各論4 ―副助詞・終助詞・間投助詞―

1 **次の①～⑤の傍線部の現代語訳としてふさわしいものを後のア～オから選び、傍線の右横に記号で答えなさい。**

① 春雨ににほへる色もあかなくに香さへなつかし山吹の花 （古今集122）

《訳》春雨によって美しく目に映える色合いも満足するということはないが、香（…）心が引かれることだ。山吹の花は。

② はじめの同じやうに、的の破るばかり、同じ所に射させたまひつ。 （大鏡326・4）

《訳》（道長は）最初と同じように、的が破れる（…）、同じ所に射なさった。

③ いにしへ、行く先の事どもなど言ひて、 （伊勢物語135・4）

《訳》過去や将来のことども（…）言って、

④ 聖などすら前（さき）の世のこと夢に見るは、いと難（かた）かなるを、 （更級日記327・3）

《訳》高僧など（…）自分の前世のことを夢で見るのは、たいそう難しいそうだけれど、

⑤ われにいま一たび声をだに聞かせたまへ。 （源氏物語・夕顔179・3）

《訳》私にもう一度（…）声（…）お聞かせください。

ア…くらい・ほど	イ せめて…だけでも
ウ たとえば…など	エ…までも
	オ…さえ

2 **「ばかり」と「のみ」の意味はほぼ同じであるが、次の①～⑧の『源氏物語』中の用例を見て、「ばかり」と「のみ」の違いを指摘しなさい。**

「ばかり」

① 惟光（これみつ）ばかりを馬に乗せておはしぬ。 （若紫253・2）

② まだ申（さる）の刻（とき）ばかりにかの浦に着きたまひぬ。 （須磨186・11）

③ 読みきこゆるばかりを聞きたまふ。 （藤袴344・4）

④ 枕浮くばかりになりにけり。 （須磨199・5）

「のみ」

⑤ あはれに深き契りをのみしたまへるを、 （宿木383・10）

⑥ 古めいたる親にのみ従ひたらむは。（若紫204・11）

⑦ 後の世のことをのみ思すに、（賢木135・1）

⑧ 今は内裏にのみさぶらひたまふ。（桐壺38・10）

【　　　】

《訳》①惟光だけを馬に乗せてお出ましになった。②まだ申の時ごろに、その（須磨の）浦にお着きになった。③お読み申し上げることだけをお聞きになる。④（涙で）枕が浮くほどになってしまった。⑤心から深い約束を特にしてくださったのに、⑥時代遅れの親に添い従っているばかりだなあ。⑦来世のことをお思いになっているばかりなので、⑧（若宮は）今はもう宮中でお仕え申し上げているばかりだ。

3 **次の①～⑤の傍線部の助詞の意味としてふさわしいものを後のア～エから選び、傍線の右横に記号で答えなさい。使わない記号もあります。**

① 宮の御琴の音（ね）はいとうるせくなりにけりな。（源氏物語・若菜下204・4）

《訳》女三宮の琴の音はたいそう上手に（…）。

＊「うるせし」は「賢い・巧みだ」の意。「うるさし」と混同しないように。

② いかで心として死にもしにしがな。（蜻蛉日記201・8）

《訳》何とかして思い通りに死に（…）。

③ 人来（く）まじき隠れ処（が）求めたるなり。さらに心より外に漏らすな。（源氏物語・夕顔160・15）

《訳》人が来るはずもない隠れ場所を探しているのだ。絶対に自分以外に（＝人に）（…）。

④ かぎりなく遠くも来にけるかな。（伊勢物語122・8）

《訳》かぎりなく遠くにも来てしまった（…）。

⑤ いまはかく馴れぬれば、何事なりとも隠しそ。（今昔物語集・巻二九377・9）

《訳》もうこんなになれ親しくなったのだから、何事たりとも（…）。

ア 希望	**イ** 誂え	**ウ** 禁止	**エ** 詠嘆

4 **次の①～③の傍線部「なむ」を文法的に説明しなさい。**

① いつしかその日（＝賀茂の祭り）にならなむと急ぎおしありくもいとをかしや。（枕草子31・10）

《訳》（…）賀茂の祭りの日に（…）と、あわただしくみんなが動き回っているのもたいそう趣があるものだ。

【　　　】

② 盛りにならば、容貌（かたち）も限りなくよく、髪も長くなりなむ。（更級日記299・3）

《訳》年ごろになったならば、顔形もこの上もよくなり、（…）髪も長く（…）。

【　　　】

③ 昔、男、みそかに通ふ女ありけり。それがもとより「今宵夢になむ見えたまひつる」と言へりければ、（伊勢物語208・3）

《訳》昔、男がこっそりと行き通う女がいた。その女の所から「今晩（あなたが）夢で姿をお見せになった」と言ってきたので、

【　　　　　　】

5 次の①・②の傍線部「ばや」を文法的に説明しなさい。

① いましばし生きてあらばや。（落窪物語279・7）

《訳》もう少し生きて（…）

【　　　　　　】

② 年ごろあやしく、世の人のする言忌などもせぬなればや、かうはあらむとて（蜻蛉日記169・4）

《訳》ここ数年来、不思議なことに（＝普通の家とは違って）、世間の人々がしている言忌（＝不吉な言葉を言うことを慎むこと）などをしないこと（…）、このような身の上・状況なのだろう（…）と思って、

【　　　　　　】

講義

一、「副助詞」とは―係助詞との違い―

副助詞というのは、第十八講の「発展一」でも述べたように、「英語などの副詞に似たる点あること」（山田孝雄『日本文法学概論』1936年、宝文館刊439頁）からの命名である。副助詞も係助詞と同じように連用修飾語となって文末に係っていくことができるが、その違いは第二十講「講義」一節でも述べたように、格助詞との重なり方・係助詞との重なり方によるものである。係助詞は格助詞・副助詞の下に来るのに対して、副助詞は格助詞の上にも来ることができるというものである。

しかし、橋本進吉は『国語法要説』（1934年、明治書院刊、『国語法研究』1948年、岩波書店刊所収65頁）において、次のように述べている。

副助詞は助動詞「だ」を附けることが珍しくないに反して、係助詞は助動詞「だ」を附けると異様に聞えるのを見ても明らかである（「私ばかりだ」「これだけだ」は常に用ゐるが「私はだ」「これさへだ」は普通には用ゐられない）。

「は」は「だ」が付かないから係助詞であるということは、「だに・すら・さへ・し」も「だ」が付かないのだから、係助詞として扱おうというのである。ある一つの基準を立ててそれに基づいて考えるということはとても大事なことである。しかし、「なるほど」と思うだけでは不十分で、批判的に捉えることも大事である。右の場合、「だ」を付けて言えるか言えないかという判断であるが、「だ」を付けること

にどのような意味があるかを考えなければならない。また、「だに」は古語だけで用いられるので「だ」が付かないというのは当たり前のような感じもする。また、『日本語学大辞典』（2018年、日本語学会編、東京堂出版刊743頁、宮地朝子筆）では「連用句を構成する接語として、強調・限定・程度・範囲・概数量などにより述語用言を修飾限定する」として、「副」という文字の解釈を副詞の意味として取ることができるような記述になっている。

とにかくここでは、山田孝雄の分類に従うことにする。

◉「だに」と「すら」の違い

「だに」と「すら」は、どちらも「…デサエ」と訳すことができる。これを文法書では、一般に、「類推の意」として説明する。たとえば、「子供ですらわかる」と言った場合、「大人は当然わかる」という意味を推測させているのである。そして、「だに」と「すら」の違いを、『だに』は程度の軽いものを挙げて、より重い場合を類推させ、『すら』は一つのものを示して、他の場合があることを推測させる」と説明するのだが、不明瞭であることは否めない。

ただ、「だに」と「すら」の決定的な違いは、「だに」には、最小限の限定（セメテ…ダケデモ・…ナリトモ）という意味があるのに対して、「すら」にはその意味がないことである。この最小限の限定のことを、岡崎正継（『国語助詞論攷』1996年、おうふう刊）は、「譲歩的な強調」と呼ぶ。この意味が現れるのは、次のような命令表現、仮定表現、反語表現、意志・希望表現と共に用いられる場合である。

・花の色は雪にまじりて見えずとも香をだに匂へ　人の知るべく（古今集335）

《訳》梅の花の様子は雪に混じって見えなくても、せめて香りだけでも匂わせてくれ。梅の花がここにあると人がわかるように。

・君は、「夢をだに見ばや」とおぼしわたるに、（源氏物語・夕顔194・4）

《訳》源氏の君は、「せめて夢だけでも（夕顔を）見たい」とずっとお思いになっているが、

ところで、類推の意の「だに」と「すら」について、岡崎は前掲書で、この二つの助詞がどのような句に係っていくかということを『万葉集』で調査し、興味深い結論を出している。対立がわかる部分を抜き出すと、次のようになる。

・肯定の句・否定の句に係る「すら」は、**ある事柄を、普通ではない（なさそうな・ないはずの）ことが有る**特異な事態として捉えて強調するのに用いられる。

・否定の句に係る「だに」は、**ある事柄を、普通の（有りそうな・有るはずの）ことが無い**特異な事態として捉えて強調するのに用いられる。

・肯定的な特異強調用法の「すら」と否定的な特異強調用法の「だに」とは、**相補的な関係**にあったものであると考えられる。

中古においても、そのように受け取ることができる例を挙げる。

・（年の若い）君（＝彰子）すらもまことの道に入りぬなり。（栄花物語・衣の玉64・4）

《訳》（年の若い女性は出家などありえないのに）年の若いあなたでさえも仏道に入っておしまいになったと聞いている。

・いと奥山は鳥の声もせぬものなりければ、鶯だに音せず。（蜻蛉日記323・9）

《訳》たいそう奥深い山は、鳥の声もしないものであったので、（山里なら普通は聞こえるはずの）鶯さえ声をたてないで、

「だに・すら・さへ」の変遷

平安時代になって、「だに」が「すら」の領域を侵し始め、和文では「だに」、漢文訓読文では「すら」が広く類推を表した。この漢文訓読の用法が、現代語「すら」につながると考えられている。この後、中世以降には添加の意味を表していた「さへ」が類推を表すようになり、「だに」は衰退して現代では用いなくなっている。また、「さへ」が表していた「添加」の意味は、「まで」が表すことになり、「さへ」を「マデモ」と訳すことになるのである。

◉「さへ」

「さへ」は添加の意味を表す。右に述べたように、中世以降、「さへ」が「だに」の類推の意味を表すようになり、それが現代まで続いているので、古文の「さへ」を「（ソレニ加エテ）…マデモ」と訳すくせを付けておかなければならない。「さへ」は「添へ」が語源であるとする説が有力である。

逢ふことはさらにもいはず、命さへただこのたびや限りなるらむ　（和泉式部集392）

《訳》あなた様にお目にかかること（が今回限りだというの）はいまさら言うまでもありませんが、それに加えて命までもが今回限りの状態であるだろうか、と思われますよ。

◉「のみ」

「のみ」の語源については、「並み」（松下大三郎説）、「祈む」（新井無二郎説）などがあるが、現在最も有力視されているのが、大野晋説（『時代別作品別解釈文法』1955年、至文堂刊49頁）である。

「のみ」は起源的には「の身」であると考えられる。英語でいえばitselfにあたるようなものである。

意味は、一般に限定と強意とされるが、「限定」は「事・物・人・人数などを限定する」意で、「強意」は「事態を限定する意」、とするものもある（岡崎正継・大久保一男『古典文法別記』1991年、秀英出版220頁）。それによると、限定は、次のような例である。

・上下、ただ鬼のことのみ言ひやまず。　（徒然草120・12）

《訳》**身分の高い人も低い人もただ鬼のことばかりうわさして終わりになることはない。**

強意は、次のような例である。

・（紫の上が）息も絶えつつ、いよいよのみ弱りたまへば、（源氏は）いはむかたなく思し嘆きたり。　（源氏物語・若菜下242・11）

《訳》紫の上が息も絶え絶えになってただもうますます衰退なさるので、源氏は何とも言いようがないほどお嘆きになっている。

強意の訳し方としては、右のように「タダモウ・タダヒタスラ」「ミンナ・イツモ…バカリ」などと訳す。「ますます弱ってばかりでいらっしゃるので」と訳してもよい。

「限定」の意味を考える

ここで注意してほしいのは、第二十講「講義」一節でも述べたが、「は」はそれだけを取り上げて強調するので、**その他のことは何もわからない**ということである。同じかもしれないし、そうでないかもしれない。それに対して「のみ」は限定であるので、それだけに限ったことであり、その他のものについては**そうではない・それとは違う**ということである。

現代語の「は」と「だけ」で考えてみる。「僕は行く」と「僕だけが行く」という文を見てみよう。前者は「僕は行くけれど、他の人が行くかどうか関知しない」、後者は「僕だけが行き、他の人は行かない」ということになる。

●「ばかり」

「ばかり」の語源は、「量(はかり)」であるとする、大槻文彦(おおつきふみひこ)『語法指南(ごほうしなん)』（明治二三1890年、小林新兵衛刊）の説が定説となっている。

「ばかり」には、①程度を表す、②限定を表す、の二つの意味が認められる。例に挙げておく。

① 女君（＝朧月夜）、いと赤く匂ひて、こぼるばかりの御愛敬(あいぎやう)にて、涙もこぼれぬるを、（源氏物語・澪標280・15）

《訳》女君は、顔はたいそう赤く色づいて、あふれるほどの御愛くるしさで、涙も落ちてきたのを、

② 言に出でて言はぬばかりぞ水無瀬川下にかよひて恋しきものを（古今集607）

《訳》言葉に出して言わないだけだよ。水無瀬川のように胸の奥では恋しく思っているのに。

「ばかり」接続考

「ばかり」の接続を見てみると、①終止形に付くものと、②連体形に付くものとが見られる。小田勝の『実例詳解　古典文法総覧』（2015年、和泉書院刊408頁）では、小柳智一「中古のバカリについて」（『國語と國文学』74－7、東京大学国語国文学会編、1997年）を引いて、ラ変・形容詞型活用語および、助動詞「ず・き」には連体形に、それ以外の活用語には終止形に付くとする。終止形にも連体形にも付くと見られる語は、終止形に「る」を付けて連体形を作っているもの（例：聞こゆ→聞こゆる）である。四段活用と一段活用に付く「ばかり」は終止形なのか連体形なのか判断ができないが、語源的に名詞「量」だとすると、連体形に付くのが本来で、次のようなものは例外となる。

世の中にありわびなむ時は出家すばかりなり。（大鏡269・13）

《訳》俗世間にいにくく感じるようになってしまう時は、出家するだけだ。

「出家するばかり」だったのが、たとえば「出家すんばかり」のような撥音便になって、さらに無表記になったと考えることもできる。

「ばかり」の接続と意味の関係は、江戸時代の国学者・東条義門(とうじょうぎもん)が、『詞(ことば)の道しるべ』（文化七1810年刊）で、連体形に付く場合は「而已(ノミ)の意」があり、終止形に付く場合は、「ほど・位などといふ意」であると説く。右の『大鏡』のようなものもあるが、一応の目安として利用することができよう。

●「まで」

「まで」は、動作・事柄の及ぶ範囲・限度を示す。これを「終点を示す」としているものもある。

和泉の国（＝現在の大阪）までと平らかに願立つ。（土佐日記15・11）

《訳》和泉の国まで無事であるようにと願を立てる。

これは貫之がまだ土佐にいる時の記事であるが、本来なら京都に行きたいのだから、終点ではないが、この時点での終点、すなわち、海を渡るという船路を終えるという意味では終点であり、その先のことは何も考えていないのである。なぜ、この「終点」を今取り上げているかというと、この意味の「まで」は格助詞なのではないかという疑念が常に持たれるからである。「家から学校へ行く」という時の「へ」は格助詞である。これが「に」になっても同じである。では、「家から学校まで行く」といった時の「まで」はなぜ格助詞ではないのか、ということである。「へ・に」は方向・帰着点を表す格助詞であるが、「まで」は、「へ・に」に比べて「それ以上は行かない」という意味が、「方向・帰着点」という意味以外に副えられるという理由で、副助詞

とするのかもしれない。もちろん、「客観的な眼で捉えて、空間的・時間的限界をいっていると見られる『まで』については、格助詞と認定するほうが、むしろ適切であろう」（中村幸弘『先生のための古典文法Q&A100』1993年、右文書院刊3頁）などの見解も見られる。

範囲・限度の他には、「まで」は「動作・事柄の及ぶ程度」を表す。「…ホドニ・クライ」と訳せるものである。前者の格助詞と認定される「終点」の用法に比べ、主観的である。

まばゆきまできよらなる人にさしむかひたるよ。（源氏物語・浮舟152・6）

《訳》まぶしいほどに美しい人に向かい合っているよ。

●「など」

「など」は、平安時代に「何と（なに）」が変化したものである。

これかれ酒なにともて追ひ来て、（土佐日記18・13）

《訳》誰それがたとえば酒などを持って追いかけてきて、

本来、「○○、○○、○○、何と」のようにいくつかの同類の事柄を並べて、その他にもあるということを示すものであった。「なにと」が「なんと」となり、連濁によって「なんど」となる。「ん」が無表記になって「など」が成立したと言われている。というわけで、古文では引用で「『…』など」とする場合、「などと」には絶対にならない。既に、「と」があるからである。

意味としては、「例示」（「…一例ヲ挙ゲルナラ・タトエバ…」と訳せるもの）、「婉曲」（「ナド」としか訳せないもの、あるいは、訳さなくても意味が変わらないもの）、「引用」（「…ナドト」と訳せるもの）がある。

例示：日入りはてて、風の音、虫の音など、はたいふべきにあらず。（枕草子25・11）

《訳》日がすっかり沈んでしまって、たとえば風の音、虫の声などは、これもまた何とも言いようがないくらいである。

婉曲：京へなど迎へ奉らせたらむのち、（源氏物語・浮舟121・4）

《訳》京都へお迎え申し上げてから、

●「し・しも」

「し」は、代名詞「し（其）」から派生したものであるというのが定説とされている。意味は強意である。現代語に訳す場合、訳しようのないことが多い。この「し」の見分け方は、「し」を取り除いてみても、古文として全く、形も意味も変わらないという所にある。

・逢ふことの絶えてしなくはなかなかに人をも身をも恨みざらまし（拾遺集678）

《訳》逢うことが全くなかったら、かえってあなた（のつれなさ）についても私（のふがいなさ）についても恨みに思わなかったろうに。

（あなたと逢ったがためにあなたに逢えないつらさが身にしみるよ）

・はかばかしき後見しなければ、ことある時は、なほより所なく心細げなり。（源氏物語・桐壺18・8）

《訳》しっかりした世話役がいないので、大事なことがある時は、やはり頼る所がなくて心細そうである。

この例にも見られるように、平安時代の「し」は、係助詞「は」または接続助詞「ば」と呼応して「しーは・しーば」の形で用いられる。「ば」については、仮定条件でも確定条件でもよい。

打消しの語を伴う場合の現代語訳に注意

「しも」は、副助詞「し」に、係助詞「も」の付いたものである。気を付けなければいけないのは、打消しの語を伴う場合である。「決シテ…デハナイ」と訳せる場合と、「必ズシモ…トハ限ラナイ」と訳せる場合があると、辞書には書かれている。たとえば、次のような例文の場合、打消しの範囲が部分的であることを表したものとするが、「来たらず」の所で句点（。）を打ってみると、「死は決して前からやって来ることはない」と訳すこともできそうである。

死は前よりしも来たらず、かねて後ろに迫れり。（徒然草206・6）

《訳》死というものは必ずしも前からやってくるとは限らないで、予め後ろに迫っている。

二、「終助詞」とは―間投助詞との違いから―

終助詞という名称について、山田孝雄は、次のように述べている。

終助詞は述語に関係あるものにして常に文句の終止にのみ用ゐらるゝものなり。これが名目も又其の著者の創設にかゝる。（『日本文法学概論』1936年、宝文館刊508頁）

さらに、間投助詞については、次のように述べている。

間投助詞は語勢を添へ、若くは感動を高めむが為に用ゐらるゝものにして、その位置他の助詞に比してやや自由なるものなり。この助詞の名目も亦著者の創設する所なり。（同書517頁）

終助詞は文末に置かれる一方、間投助詞の置かれ方はそれに比べると自由であるというが、次の場合、傍線部「よ」は間投助詞と認定されている。

まろは、さらにもの言はぬ人ぞよ。（堤中納言物語448・2）

《訳》私は決して何も言わない人間だよ。

しかし、文末に用いられているという点では終助詞的である。比較的自由とは言え、終助詞との違いを明確にするのは難しい所である。間投助詞はほとんどの文法書が「や・よ・を」を立てるが、三つとも意味的には「詠嘆・調子を整える」ということなので、早い話、なくても意味が通ずるということになる。古代の人たちは、どういう気持ち・認識のもとに用いていたのだろうか。はたして「調子を整える」というのは本当なのだろうか。考えてみてほしいものである。

終助詞には、「な（禁止）・（な）―そ・ばや・なむ・もがな（もが・もがも・がな）・てしが（てしがな）・にしが（にしがな）・しが（しがな）・な（詠嘆）・か・かな・かし」がある。

●「な（禁止）・な（詠嘆）・（な）―そ」

禁止の「な」は、普通、活用語の終止形に付くとされるが、ほとんどが動詞であり、助動詞に付く場合、その助動詞は「る・らる・す・さす・しむ・ず」である。また、ラ変型活用語には連体形に付く。それに対して、詠嘆の「な」も活用語の終止形に付くとあり、わかりにくいが、詠嘆の場合は、形容詞・形容動詞か、助動詞の場合は、たとえば、詠嘆の「けり」のような気持ち・心情を表すものに付くことが多い。「あはれ」などの感動詞と呼応することも見分ける手掛かりの一つである。また、終止形以外に付く「な」は詠嘆である。詠嘆の「な」は名詞などに付く場合は「念を押す」意として取ることができる。上代語には意志・願望を表すものもある。

・われ人に見すなよ。来たりとて、人おどろかすな。（源氏物語・浮舟124・10）

《訳》私の変な姿を人に見せるな。私がやって来たからといって、人を起こすな。

＊「よ」は間投助詞。

・あはれにかなしきことなりな。（大鏡47・9）

《訳》（道兼に騙された花山天皇については）ああと思うほど悲しいことであるなあ。

・清宗と同年にて、今年は十六な。（平家物語・知章最期240・7）

《訳》清宗と同じ年で、今年は一六歳だな。

「な」と「な—そ」の違いについては、「な—そ」が「な」に比べて穏やかな禁止であると説くものが多い。しかし、これまでも言ってきたとおり、穏やかか穏やかでないかというのは人によって感覚が異なることであり、もっと客観的な区別を示したい所である。これについては、「な。」が禁止・抑止であるのに対して、「な—そ」が禁止・制止であるという考え方も示されている。今行おうとしていることを止めるのが、制止であり、行うかもしれないことを予め行わないようにするのが抑止である。たとえば、今まさに遮断機の下りた踏切を渡ろうとする人を「入るな」と止めるのが制止、踏切に「渡るな」という看板があるのは抑止なのである。禁止表現をさらに細かく分類したものに小柳智一「禁止と制止—上代の禁止表現—」（『国語学』184、1996年）がある。

●「ばや」

未然形に付いて、そこで文が終止している場合は、希望を表す「ばや」である。

ちとうけたまはらばや。（徒然草264・10）

《訳》ちょっとうかがいたい。

未然形に付いていても、句点で終わらず、すなわち、文が終止せず、下に続いていく場合は、「モシ…ナラ～（ダロウ）カ」という意味になる。すなわち、未然形＋「ば」（仮定条件）に疑問の係助詞「や」が付いたものである。また、已然形に付く「ばや」も同様に考え、「…ダカラ～（ダロウ）カ」という意味、すなわち、確定条件に係助詞「や」の付いたものとなる。

・心あてに折らばや折らむ初霜の置き惑はせる白菊の花（古今集277）

《訳》見当を付けて折るなら折ってみようか。初霜が降りて（その白さで）どっちが白菊か見分けにくいその白菊の花を。

＊「心あてに」は、『日葡辞書』「cocoroate」には「tenção」とあり、「意向・意図」の意。「あてずっぽうに」とするものが多いが、間違い。

・ひさかたの月の桂も秋はなほもみぢすればや照りまさるらむ（古今集194）

《訳》月に映えているという桂の木も紅葉するから、秋の月はどんどん明るく輝いているのだろうか。

●「なむ」

未然形に付く「なむ」は誂（あつら）え望む（「…テホシイ」と訳す）意である。第十四講の「講義」四節でも述べたが、「希望」（「…タイ」）と誂えは、区別しなければならない。「あり」の未然形などに付く「まほし・ばや」は「…タイ」とは訳しにくいので、願望の意として「テホシイ」と訳す辞書や文法書もあるが、そういう場合は「アルトイイナア」と訳せばよい。

この他には、連用形に付く「なむ」は、強意の助動詞「ぬ」の未然形に推量の助動詞「む」が付いたものである。「キット…ダロウ」と訳す。また、未然形、連用形以外に付くものは、係助詞「なむ」である。次の例文で見分けられるかどうか試してほしい。

① いつしか梅の花咲かなむ。（更級日記295・14）
② 髪もいみじく長くなりなむ。（更級日記299・3）
③ これなむ都鳥。（伊勢物語122・14）
④ 願はくは花の下にて春死なむ…（古今集1527）

ここで問題になるのは、二段活用・一段活用に付く場合である。この二つの種類の活用は、未然形と連用形が同じだからである。たとえば、「はや夜も明けなむ」（伊勢物語118・5）は「明く」がカ行下二段活用であり、未然形も連用形も「明け」となる。この場合は、「はや―なむ」という呼応によって判断することができる。「はや・いつしか」は誂えの「なむ」を強めて「早ク…シテホシイ」という訳になる。前後の文脈とは言うけれど、古代人も何らかの識別の手掛かりがないと、何を言っているのかわからなくなる。何らかの手掛かりがあるはずであるということを信じて考えてみてほしい。

解答：①誂えの終助詞　②強意の助動詞「ぬ」未然形＋推量の助動詞「む」　③係助詞「なむ」　④動詞「死ぬ」未然形活用語尾＋意志の助動詞「む」

《訳》①早く梅の花が咲いてほしい。②髪もきっと長くなるだろう。③これが都鳥だ。④できることなら桜の花の下で春に死のう。

◉「もがな・てしがな・にしがな」

「もがも」は、奈良時代の願望の終助詞「もが」に詠嘆の終助詞（係助詞文末用法とも考えられる）「も」の付いたものであり、平安時代には詠嘆の終助詞「な」の付いた「もがな」が生まれた。平安時代中期には「をがな」という形も見られるが、鎌倉時代以降は、「がな」だけで使われるようになった。これらは、体言、形容詞・形容動詞の連用形、助詞などに付く。その際、体言に付く場合は、「…ガアレバイイナア」と動詞を補って訳すのがコツである。主として他の存在・状態の実現の願望を表す。

・石走る滝なくもがな　桜花手折たをりても来む　見ぬ人のため（古今集54）

《訳》石の上を走るように流れる滝がないといい（のに）なあ。そうすれば向岸の桜の花を手で折っても来よう。見ない人のために。

・あつぱれ、よからう敵かたきがな。（平家物語・木曽最期178・16）

《訳》ああ、ちょうどよい敵がいるといいなあ。

「てしがな・にしがな」は、奈良時代に「てしか・にしか」という希望を表す語があり、「か」の部分が濁音になったものとされるが、いつごろ濁音になったかは不明である。さらに詠嘆の終助詞「な」が付いてできたものである。「てしがな」の「て」と「にしがな」の「に」は完了の助動詞「つ・ぬ」であると言われている。したがって両者の違いは、助動詞「つ」と「ぬ」の違いでもあることが考えられる。実際、「てしがな」は、主として他動詞・使役の助動詞に付くのに対して、「にしがな」は、自動詞・他動詞・謙譲語・丁寧語・受身の助動詞などに付くという違いが認められる。

・いかで、このかぐや姫を得てしがな、見てしがな。（竹取物語19・8）

《訳》何とかして、このかぐや姫を手に入れたいものだ、見てみたいものだ（＝妻にしたいものだ）。

・伊勢の海に遊ぶ海人ともなりにしが…（後撰集891）

《訳》伊勢の海に遊びまわっている海人になってしまいたいなあ…

◉「か・かな・かし」

「か・かな・かし」の三つの終助詞は、詠嘆（ダナア・コトヨ）・念押し（ナノダヨ）の意味を持つ。特に、「かし」は接続が特殊である。終止形・命令形・係り結びの結びの後に置かれる。

・げにいとあはれなりかし。（更級日記331・11）

《訳》なるほど本当に趣深いことだなあ。

・詠みつべくは、はや言へかし。（土佐日記23・10）

《訳》（返歌を）きちんと詠むことができそうなら、早く言えよ。

ここで問題なのは「か」である。この「か」の語源は、係助詞の「か」であるとされており、係助詞「か」との識別方法を知らなければならないのである。終助詞「か」は和歌で用いられ、係助詞「も」と呼応するという特徴がある。

　にはかにも風の涼しくなりぬるか　秋立つ日とはむべもいひけり　（後撰集217）

《訳》急に風が涼しくなってしまったことだなあ。（そういえば今日は立秋であるが）立秋の日とはまさに道理があって言うのだなあ。

第二十講「講義」六節でも述べたが、上に疑問語が来ている場合は、係助詞「か」とすることになる。

三、間投助詞

間投助詞には「や・よ・を」がある。二節で述べたとおり「詠嘆」や「調子を整える」意である。ただ、同語形で別の助詞として扱うものがあるので、それを説明する。

●「や」

「や」は疑問の係助詞「や」との識別が必要となる。文脈から判断せざるを得ないものもあるが、一般に間投助詞の「や」は、形容詞・形容動詞の終止形（文末）に付くことがほとんどである。また、動詞に付く場合は、「―ぞ―連体形＋や」という形を取る。接尾語「こそ」と同じように呼びかけ（…ヨ）の意を表すこともある。

　あが君や、いづ方にかおはしぬる。（源氏物語・蜻蛉205・14）

《訳》私の愛しい姫君よ、どこにいらっしゃったのか。

＊末尾の「ぬる」は「や」の結びではなく、「いづ方にか」の「か」の結び。

●「よ」

文末の活用語に付く「よ」は、平安時代においては（奈良時代・鎌倉時代を除く）「虫だに時節（ときせち）を知りたるよ」（蜻蛉日記303・3）のように、連体形に付くものがほとんどで、終止形に付くという確証のあるものは見られない。一段活用・二段活用などの命令形「見よ・受けよ」などの「よ」を間投助詞としないことが肝要である。

●「を」

「を」も格助詞「を」との識別があるが、比較的簡単である。この「を」を取り除いても何ら文の形、意味に作用しない。ただ、格助詞の「を」の語源がこの間投助詞と言われることもあり、右のように考えてもわからないこともあるので、目安を示す。間投助詞「を」は、次のような接続である。

①格助詞「に・と・へ」に付いているもの。
②接続助詞に付いているもの。
③形容詞・形容動詞型活用の助動詞・形容動詞の連用形に付いているもの。

　「え見えず」とを言へ。（源氏物語・夕霧414・15）

《訳》「見ることができない」と言え。

第二十二講 敬語総論—敬意の方向による分類—

1 次の①〜③の働きをする敬語を何と言いますか。後のア〜ウからふさわしいものを選んで、記号で答えなさい。

① 話し手または作者が、動作をする人に対して敬意を表すもの。【　】

② 話し手または作者が、動作を受ける人に対して敬意を表すもの。【　】

③ 話し手または作者が、聞き手または読者に対して敬意を表すもの。【　】

ア 尊敬語（主体尊敬）	イ 謙譲語（客体尊敬）
ウ 丁寧語（対者尊敬）	

2 次の①〜⑥の傍線部の中の敬語（補助動詞）の種類を、1の選択肢から選んで傍線の右横に記号で答え、傍線部を現代語に訳しなさい。

① 天人、「遅し」と心もとながり給ふ。（竹取物語74・11）

《訳》天人は「遅い」と【　】。

② （道隆は）宴の松原のほどに、そのものともなき声どもの聞こゆるに、術なくて帰りたまふ。（大鏡320・4）

《訳》道隆は、宴の松原（宮中の宜秋門の外にあった広場）のあたりで、得体のしれない声声が聞こえてどうしようもなくて【　】。

③ 身を捨てて額をつき、（仏に）祈りまうすほどに、（更級日記279・15）

《訳》身を投げ出して額を床に付いて【　】うちに、

④ ただこの西面にしも、持仏据ゑたてまつりて行ふ尼なりけり。（源氏物語・若紫205・14）

《訳》ちょうど目の前の西向きの部屋に、持仏を【　】勤行・読経をする尼なのであるなあ。

⑤ かかる心憂きわざをなん見はべりし。（方丈記23・7）

《訳》このようなつらい災いを【　】。

⑥ （兼平が木曽義仲に）「御身もいまだ疲れさせたまはず、御

馬も弱りさうらはず」（平家物語・木曽最期179・10）

《訳》「あなた様のお体はまだお疲れになってはいらっしゃらず、あなた様の馬も弱っては【　　　】」

3　2の傍線部①～⑥の敬語は誰から誰への敬意を表していますか。

①【　　　】　②【　　　】

③【　　　】　④【　　　】

⑤【　　　】　⑥【　　　】

4　次の①～⑧の尊敬語が本動詞として用いられる場合の通常形（＝敬意を取り除いた語）を答えなさい。また、その尊敬語の訳し方も答えなさい。

① 大殿ごもる【　　】【　　】

② のたまふ【　　】【　　】

③ おはす【　　】【　　】

④ 召す【　　】【　　】

⑤ 給ふ【　　】【　　】

⑥ 思す【　　】【　　】

⑦ いまそかり【　　】【　　】

⑧ ご覧ず【　　】【　　】

5　次の①～⑩の謙譲語が本動詞として用いられる場合の通常形を答えなさい。また、その謙譲語の訳し方も答えなさい。

① 聞こゆ【　　】【　　】

② まゐる【　　】【　　】

③ まかる【　　】【　　】

④ つかうまつる【　　】【　　】

⑤ たてまつる【　　】【　　】

⑥ たまはる【　　】【　　】

⑦ うけたまはる【　　】【　　】

⑧ まうす【　　】【　　】

⑨ はべり【　　】【　　】

⑩ さぶらふ【　　】【　　】

6　次の①～③を傍線部に気を付けながら現代語に訳しなさい。

① （源氏は）御装束奉りかへて西の対に渡りたまへり。（源氏物語・葵68・5）

【　　　】

② （帝ガ）御輿（みこし）に奉りて後に、（竹取物語62・11）

＊御輿＝二本の轅（ながえ）（長い棒）の上に屋形を付け、人力で担ぐ乗り物。

【　　　】

③ 心地もまことに苦しければ、物もつゆ参らず、（源氏物語・総角300・13）

＊「物」は食べ物・食事の意。

【　　　】

講義

一、「敬語」に関する用語と関係性

Xは『AがBをドウスル』とYに言う。

＊「ドウスル」には「叱る・褒める」など、動詞を入れる。

右の状況において、「ドウスル」の所を敬語動詞にしたり、「ドウスル」に敬語を付けたりして、「X」は必要に応じて「A・B・Y」を高く遇することができる。言い換えると、敬語というのは、「誰に対して高く遇したか」を示す記号なのである。「高く遇する」というのは、その人に対して「敬いの気持ちをもってもてなす・接する」ことである。「敬意を払う」などと言うこともある。「もてなす」ことを「待遇する」とも言うので、敬語表現を待遇表現と言うこともある。ただ、広い意味の待遇は、低く遇する意も含まれるが、一般的には「高く遇する」場合だけを扱っているようである。

最初に、敬語の説明において用いられる用語の定義をしておく。

・言語主体

その敬語を使った人。右の例文で「ドウスル」に敬語が使われた場合、会話の話し手「X」を言語主体と言う。一般に「話し手」というが、古文作品の地の文（＝会話文以外の部分）の言語主体はその作品の作者ということになる。

・話題・素材

敬語が使われている文のこと。右の例文で「ドウスル」に敬語が使われた場合は、『』の中が話題・素材ということになる。「X」が「A・B」に敬意を払う場合は、話題・素材の中の人物を高く遇することになり、「Y」に敬意を払う場合は、話題・素材の外の人を高く遇することになる。

・主体

「ドウスル」という動作を行った人（例文中の「A」）。いわゆる、「ドウスル」の主語にあたる人である。文中に書かれていない場合もあるので、主体と言うことになっている。これを能・狂言の用語を用いて「シテ（仕手・為手）」ということもある。

・客体

「ドウスル」という動作を受ける人（例文中の「B」）。動作の及ぶ人、受け手。これを「シテ」に対して「ワキ（脇）」と言うこともある。

・対者

「ドウスル」に敬語を用いた言語主体（話し手）「X」が話しかけた人（例文中の「Y」）。会話文では対者は聞き手になるが、古文作品の地の文における対者は読者ということになる。

そして、言語主体が主体を高く遇する敬語を「尊敬語」、客体を高く遇する敬語を「謙譲語」、対者を高く遇する語を「丁寧語」と呼んでいる。次頁に、これらの要素の関係性について図示した。

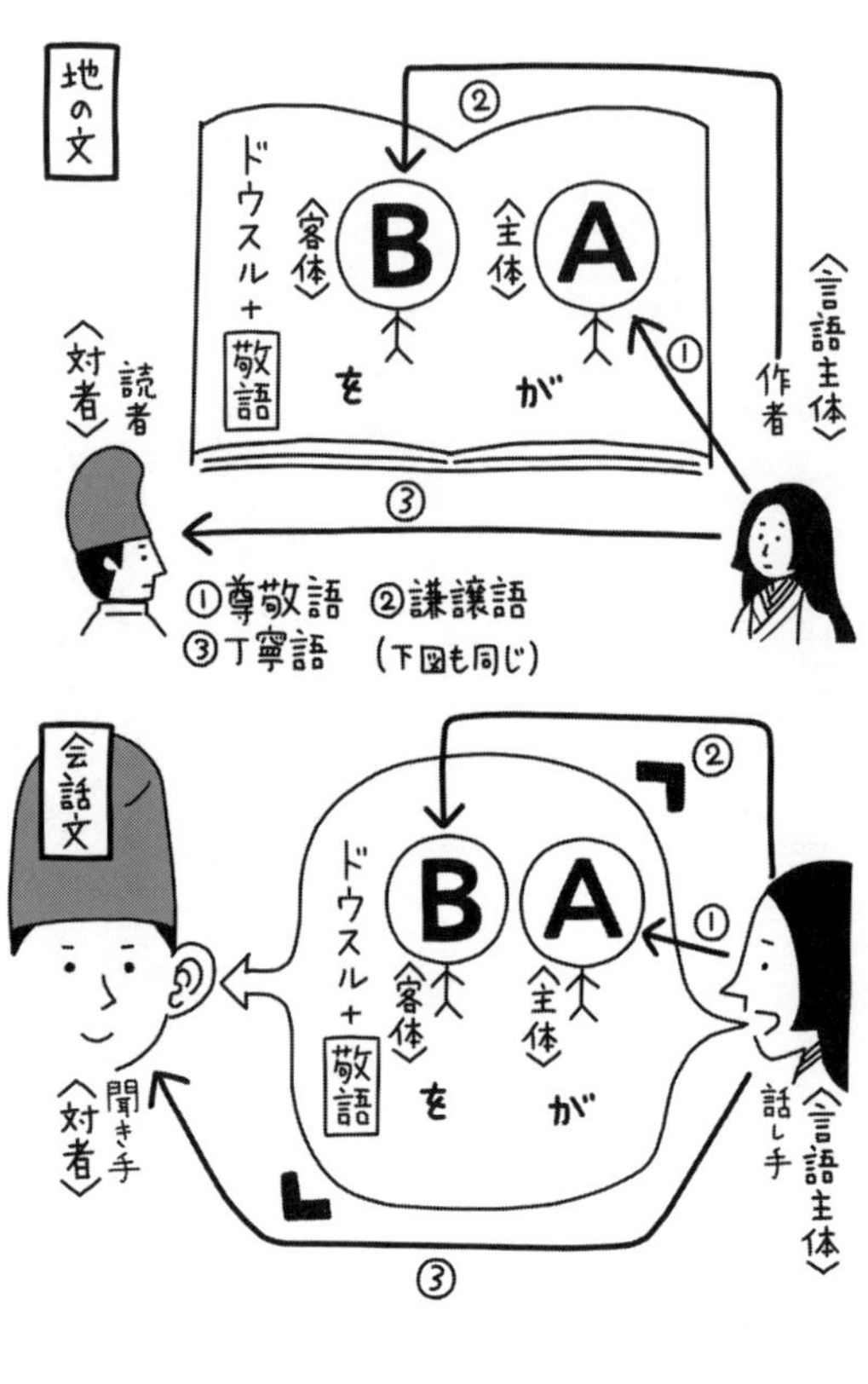

二、謙譲語は「低める」のか「高める」のか

ここで問題になるのは、その名称である。尊敬語は主体を敬うと解釈すれば、すぐ理解できる。謙譲語の「謙譲」というのは「へりくだり・謙遜」という意味である。なぜ客体を敬うことを「謙譲語」と言うのだろうか。

現代語の次の例文を見てほしい。

（社員Cが）「先日の件は、私がじかに部長に申し上げます」（と上司の課長に言った）

傍線部「申し上げる」が「言う」の謙譲語であるが、動作の客体である「部長」に敬意を払ったものである。この時、部長に敬意を払うために、動作の主体である「私＝社員C」がへりくだったと考えるのである。下図参照。

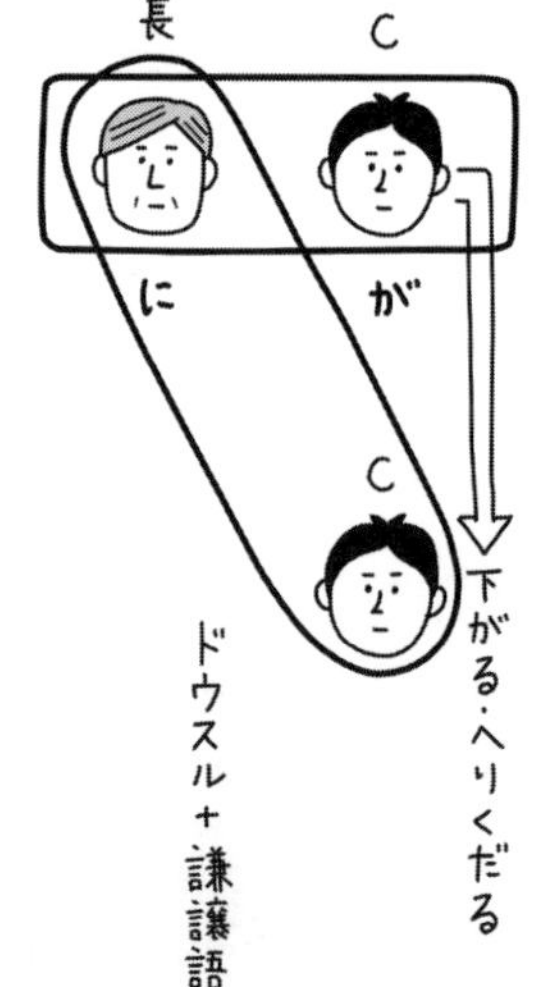

敬語がない場合は□で囲ったようにCと部長がフラットな位置にあったものが、謙譲語を使うと、Cが下がり（へりくだり）、○で囲ったように部長の方が上に存在するようになるのである。それで謙譲語と言うのである。つまり、主体を下げることによって客体を上げたのである。

これは、言語主体がCであって、動作の主体もCであることによって成立するものである。現代語の謙譲語は、ほとんどがこのような形になっている。言語主体と動作の主体が一致しない場合は、言語主体の身内のような、言語主体と同じと考えてもよい人が、動作の主体に立つ場合である。

●現代語との違い

古文の場合、動作の主体に、言語主体以外の人物が来ることはよくあることである。さらに、現代語では存在しない二方面への敬意（＝尊敬語と謙譲語が同時に使われること）もよく出てくる。

（帝は源氏を）御簾の中に入れ奉り給ふ。（源氏物語・桐壺38・15）

右の文の場合、「奉り」が謙譲語で、「給ふ」が尊敬語である。「給ふ」で主体の「帝」に敬意を表している。「帝」を上げたのである。「奉り」は「源氏」に対する敬意であるが、これまでの説明だと、「帝」を低める・下げることによって、「源氏」を高めたことになろう。一見何の問題もなさそうだが、作者が帝を下げるなどということは考えられないし、そんなことをするとどんな目に遭うかわかったものではない。

　敬語を用いることによって、言語主体が誰を高めようとしているのかがわかればよいのである。主体との身分の比較ではなく、単に**客体を高めていると考えればよい**のである。

● 名称をめぐる問題

　では、なぜ敬意の方向による呼び方にしないのかというと、先に述べたように、たとえば、時枝誠記の『国語学原論』（1955年、岩波書店、現在岩波文庫所収）などのように、「敬語はどのような気持ちで用いられたか」という観点で説明されるのが普通であったので、「尊敬・謙譲・丁寧」という名称が世の中に定着してしまっていたのである。これを新たな名称にすると混乱が起きるので、そのままの名称で、「敬意の方向」という観点から見たものに置き換えたのである。幸い、そんなに大きな違いもない。ちなみに、二〇〇七年に出された文化庁文化審議会答申の中の『敬語の指針』も、現代語の敬語について、敬意の方向から見た敬語の分類を採用しており、名称も尊敬語・謙譲語・丁寧語（厳密には、尊敬語・謙譲語Ⅰ類・丁寧語・謙譲語Ⅱ類・美化語）を用いている。

　敬意の方向による分類を表にしておく。

	敬意の出発点	敬意の帰着点			
		尊敬語	謙譲語Ⅰ類	謙譲語Ⅱ類	丁寧語
地の文	作者	動作の主体	動作の客体	φ	読者（対者）
会話文	その会話の話者	動作の主体	動作の客体	聞き手（対者）	聞き手（対者）

　なお、会話文というのは、話し手が言ったとおりの言葉を、そのまま引用したものとして考えることが前提となる。

　また、「謙譲語」については、後に出てくる「謙譲語Ⅱ類」と区別するために、「謙譲語Ⅰ類」と今後、呼ぶことにする。

三、各敬語と訳し方

● 尊敬語

　尊敬の意を表すには、次のような方法がある。

　①尊敬の意味を持つ動詞を用いる。

　②尊敬の意味を持つ補助動詞を動詞に付ける。

①は、次のような例が挙げられる。

・（帝の姫君は）いみじうゆかしく思されければ、（更級日記284・6）

《訳》たいそう見たいと自然とお思いになったので、

・（大納言藤原公任は）「和歌の船に乗りはべらむ」とのたまひて、

《訳》（公任は）「和歌の船に乗りましょう」とおっしゃって、

②は、次のような例が挙げられる。

・かぐや姫、いといたく泣き給ふ。（竹取物語65・8）

《訳》かぐや姫はたいそうはなはだしくお泣きになる。

・かかる人も世に出でおはするものなりけり。（源氏物語・桐壺21・7）

《訳》このような人も、この世においでになるものなのだなあ。

尊敬語の訳し方については、②の補助動詞が付く場合は、「オ…ニナル・…ナサル・…テイラッシャル」と訳すことになる。

　①のような本動詞の尊敬語は、知らないと訳せないので覚えておかなくてはならない。次の表のようなものがある。

尊敬語	常体古語	口語訳	備考（類語・古形など）
おはす おはします	あり・をり 行く・来	イラッシャル オイデニナル	います・まします・ます いますがり
思す 思しめす	思ふ	オ思イニナル	「おもほす」という形もあり
仰す	言ふ	オッシャル	中世になってから、尊敬語として確立
大殿ごもる	寝・休む	オ休ミニナル	
御覧ず	見る	ゴ覧ニナル	
給ふ・たぶ たまはす	与ふ・授く	オ与エニナル クダサル	「たうぶ」という形もあり
のたまふ のたまはす	言ふ	オッシャル	
召す	呼ぶ・着る 乗る・食ふ	オ呼ビニナル オ召シニナルなど	上代語では「をす」の形あり

＊右表で「おはす・おはします」のように同様の語が並ぶ場合は、一般に、文字数の長い方が敬意が高いとされる。

● 謙譲語Ⅰ類

謙譲語Ⅰ類も、尊敬語と同様、①本動詞によるものと、②補助動詞によるものとがある。

①は、次のような例がある。

・翁かしこまりて、（帝に）御返事（かへりごと）申すやう、（竹取物語58・15）

《訳》翁は畏まって帝に申し上げることには、

・童より仕（つか）うまつりける君、御髪（みぐし）おろしたまうてけり。（伊勢物語188・12）

《訳》子どもの時からお仕え申し上げた主君が出家なさってしまった。

②は、次のような例がある。

・（竹取の翁がかぐや姫を）竹の中より見つけ聞えたりしかど、（竹取物語66・4）

《訳》かぐや姫をお見付け申し上げたけれど

・身を捨て額（ぬか）をつき、（仏様に）祈り申すほどに、（更級日記279・15）

《訳》身を投げ出して額を床に付けて仏様にお祈り申し上げるうちに

①の場合は次の表のとおりであるが、補助動詞の場合は、「オ…申シ上ゲル」（「オ…スル」でも構わないが、「お勉強する」のような＊美化語との区別が紛らわしくなる場合もあるので、現在口語ではあまり用いないかもしれないが、「オ…申シ上ゲル」としておく）、「…テ差シ上ゲル」と訳す。なお、文学全集などの現代語訳では、読者の読みやすさを考えてか、尊敬語にも謙譲語Ⅰ類にも「デス・マス」を付けて訳しているものが多い。しかし、丁寧語の有無の意味を考える必要があるので、不自然かもしれないが和歌以外（和歌を常体で訳すと説明的になってしまい、情趣が感じられなくなる）は、「デス・マス」を勝手に付けて訳してはならない。

＊美化語…前掲の二〇〇七年に出された『敬語の指針』で定義されたもので、謙譲の意を含まない「御」がそれにあたる。「お勉強・お財布・お酒」などである。第二十五講「発展」参照。

謙譲語	常体古語	口語訳	備考（類語・古形など）
うけたまはる	聞く・受く	承ル・ウカガウ イタダク	
聞こゆ 聞こえさす	言ふ	申シ上ゲル	
さぶらふ さうらふ	あり・をり 仕ふ	オ仕エ申シ上ゲル オ側ニ控エル	丁寧語もあり
奉る・奉らす	与ふ・授く	サシ上ゲル	「着る・乗る・飲む・食ふ」の尊敬語もあり

謙譲語	常体古語	口語訳	備考（類語・古形など）
参る・参らす	与ふ・授く 行く・来・す	サシ上ゲル 参上スル	「着る・乗る・飲む・食ふ」の尊敬語もあり
まかる・まかづ	行く・来	退出申シ上ゲル 下ガル オイトマスル	謙譲語Ⅱ類もあり 「参る」の対の語
仕へまつる 仕うまつる のたまはす	仕ふ	オ仕エ申シ上ゲル	「つかまつる」となる 謙譲語Ⅱ類もあり
申す	言ふ	申シ上ゲル	謙譲語Ⅱ類もあり
はべり	あり・をり 仕ふ	オ仕エ申シ上ゲル	丁寧語もあり
奏す・啓す	言ふ	奏上・啓上スル	「奏す」は帝、「啓す」は皇后への敬意

＊右表で「着こゆ・聞こえさす」のように同様の語形が並ぶ場合は、文字数の多い方が敬意が高いとされる。

右表で、特に気を付けなければならないのが、「参る」と「まかる」である。これらは共に、「行く」の謙譲語であるが、「行く」という動作の場合、「○○から□□へ」という二つの客体が考えられる。「参る」は「□□へ」に対する敬意であり、「まかる」は「○○から」に対する敬意である。ところが、現代語には謙譲語Ⅰ類の「まかる」にあたる敬語が存在しないのでうまく訳せない。そこで「（高貴ナ人ノ所カラ）退出スル」という訳をすることが多い。「（高貴ナ人ノ所カラ）下ガル・オイトマスル」でもよい。「退出スル」が不満なら、「退出申シ上ゲル」がよいだろう。

● **丁寧語**

丁寧語には、「はべり」「さぶらふ・さうらふ」の二語（「さうらふ」は「さぶらふ」の音変化である）しかない。これまでの文法書には、この他の語も「丁寧語」として挙げられているが、本書ではそのようなものは謙譲語Ⅱ類として扱うことになる。なお、丁寧語は本来存在しなかったと言われ、「はべり」も「さぶらふ・さうらふ」も「お仕え申し上げる」という謙譲語Ⅰ類から丁寧語になったと言われている。であるから、「はべり・さぶらふ」が出てきた場合は、謙譲語でないことをまず確かめる必要がある。ただ、わかりやすいのは、謙譲語Ⅰ類の「はべり・さぶらふ」には補助動詞の用法がないので、「オ仕エ申シ上ゲル」と訳してそれでよければ謙譲語Ⅰ類と判断し、うまくいかなければ丁寧語で「アリマス・ゴザイマス」と訳せばよいということになる。補助動詞の場合は、間違いなく丁寧語である。なお、丁寧語の補助動詞の用法は、「さぶらふ」より「はべり」の方が早く、「さぶらふ」が丁寧語として用いられるのは、平安時代では本動詞に限られると言う。

「はべり・さぶらふ・さうらふ」が本動詞の場合は、「ゴザイマス・アリマス」と訳し、補助動詞の場合は、「…デゴザイマス・…デアリマス・…マス・…デス」と訳すことになる。

● **二種類の敬語（尊敬語と謙譲語Ⅰ類）を持つ動詞**

6にも挙げた「奉る・参る」は謙譲語の他に、尊敬語の意味を持つ場合がある。それは、「食ふ・飲む」「乗る」「着る」の意味で用いられた場合である。これらの語の共通点は、現代語で「召す」という語を用いることである。「食ふ・飲む」は「召し上がる」、「着る」は「召す」（衣類を「お召し物」ということからもわかる）、「乗る」はかつては、（車などを「お召し物がまいりました」などのように）「召す」と言っていた。

発展

接頭語「御」と丁寧語「ます」の歴史

敬語表現は、動詞以外でも表現できる。たとえば、接頭語「御」がある。「御」の意味は、現代語では、「お…になる」「お…する・申し上げる」のように下にどのような表現が来るかによって、尊敬語（の一部）になったり、謙譲語（の一部）になったりする。また「講義」三節でも触れたが、「お酒・お財布」などの美化語というのもある。

古語での「御」は、特に『源氏物語』においては、すべて所有主尊敬（＝現代語の「おカバン」の「お」はカバンの持ち主に対する尊敬）であるという報告（高桑恵子「源氏物語における敬語『御』の用法」『國學院雑誌』114－6、2013年）があり、尊敬語として考えるのがよいということになる。

ところで、その読み方は注意を要する。漢語に付く場合は、「ゴ・ギョ」がある。この違いはわかりやすい。「ギョ」は、天子・帝王の行為など表す名詞に付いて用いられるのが本来の用法だと言われる。以下、『日本国語大辞典　第二版』（小学館刊）に基づいて解説する。

和語に付く場合が問題である。上代の尊敬の接頭語には「み」と「おほみ」があるが、尊称の「み」に美称の「おほ」が付いて「おほみ」になったと言われる。中古以降は、「み」は宮廷・殿舎・調度・仏教・神祇関係の語に使われる。また、「オ」は「御座（おまし）・御許・御膳・御室」のようにマ行音の前に置かれることが多い。その他は、「おほみ」であり、「おほみ」は、次のような音変化をするとされる。

オホム→オホン→オヲン（ハ行転呼による）→オオン→オーン→オン→オ

この音変化は『敬語の史的研究』（辻村敏樹著、1968年、東京堂出版刊109頁～）に詳しい。平安時代は、「オオン・オーン」であった。したがって、『源氏物語』の「御」は「オオン」と読むことになる。実際に「御」が仮名で書かれている例を調べてみると、「オン」という表記は見られない。それが鎌倉時代になると「オン」になった。『平家物語』の「御」は「オン」と読むことになるのである。

この「御（オン・ゴ）」は動詞・名詞と融合して、敬語を作り出した。「オン」の下に「出である・入りある」とが重なって、「お出である・お入りある」が尊敬語として用いられたが、後に丁寧語化したのが、「オヂャル」（オイデアル→オデアル→オヂャル）、「オリャル」（オイリアル→オリアル→オリャル）である。また、「ゴ」が「座ある」に付いて「ゴザアル」という尊敬語となり、さらに丁寧語化したものが「ゴザル」である。

現代語の丁寧語の「ます」は、謙譲語Ⅰ類「まゐる」に、それを強める助動詞「す」（の連体形）が付いた「まゐらす（る）」が「まらする→まいする」、または「まっする」という形を経て「まする」になり、「ます」になったというのが、有力な説である。もともと謙譲語Ⅰ類であったものが謙譲語Ⅱ類になる（すなわち、客体尊敬から対者尊敬になる）のは十分に考えられる。上代の「ます・います」とは、活用も意味も異なるので注意を要する。

同じ現代語の丁寧語「です」については、「でございます・であります」などが語源として考えられているが、関東地方の方言などの影響も含めて、諸説ある。

敬語各論—二方面への敬意・敬意の高低・謙譲語Ⅱ類—

1 **次の二つの例文中の傍線部の敬語は誰から誰への敬意ですか。また、本動詞と補助動詞を識別しなさい。**

（かぐや姫は）おほやけに御文①奉り②給ふ。（竹取物語74・14）

《訳》かぐや姫は帝にお手紙を（…）。

①【　　から　　へ・　　動詞】

②【　　から　　へ・　　動詞】

（くらもちの皇子(みこ)が竹取の翁に）「命を捨ててかの玉の枝持ちて来たるとて、かぐや姫に見せ③奉り④たまへ」（竹取物語29・10）

《訳》くらもちの皇子が竹取の翁に「私は命を捨てる覚悟で、例の蓬莱の玉の枝を持って来たと言ってかぐや姫に（…）」

③【　　から　　へ・　　動詞】

④【　　から　　へ・　　動詞】

2 **1の傍線部を現代語に訳しなさい。**

①【　　】

②【　　】

③【　　】

④【　　】

3 **次の1～3の傍線部「せ」が尊敬の助動詞と考えられるものはどれですか。番号に○を付けなさい。**

1 （帝は）人のそしりをもえはばからせ給はず、（源氏物語・桐壺17・9）

《訳》帝は他の人々の非難をも気兼ね（…）こともできないで、

2 （道隆・道兼は肝試しの途中で帰って来たので、帝は）御扇をたたきて笑はせたまふに、（大鏡320・9）

《訳》（道隆・道兼は肝試しの途中で帰って来たので、帝は）お持ちの扇をたたいて（…）けれど、

3 （帝は）いかがと思し召すほどに、（道長は）いとさりげなく、ことにもあらずげにてまゐらせたまへる。（大鏡320・11）

《訳》帝はどうしたんだとお思いになっている時に、道長はたいそう平然として、何事もなかったかの様子で（…）なさった。

4 **次の①～⑤の傍線部「たまふ」が尊敬語なら○、そうでなければ×を傍線の右横に記入しなさい。**

① (竹取の翁が) かぐや姫に、「はや、かの御使に対面したまへ」と言へば　(竹取物語57・7)

《訳》(竹取の翁が) かぐや姫に、「はやく、そのお使いの者に (…)」と言うと

② 「みづからはえなむ思ひたまへ立つまじき」(源氏物語・桐壺29・11)

《訳》「ご自分では決心 (…) ことができそうにない」

③ 「観音、助けたまへ」　(今昔物語集・巻一九580・1)

《訳》「観音様、助け (…)」

④ 若き御心に恥づかしくて、えよくも聞こえたまはず。(源氏物語・若紫214・121)

《訳》(源氏の) 若いお心では恥ずかしくて、うまく申し上げ (…)。

＊「え…打消し」＝不可能を表す。

⑤ (重木の妻は)「若くよりこの翁に添ひ候ひにしかば、はかばかしきことをも見たまへぬものをは」(と答えた)。(大鏡383・14)

《訳》重木の妻は (若侍の問に対して)「若い時からこの爺さんに連れ添っていましたので、はっきりしたことを (…)」

5 次の①～③の傍線部を現代語に訳しなさい。

① (夕霧は)「なにがしも御供にさぶらふべくなむ思ひたまふる」と…　(源氏物語・藤袴331・4)

《訳》夕霧は「誰それも御供としてお仕え申し上げるはずだと【　】」と…

＊形容詞型活用語の連用形＋「思ふ」は、その終止形＋「と」＋「思ふ」と同じとしてよいことが多い。例：「さぶらふべく思ふ」＝「さぶらふべし＋と＋思ふ」

② (男は)「今よりは、さらにかしこ (新しい妻の所) へまからじ」と…　(堤中納言物語496・3)

《訳》男は「これからは、絶対にそちらへは【　】」と…

③ 御随身(みずいじん)ついゐて、「かの白く咲けるをなむ、夕顔と申しはべる」と…　(源氏物語・夕顔136・8)

《訳》御随身はちょこんと座って、「その白く咲いているのを、夕顔と【　】」と…

6 次の文章は、『枕草子』(196頁) の一節であるが、よく読んで後の問に答えなさい。

中納言 (＝藤原隆家)、(中宮定子の所に) 参りたまひて、御扇奉らせたまふに、「隆家こそいみじき骨を得てはべれ。それを張らせて参らせむとするに、おぼろけの紙はえ張るまじければ、もとめはべるなり」と申したまふ。「いかやうにかある」と問ひきこえさせたまへば、「すべていみじうはべり。『さらにまだ見ぬ骨のさまなり』となむ人々[1]申す。まことにかばかりのは見えざりつ」と言高くのたまへば、「さては扇にはあらで、海月(くらげ)のななり」と[2]聞こゆれば、「これ隆家が言(こと)にしてむ」とて、[3]笑ひたまふ。

《訳》中納言が中宮定子の所に参上なさって、扇を中宮定子に差し上げなさろうとしている時に、「私、隆家は立派な扇の骨を持っております。それに紙を張らせて差し上げようと思うけれども、並大抵の紙を張ることができそうにないので、探しているのです」と（ア）に（イ）が申し上げなさる。「どのようであるのか」と（ウ）が（エ）にお尋ね申し上げなさるので、「総じて立派でございます。『全くまだ見ない骨のかっこうである』と人々が申しております。本当にこれほどのものは目にしたことがない」と（オ）が声高におっしゃるので、「それでは扇の骨ではなくて、海月の骨であるようだ」と（カ）に申し上げると、「それは、私隆家の言ったことにしてしまおう」と言って、（キ）がお笑いになる。

問① 敬語を手掛かりにして、右の現代語訳の中の（**ア**）〜（**キ**）に、ふさわしい人物を入れなさい。

ア【　　】 **イ**【　　】 **ウ**【　　】 **エ**【　　】

オ【　　】 **カ**【　　】 **キ**【　　】

問② 傍線部**1**「申す」は謙譲語Ⅰ類かⅡ類か、その根拠を明らかにしながら答えなさい。

（　　　　　　　　　　　　　　）

問③ 傍線部**2**「聞こゆれば」の主語は誰ですか。そう答えた根拠も説明しなさい。

（　　　　　　　　　　　　　　）

問④ 傍線部**3**「笑ひたまふ」の主語（**キ**）の解答の根拠（または**キ**以外ではない根拠）を答えなさい。

（　　　　　　　　　　　　　　）

問⑤ □で囲った助動詞の意味を答えなさい。

せ【　　】 なり【　　】 ぬ【　　】

なり【　　】

＊解釈のポイント

・会話文中に、隆家という固有名詞（官職名やあだ名以外）が出てきて、命令形に呼応しない場合は、その固有名詞に「私」を付けて「私、隆家は」と訳す。

・「おぼろけなり」は「並大抵だ・普通だ」の意。打消しを伴って「並大抵では…ない」となる。

・海月の骨＝海月には骨がないので、「海月の骨」というのは、「何もないのと同じだ」という皮肉になっている。

講義

一、二方面への敬意と敬意の高低

第二十二講の「講義」二節でも少し触れたが、現代語と古語の敬語で大きく違う所は、現代語では、その文の主体と客体に対して同時に敬意を払うことはできない（＝同時に高めることはできない）が、古語では、それができるのである。これを二方面への敬語と呼んでいるが、そのしくみはいたって簡単で、尊敬語は主体に対する敬意で、謙譲語Ⅰ類は客体に対する敬意である。ただそれだけを考えればよいのである。くどいようだが、地の文と会話文に分けて、敬意の出発点を理解し、主体・客体・対者を把握してその敬意の方向（帰着点）を把握すればよいのである。

●「せ・させ」は主体・客体のどちらに付ける？

ただ、そうした場合に紛らわしくなることがある。それは、6の文中の、「御扇奉らせたまふ」というように謙譲語Ⅰ類と尊敬語との間に「せ・させ」が入っている時である。第十三講の「講義」二節で、「せ・させ」＋「たまふ」で最高尊敬になることに触れたが、もしそうだとすると、「中宮定子に／差し上げ」、「隆家が／なさる」のだから、「せたまふ」という最高尊敬は「隆家」に対する敬意だということになる。身分的に中宮の方が上であり、中宮はいつでも常に敬意の対象になる立場である。中納言隆家に対して最高尊敬が使われるはずもない。したがって、この場合、「奉らす」という敬意の高い謙譲語Ⅰ類の動詞に尊敬語「たまふ」が付いたものと見ることになる。他の謙譲語Ⅰ類「聞こゆ」も「聞こえさす」、「参る」も「参らす」のように「す・さす」を付けて敬意を高くするということが行われている。であるから、「―（せ・させ）―」という形が出てきた場合は、位の高い方に「せ・させ」をくっつけて考えるのがよいということになる。客体の方が位が高ければ、「―せ・させ」で一語と考えればよいし、主体の方が位が高ければ「―せ・させたまふ」で最高尊敬として扱うのがよいということになる。なお、位の高い方と述べたが、「す・さす」を使って敬意を高める場合は、その立場が絶対的なもの、すなわち、いつ・どういう場面でも敬意を払ってもおかしくないような人物に対して行われるものである。たとえば、帝・皇太子・皇后・中宮・関白・法皇などである。

このように、「せ・させ」をどちらにくっつけるのかということはとても厄介で面倒なことのように見えるが、敬語を用いる側にとってはいたって便利で簡単なのである。つまり、帝や中宮などの前では、主体が誰、客体が誰などということを考えずに、とにかく「せ・させ」を入れておけば、失礼にあたることはないというわけである。文句の付けようがないのである。誰かがケチを付けたとしても、この「せ・させ」はあなたに対する敬意ですと説明すればよいのである。そもそも、敬語の体系というと難しくなるが、実際の話の中で用いなければならないのであるから、そんな複雑な構造にするのは自分の首を絞めることになる。もし、間違えようものなら命すら危うくなる時代なのである。

「す・さす」という助動詞を「敬意を強める助動詞」として、「謙譲語Ⅰ類の下に付いて、その謙譲語を強める働き」と「尊敬語の前に置かれて、その尊敬語を強める働き」というように説明するのも可能であろう。そうすると、「参らす・聞こえさす・奉らす」という見出しがいらなくなる。もちろんその場合も「使役」の意味があるかもしれないということは明記しなければならない。

◉訳し方はシンプルに考えよう

逆に、古文を訳す場合を考えてみよう。これまで述べてきたように、「せ・させ」がどちらを強めようが、謙譲語Ⅰ類に尊敬語が付いているということに変わりはないわけだから、この「せ・させ」が使役でないということがわかった段階で、無視して訳してよいということになる。現代語に古文のような敬意の高低の表現はないのだから、敬意の方向も全く変わらないのである。かなり乱暴な説明であるが、そのように考えるのが最もわかりやすい。

二、聞き手尊敬として用いられる謙譲語Ⅱ類

これまでの文法書は、尊敬語・謙譲語・丁寧語があり、それらに加えて、「聞き手尊敬として用いられる謙譲語」などという語が立てられている。主に「下二段たまふ」を中心に説明がなされている。この「下二段たまふ」をかしこまり・謙譲（敬意の方向ではなく意味的に）の意を表す語として、別に項目を設けるものもある。ただ、「申す・まかる・まうで来」などは謙譲語Ⅰ類として扱うものの、聞き手尊敬の意味を持つ場合もあるとして説明している。意味的に詳しい分類はわからないが、いずれも「聞き手尊敬（＝対者尊敬）」であるという共通点がある。

実は、丁寧語として扱われる「はべり」「さぶらふ・さうらふ」も、もとは「お仕え申し上げる」意の謙譲語である。本動詞として現れる場合、中古では丁寧語もあるが、謙譲語Ⅰ類の場合もある。「お側にお仕え申し上げる」ということは、「貴人のそばでかしこまる」ことになり、さらに側にいる貴人（＝目の前にいる貴人）に対して気をつかうということから、客体尊敬から対者尊敬へと意味の幅が広がったとも捉えられる。「はべり」「さぶらふ・さうらふ」を、丁寧語ではなく、「かしこまり」の敬語とか、「自己卑下」の敬語などとして、丁寧語と認めない立場も理解できる。日本語の性質として、謙譲語Ⅰ類（客体尊敬）が丁寧語化するという傾向があるにしても、どの単語にもそのような傾向があるわけではなく、「あり・をり」「仕ふ」「行く・来」「言ふ」に関わる語に限られるようである。

◉下二段活用の「たまふ」の特徴

謙譲語Ⅱ類の中でも、謙譲語Ⅰ類を持たないという点で、下二段の「たまふ」（以下、「下二たまふ」とする）は特殊である。語源も定かではないようであるが、おそらく、「たまはる」（「いただく」意の謙譲語Ⅰ類）、「たぶ」（下二段活用。「飲む・食ふ」の意の謙譲語Ⅱ類。）と関係があるのであろう。「下二たまふ」は、謙譲語Ⅱ類と呼ばれる前は、「かしこまり」「本当の意味での謙譲（敬意の方向ではない意味的なということ）」などと呼ばれてきた。その特徴は次のようなものである。

・補助動詞としての用法がほとんどである。
・会話文と手紙文の中にしか現れない。
・話し手の動作に付くが、その動作は「見る・思ふ・知る・聞く」などの知覚的な動詞にしか付かない。
・「思ひ知る」などの複合語に用いられる場合は、「思ひたまへ知

る」のように、動詞と動詞の間に割って入る。・終止形「たまふ」、命令形「たまへよ」は見られない。したがって、「下二たまふ」を「下二たまふる」と呼ぶ人もいる。

「下二たまふ」には、現代語のへりくだりの表現である「…（サ）セテイタダキマス」という訳語をあてるが、それが無理な場合は、「…テオリマス」と訳すとよい。「テオリマス」という言い方は、「テイマス」を丁重にした形だと言われている。また、「思ふ・知る」の場合は、「存ジマス」という訳語をあてる（「存ジ上ゲマス」は謙譲語Ⅰ類なので要注意）。どうしてもうまくいかない場合は、敬意の方向が丁寧語と同じなのだから、「…マス」と訳すしかない。

◉謙譲語Ⅱ類と丁寧語の違い

ここで、大きな疑問が生まれる。というのは、「下二たまふ」はよいとして、「申す・まかる・まかり出づ・まうで来・つかまつる」などは、謙譲語Ⅰ類を持っていて、それが謙譲語Ⅱ類にも使われるようになったという点では、「はべり・さぶらふ・さうらふ」と全く同じなのである。なのに、「はべり・さぶらふ・さうらふ」は丁寧語で、それ以外は謙譲語Ⅱ類なのはなぜかということである。敬意の方向としては丁寧語でよいはずである。これには次の事柄が大いに関係していると思われる。

「はべり・さぶらふ・さうらふ」の下に丁寧語は付かないが、「申す・まかる・まうで来・まかり出づ・つかまつる」には、丁寧語「はべり・さぶらふ・さうらふ」を付けることができるということである。

すなわち、「申しはべり」と出てきた場合に、「申し」が丁寧語、「はべり」が丁寧語では、丁寧語が二つ重なることになる。同じ種類の語が二つ重なるということは、何らかの違いがあるから重なっていると考えるのが自然であろう。そこで、下に丁寧語の付く「申す・まかる・まうで来・まかり出づ・つかまつる」を謙譲語Ⅱ類としたのである。「はべり・さぶらふ・さうらふ」は、下に丁寧語が付かないので、丁寧語としても問題ないのである。

◉謙譲語Ⅱ類は古典語から引き継がれた発想

この謙譲語Ⅱ類という用語は、二〇〇七年に文化庁『敬語の指針』で示されたものであるが、これは現代語の敬語についての方針である。古文で謙譲語Ⅱ類という用語を用いたのは、岡崎正継・大久保一男『古典文法』（1989年、秀英出版刊）が早く、考え方としては馬淵和夫『古文の文法別記』（1963年、武蔵野書院刊）で「話相手に対する敬語」を「丁寧」と「謙譲」に分け、「下二たまふ」を「謙譲」に入れるのが、古典教育では早いと思われる。謙譲語Ⅱ類は、現代語だけではなく、古典語から引き継がれたものであり、現代語になって突然謙譲語Ⅱ類が出てきたのではない。みな謙譲語Ⅰ類を持っている一方で謙譲語Ⅱ類としての用法を持つようになったのである。意味的な解釈（かしこまり・丁重・へりくだり）と敬意の方向性とを混ぜ合わせて考えるから、わかりにくくなっている。すなわち、謙譲語Ⅰ類に「謙譲」という名前を付けたが為にわかりにくいのである。謙譲語としても用いられる丁寧語という意味においては、この謙譲語Ⅱ類は、丁寧語Ⅱ類とも呼ぶことができよう。なお、『敬語の指針』については、謙譲語Ⅱ類の他、美化語が立てられているが、これについても「発展」に示してあるので参照されたい。

◉謙譲語Ⅰ類とⅡ類の見分け方

さて、謙譲語Ⅱ類をどうやって見分けるかが問題である。今述べたとおり、「下二たまふ」を除いては、謙譲語Ⅰ類と謙譲語Ⅱ類とを持っているので、まず、その語を謙譲語Ⅰ類として考えてみる。「申す」の場合、客体尊敬であるから、「〇〇に・を（申す）」に対する敬意である。そこに入るのにふさわしい人物が考えられれば、謙譲語Ⅰ類でよいということにする。この「〇〇に」にふさわしい人物が入らない、あるいは、自分、または身内が入る場合を謙譲語Ⅱ類とすればよいということになる。「ここは丁重にしなければならない場面だから」などと考えると判断基準がゆらぐことになる。6問②の問題は、人々が「申す」であるが、誰に「申し」たのかを考えると、人々が私（隆家）に言ったのである。この会話文の話者は隆家なので、隆家が隆家に対して敬意を表すこととなり、おかしいので、謙譲語Ⅱ類とし、聞き手である中宮に敬意を払うとするのが自然である。

　このように歴史的に変化した結果、二種類の性質を持つようになった語については、まず、もとの意味で考えてみる。それが無理なら、新しくできた意味として考えるのである。

発展　『敬語の指針』において「美化語」という項目を立てた理由

　美化語というのは、「お酒・お財布」のように、何の意味もなく自然に付ける「お」のことを言う。解釈的には、「話し手が聞き手に上品な印象を与える」ためのものである。自分の品格を保つためのものである。これまで述べてきた敬語とは異なるものである。他に対しての敬意・気遣いという観点では説明できないので、この美化語を敬語の中に含めるのはおかしいと考える人も少なくはない。

　ただ、現代語において、「お…」という場合には、次の三通りの場合が考えられる。

・「お考えになる」のように「お…になる」のような形で尊敬語の意味を表すもの。
・「お示し申し上げる・お示しする」のように「お…申し上げる・する」のような形で謙譲語Ⅰ類の意味を表すもの。
・「お酒・お財布」のような尊敬語・謙譲語の意味を持たないもの。

　美化語を立てないと、三つ目の「お」は何か説明できなくなる。この「お」を日本語の敬語の体系から外せないということから、美化語を認めたものと考えられる。

　『敬語の指針』では、その「お」の付いた事物自体を美しく見せるのような表現になっているが、自分をよく見せようとしていることは否めないのである。なお、美化語の「お」は室町時代になって誕生したと言われている。

第二十四講　敬語各論　—最高敬語・絶対敬語・自敬表現—

1 **次の文章は『大鏡』（46頁）の「花山天皇の出家」の一部分で、藤原道兼が花山天皇を一緒に出家しようとそそのかして、花山天皇を宮中から連れ出した場面です。現代語訳のア～ヌの【　】に適当な人物名や場所を記入しなさい。記号が違っていても、同じ答えが入ることもあります。また、後の①～⑤の問にも答えなさい。**

さて、土御門より東ざまに率て出だしまゐらせたまふに、清明（＝陰陽師・安倍晴明）が家の前をわたらせたまへば、みづからの声にて、手をおびたたしく、はたはたと打ちて、「帝おりさせたまふと見ゆる天変ありつるが、すでになりにけりと見ゆるかな。まゐりて[1]奏せむ。車に装束とうせよ」といふ声聞かせたまひけむは、さりともあはれに思し召しけむかし。「かつがつ、式神一人内裏にまゐれ」と[2]申しければ、目には見えぬものの、戸をおしあけて、[x]御後ろをや見まゐらせけむ、「ただ今、これより過ぎさせおはしますめり」といらへけりとかや。その家、土御門町口なれば、[y]御道なりけり。

花山寺におはしましつきて、御髪おろさせたまひて後にぞ、粟田殿（＝藤原道兼）は、「まかり出でて、おとど（＝藤原兼家。後に出てくる東三条殿も同じ）にも、かはらぬ姿、いま一度見え、かくと案内[3]申して、かならず、まゐりはべらむ」と申したまひければ、「朕をばはかるなりけり」とてこそ泣かせたまひけれ。あはれにかなしきことなりな。日ごろ、よく、「御弟子にて[4]さぶらはむ」と契りて、すかし申したまひけむがおそろしさよ。東三条殿は、もし[5]さることやしたまふとあやふさに、さるべくおとなしき人々、なにがしかがしといふいみじき源氏の武者たちをこそ、[z]御送りに添へられたりけれ。京のほどはかくれて、堤の辺りよりぞうち出でまゐりける。寺などにては、もし、おして人などやなしたてまつるとて、一尺ばかりの刀どもを抜きかけてぞまもり申しける。

《訳》そういうわけで、土御門を通って東の方に、【ア　】が【イ　】をお連れだし申し上げなさる時に、安倍晴明の家の前を【ウ　】がお通りになると、清明が自分の声で、手を激しくぱちぱちと打って、「帝がご退位なさると思われる天変があったけれど、既に済んでしまったと思われることだよ。【エ　】に参上して、【エ　】に傍線部1・問①「　Ａ　」よう。車に準備を早くしろ」という清明の声を【オ　　　】がお聞きになったとしたら、そうは言っても（＝出家が確定したとは言っても）感慨深くお思いになったろうよ。「とりあえず、式神一人内裏に参上しろ」と[2]申したところ、目には見えないものが、戸を押し開けて、【カ　　　】の後ろ姿を見申し上げたのだろうか、「たった今、ここを【キ　　　】が通り過ぎていらっしゃるのが見える」と答えたとかいうことだよ。清明の家は土御門通り沿いなので、【ク　　　】のお通り道なのだなあ（だからこんな話が出てくるんだなあ）。

花山寺に【ケ　　　】がご到着になって、【コ　　　】が出家なさってから、粟田殿は、「【サ　　　】から退出して、父・兼家にも出家前の姿を、もう一度見せて、これこれこうだと[3]申して、必ず【シ　　　】へ参上いたしましょう」と【ス　　　】が【セ　　　】に申し上げなさったので、【ソ　　　】は「私を騙すのだなあ」と言ってお泣きになった。とても悲しいことであることよ。普段から、よく「【タ　　　】の弟子として傍線部4・問④「　Ｂ　」」と約束しておいて、【チ　　　】が【ツ　　　】をお騙し申し上げたのが恐ろしいことよ。東三条殿（＝藤原兼家）は、【テ　　　】がもしそのようなこと（＝出家）を[5]なさるのではないかという心配から、護衛としてふさわしいしっかりした人々、誰それ誰それという立派な源氏の武者たちを、【ト　　　】の見送りとしてお付けになった。町中は物陰に隠れて、人気（ひとけ）のない堤のあたりからは姿を現して【ナ　　　】に参上した。たとえば寺などで、もし無理やり誰かが【ニ　　　】を出家させなさるのではないかと思って、武者たちは、めいめい刀を抜きかけて【ヌ　　　】を御見守り申し上げた。

問①　傍線部1「奏す」について、次の【　】に適語句を補いなさい。

「奏す」は「言ふ」の【a　　　】語【b　　　】類であり、【A　　　】と訳す（「奏上する」と訳すこともある）。一般に用いられる「言ふ」の謙譲語「申す・聞こゆ」と違うのは、敬意の対象が【c　　　】に限定されているということである。これと同様の語に「啓す」がある。これも「言ふ」の謙譲語であるが、敬意の対象が特に書かれていなくても【d　　　】に敬意を表しているということがわかる。このようなものを【e　　　】敬語と呼ぶことがある。

問②　次の【　】を埋めなさい。

傍線部2・3「申す」が謙譲語【f　　　】類だとして考えてみよう。傍線部2は、地の文なので、敬意の出発点は作者（『大鏡』の地の文で、ここでは大宅世次が話したものなので、世次としてもよい）である。誰に「申し上げた」か、すなわち客体は誰か、を考えると、「式神」以外考えられない。ということから式神への敬意と考えることになる。しかし、式神に対して、作者からも清明からも敬意が【g　　　】。ある一か所だけ敬意を払うというのは不自然である。というわけで謙譲語【h　　　】類と考えて、読者（敬意の出発点を世次とした場合、ここは若い侍・菩提講にいる人々となる）への敬意とするのが妥当であろう。傍線部3は、この会話の話し手は「粟田殿（道兼）」なので、敬意の出発点は「粟田殿」ということになる。誰に「申す」のか、すなわち、客体は誰か、を考えてみると、【i　　】に「申す」ということになる。しかし、人前で、ましてや帝の前で、粟田殿が【j　　】に敬意を払うということはあり得ない。ということは、これは客体に対しての敬意ではなく、粟田殿から、その会話の【k　　】である帝に対する敬意というふうに考えた方がよいということになる。つまり、謙譲語【l　　】類として考えることになる。

問③　傍線部x・y・zの「御」は誰に対する敬意ですか。

x【　　】y【　　】z【　　】

問④　傍線部4は本動詞であるが、現代語に訳しなさい。

【B　　】

問⑤　傍線部5は誰がどのようにすることですか。尊敬語が誰に対する敬意かを考えて答えなさい。

【　　】

2　次の文章は『平家物語』（66頁）「鹿の谷」の一部分です。現代語訳のア～ウの【　】に入る人物名を記入し、後の①～③の問にも答えなさい。

東山の麓、鹿の谷といふ所は、うしろは三井寺につづいて、ゆゆしき城郭にてぞありける。俊寛僧都の山庄あり。かれに常は寄りあひ寄りあひ、平家ほろぼさむずるはかりことをぞ廻らしける。或時法皇も「　A　」になる。故少納言入道信西が子息静憲法印御供仕る。その夜の酒宴に、この由を静憲法印に仰せあはせられければ、「あな、あさまし。人あまた[1]仕り候ひぬ。ただ今もれ聞こえて、天下の大事に及び候ひなんず」と、おおきにさわぎ申しければ、新大納言けしきかはりて、さッとたたれけるが、御前に[2]候ひける瓶子を狩衣の袖にかけてひき倒されたりけるを、法皇、「あれはいかに」と仰せければ、大納言立ち帰って、「瓶子倒れ候ひぬ」とぞ申されける。法皇、ゑつぼにいらせおはしまして、「者ども[3]参ッて猿楽[4]仕れ」と仰せければ、平判官康頼、[5]参りて、「ああ、あまりに平氏のおほう候ふに、もて酔ひて候ふ」と申す。俊寛僧都、「さてそれをばいかが[6]仕らむずる」と申されければ、西光法師、「頸をとるにしかじ」とて、瓶子のくびをとってぞ入りにける。静憲法印あまりのあさましさに、つやつや物も申さ[7]れず。返す返すもおそろしかりし事どもなり。

《訳》東山の麓、鹿の谷という所は、後方は三井寺へと続いていて、立派な城郭であった。俊寛僧都の山庄がある。そこにいつも寄り集まっては、平家を滅ぼす計画を廻らした。ある時、法皇も「　A　」になる。故少納言入道信西の息子、静憲法印がお供申し上げる。その夜の酒宴で、この由（平家を滅ぼすこと）を静憲法印に【ア　　】がお聞かせになったので、「ああ驚いた。人がたくさん[1]お仕え申し上げていました。たった今（この話が）漏れ聞こえては、きっと天下の一大事になるでしょう」と大いに騒いで、法皇に申し上げたので、新大納言は顔色が変わって、さっとお立ちになったところ、【イ　　】の所に[2]候ひける瓶子（＝徳利）を狩衣の袖で引っかけてお倒しになったのを、法皇は、「あれはどのようにしたものか」とおっしゃったので、大納言はもとの場所に戻って、「瓶子が倒れました」と申し上げなさった。法皇は笑い興じなさって、「者ども、[3]参って猿楽を[4]仕れ」とおっしゃったので、平判官康頼が[5]参りて、「ああ、あまりに平氏が多くおりますので、少し酔っ払っております（＝瓶子と平氏が同音なので掛けて、瓶子が多い、すなわち、酒をたくさん飲んで酔って気持ちが悪い、平氏が多い、すなわち、平家の人間が多いので目に付いて気持ちが悪い、ということ）」と【ウ　　】に申し上げる。俊寛僧都は、「それではそれをどのように[6]仕らむ」と申し上げなさったので、西光法師は、「首を取るにこしたことはないだろう（＝首を取るのがいちばんだろう）」と言って、瓶子の首を切り取って中にお入りになってしまった。静憲法印はあまりの驚きで、全く何も申し上げ（7　　）ない。返す返すも恐ろしかったことである。

問①　【　A　】に入れるのにふさわしい語は、次のどれですか。記号を〇で囲みなさい。

ア 行幸　　イ 行啓　　ウ 御幸　　エ 参上

問②　傍線部1～6は、次のa～dのどれですか。番号で答えなさい。

a 自敬表現と考えられるもの　　b 謙譲語Ⅰ類
c 謙譲語Ⅱ類　　d 丁寧語

a【　　】　b【　　】　c【　　】
d【　　】

問③　傍線部7「申されず」の「れ」は、尊敬ですか、可能ですか。判断の根拠と共に答えなさい。

〔　　　　　　〕

講義

一、「最高尊敬」とは

これまでにも述べてきたが、敬意には「高・低」がある。たとえば、「たまふ」よりも「せ・（させ）たまふ」の方が敬意が高いということも述べたとおりである。この他には、動詞「のたまふ」に助動詞「す」の付いた「のたまはす」や、「仰す」に「らる」の付いた「仰せらる」、「思す」に動詞「召す」の付いた「思し召す」、「聞こす」に「召す」の付いた「聞こし召す」、「おはす」に古い尊敬語「ます」の付いた「おはします」などの、尊敬語が二つ重なっているものを、普通の敬意よりも高いということで最高尊敬と言うことがある。これらは、玉上琢弥「源氏物語の解釈文法」（『時代別作品別解釈文法』1955年、至文堂刊所収95頁）の中で示されている。なお、尊敬語が重なっていないものとしては、尊敬語の「奉る・参る」が含まれている。現在の古典文法書では、最高尊敬とは尊敬語と尊敬語とを重ねて用いること（「せたまふ・させたまふ」も含める）によって、尊敬語一つだけの時よりも高い敬意を表そうとしたものと定義している。最高尊敬という用語を用いず、「二重尊敬・二重敬語」として扱うものもある。

◉最高尊敬を使う相手

いずれにせよ、その敬意の対象は、絶対的な立場の人に限られる。ここで言う「絶対的な」というのは、いついかなる場面においても敬意を払われてもおかしくない存在の人物、たとえば、天皇・皇后・中宮・関白・法皇・皇太子などである。時代が下ると、相対的に見て、言語主体が、敬意を高くした方がよいとみなす人物に対して使うようになっていく。敬語というのは、希少価値が大切である。希少価値があるから敬意が高いのである。ある敬意の高い敬語も頻繁に使われるようになると、ありふれた感じがして、敬意が感じられなくなる。そうした時に日本人は、希少価値を求めて新しい形の敬語を作り出してきたのである。たとえば、「いらっしゃる」の「しゃる」などがそうである。現代でも、「お話になる」という尊敬形式がありふれて敬意を感じないようになると、「お話になられる」という二重敬語を用いることが見られるのもいい例ではなかろうか。

◉「行幸・行啓・御幸」

高い敬意を表すために、絶対的な地位の人の行動であることを示すような尊敬語もある。それが、「行幸（ぎゃうがう）・行啓（ぎゃうけい）・御幸（ごかう）」である。天皇が出かけることを、「行幸」（平安時代の仮名文学では「みゆき」）、皇太子・皇后・皇太后が出かける時は「行啓」（平安時代の仮名文学では「みゆき」）、法皇・上皇・女院が出かける時は「御幸」（「みゆき」とも「ごこう」とも読み、普通「御幸なる」の形で用いられる）を用いる。

◉「最高」尊敬と言いながらも…

たとえば、次のように、作中に登場する人物の**会話文**や**手紙文**において絶対的な地位ではない人に対しても最高尊敬が用いられることも多く見られる。

（光源氏邸の）人々「（光源氏様は）いづくよりおはしますにか。なやましげに見えさせたまふ」など言へど、（源氏物語・夕顔173・2）

この例文中の光源氏は中将という身分（位階は四位）であり、「おはします・させたまふ」は地の文では本来なら使われるはずのない語である。光源氏邸の人々にとっては、光源氏は絶対的存在として捉えられていたものと考えられる。そうなると、「誰が見ても絶対的」ということが揺らぎ、相対的な敬語となっていくのではなかろうか。

二、謙譲語の最高ランク「絶対敬語」

さて、尊敬語の場合は、絶対的な地位の人であるということを表すために、最高尊敬を用いるのだが、謙譲語で絶対的な地位の人に敬意を払うにはどうすればよいかが気にかかる。

謙譲語については、現在の多くの文法書は、「特定の相手に限って用いられる語がある」とし、これを**絶対敬語**とする。さらに「特定の相手」を詳しく言えば、「動作の受け手の身分が最高級である時」という説明がなされている。これにあたる単語が、「奏す」（天皇に申し上げる）、「啓す」（皇后や皇太子に申し上げる）である。

また、「参らせ給ふ」の所でも述べたが、謙譲語にそれを強める働きの「す・さす」を付けるやり方も絶対敬語として見ることができよう。使役ではない「参らす・聞こえさす・奉らす」がその例である。

●「絶対敬語」の定義

「絶対敬語」については、定義の仕方がいくつかあり、人それぞれで違う意味で用いていることがあるので要注意である。

金田一京助は、敬語の発達段階の相の一つとして、この絶対敬語を位置づける。これは次の自敬表現にも関わってくることであるが、「我が立たせれば（私がお立ちになっていると）」（古事記87・2）のように第一人称に尊敬語の付いた自敬表現がアイヌ語の抒情詩「ユーカラ」に多く見られることに着目し、絶対敬語の一例とした。すなわち、どんな場面でも、その絶対的な人が主格に立つ場合は、尊敬語が付けられるというものである。自分が言語主体であってもである。

これに対して、同一対象に対してその場面・人称によって変化する、いわゆる平安時代の敬語体系のようなものを「相対（的）敬語」と名付けるのである。

最高尊敬（二重敬語）も絶対敬語としてもよさそうであるが、現在の古典文法では、上代の自敬表現は除いて、謙譲語の用法についてのみ、絶対敬語とするのが一般的である。

三、自尊敬語・自敬表現

2の問題文にある「参つて猿楽仕れ」のように、話者が「私の所に参上して猿楽を私のためにして差し上げろ」と言う場面に出くわすことがある。これを自尊敬語・自敬表現と言う。

いくら天皇であろうが、法皇であろうが、人前で自分に対して敬意を払うというのは、敬意の方向による分類では考えられないことである。つまり、敬意の矢印が自分に向くのである。実際に、天皇や法皇は偉いし、自分もそれを自覚しているのだから、そのように言ったと考えることもできる。上代の自尊表現・絶対敬語がこれであるとされることもある。

●自敬表現は存在するのか

一方で次のような考え方もできる。

これまでの大前提は、会話文（「」の中の部分）というのは、言ったことをそのまま何も手を加えずに忠実に会話を引っ張ってきたものだということであった。しかしながら、その引用したものを表現する（＝書き表す）のは作者である。「私の所に来て、猿楽をしろ」と法皇が言ったとしても、この作者の「法皇に対しては敬意を払わなければならない」という意識が、この会話の中に紛れ込んで、動詞を謙譲語化していると考えることも十分可能である。

現代語にはこのような表現がないので、これを現代語に訳すのは困難である。

第二十五講 紛らわしい語の識別

1 次の傍線部①～⑧の「なり」を例にならって説明しなさい。

例：わがものの悲しき折なれば、（更級日記297・1）

《訳》私自身もいろいろ悲しいことがある時（…）　＊名詞「折」に付いている。

【断定の助動詞「なり」の已然形】

・男もす①なる日記といふものを、女もしてみんとてする②なり。（土佐日記15・1）

《訳》男もつけている（…）日記というものを、女である私もつけてみようと思ってつける（…）。

・また聞けば侍従大納言（じじゅうだいなごん）の御女（みむすめ）なく③なり給ひぬ④なり。わがものの悲しき折なれば、あはれ⑤なりと聞く。（更級日記296・15）

《訳》また噂によると、侍従大納言の姫君もお亡くなりに（…）た（…）。しみじみといたわしい（…）とその噂を聞く。

・津の国の難波の春は夢なれや葦の枯葉に風わたる⑥なり（新古今集625）

《訳》摂津の国の難波の春（が来るの）は夢なのだろうか。（…）

・このごろは盗人いと多か⑦なり。（枕草子300・10）

《訳》最近は盗人がたいそう多い（…）。

・世にひさしきことの思はず⑧なれば、（蜻蛉日記176・7）

《訳》こんなに長生きすることが、（…）ので、

①【　　】

②【　　】

③【　　】

④【　　】

⑤【　　】

⑥【　　】

⑦【　　】

⑧【　　】

2 次の傍線部①～⑥の「なむ」の説明として正しいものを、後

のア〜エから選び、傍線の右横に記号で答えなさい。

・御おくりとしてとく往①なむと思ふに、…（伊勢物語186・10）

《訳》お見送りとしてすぐに（…）と思うが、

・はや夜も明け②なむ。（伊勢物語118・5）

《訳》はやく夜も明けて（…）。

・（六条御息所（みやすんどころ）は）ところせきこと多く③なむ。（源氏物語・賢木91・8）

《訳》六条御息所、窮屈なことが多くて（…）。

・たつた川もみぢ乱れて流るめり渡らば錦中や絶え④なむ（古今集283）

《訳》竜田川は紅葉が乱れ落ちて流れているのが見える。もしこの川を船で渡ったとしたら、紅葉でできた錦織が途中で切れて（…）

・わが宿の柳の糸は細くとも来る鶯は絶えずもあら⑤なむ（金葉集17）

《訳》私の家の庭先の細い柳の枝が糸のように細くてもやって来る鶯は途絶えない（…）

・あはれ、死ぬとも思し出づべきことのなき⑥なむいと悲しかりける（蜻蛉日記140・5）

《訳》ああ、死ぬとしても思い出すのにふさわしいことがないのが（…）

ア 係助詞　イ 終助詞
ウ 強意の助動詞＋推量の助動詞　エ その他

3 **次の①・②の傍線部の「らむ」を文法的に説明しなさい。**

① 風吹けば沖つ白波たつた山　夜半にや君がひとり越ゆらむ（伊勢物語137・6）

《訳》風が吹くと必ず沖の白波が立つように、そんな険しい龍田山を、こんな夜中にあなたが一人で（…）

【　　　　　　　　】

② あたら夜の月と花とを同じくは心知れらむ人に見せばや（後拾遺集103）

《訳》美しくてもったいない夜の月と花とをどうせ同じ見せるなら情趣を理解している人に（…）

【　　　　　　　　】

4 **次の①〜⑤の傍線部の「れ」の中で、一つだけ異なるものがある。その番号を答え、終止形と意味を答えなさい。**

① 秋来ぬと目にはさやかに見えねども　風の音にぞおどろかれぬる（古今集169）

《訳》秋が来たとは目にははっきりとは見えないけれども、風の音で（…）

② 親・同胞（はらから）の中にても、思はるる思はれぬがあるぞいとわ

びしきや。（枕草子380・5）

《訳》親・兄弟の中でも、かわいいと（…）者と（…）者がいるのはやりきれない。

③ 知らぬ人の中にうち臥して、つゆまどろまれず。（更級日記326・1）

《訳》知らない人の中に臥せって、少しもまどろむ（…）。

④ 野辺近く家居しせれば　鶯の鳴くなる声は朝な朝な聞く（古今集16）

《訳》野辺近くに住居を（…）と、鶯の鳴くような声は毎朝に聞く

⑤ 四条大納言選ばれたるものを、道風書かんこと、時代や違（たが）ひはべらん。（徒然草150・14）

《訳》四条大納言が（…）たものを、小野道風が書くようなことは、時代が違っていないでしょうか。

番号【　　】　終止形【　　】

意味【　　】

5 次の①～⑤の傍線部の「な」を文法的に説明しなさい。

① さては、扇の（骨）にはあらで、海月（くらげ）のななり。（枕草子196・9）

《訳》それでは、その骨は扇の骨ではなくて、海月の骨（…）。

② （死期が突然訪れたら）おぼしきこともいはれぬものにこそあなれ、かく果てなば、いと口惜しかるべし。（蜻蛉日記175・13）

《訳》突然死期がやってきたら、思っていることも言うことができないものであるというが、そのように終わって（…）ば、たいそう残念なはずだ。

③ （わざわざ人の来ないような隠れ家を探したのだから）さらに心より外（ほか）に漏らすな。（源氏物語・夕顔160・15）

《訳》わざわざ人の来ないような隠れ家を探したのだから、決して他人に（…）。

④ （花山天皇は）「朕（われ）をばはかるなりけり」とてこそ泣かせ給ひけれ。あはれにかなしきことなりな。（大鏡47・8）

《訳》花山天皇は「私を騙すのであるなあ」と言ってお泣きになった。とても悲しいこと（…）。

⑤ 春日野は今日はな焼きそ　若草のつまも隠（こも）れり我も隠れり（古今集17）

《訳》春日野は今日は（…）。若草のように若い妻も中に隠れている、私も隠れている。

①【　　】

②【　　】

③【　　】

④【　　】

⑤【　　】

6 **次の①～⑥の傍線部の「に」を文法的に説明しなさい。同じ説明になるものはありません。**

① はるかにかすみわたりて、四方の梢そこはかとなうけぶりわたれるほど…（源氏物語・若紫202・1）

《訳》（…）霞がかって、四方の梢が何となく一面ぼんやりとけむっている所…

② おほかたの、みな荒れにたれば、「あはれ」とぞ人々言ふ。（土佐日記55・10）

《訳》ほとんどが、みんな荒れ（…）ので、「ああ」と人々は言う。

③ そこばくの蜂、盗人ごとにみなつきて、みなさし殺してけり。（今昔物語集・巻二九405・1）

《訳》たくさんの蜂が、盗人一人一人（…）て、みんなを刺し殺してしまった。

④ 母、物語など求めて見せ給ふに、げにおのづから慰みゆく。（更級日記297・9）

《訳》母が、物語などを探して見せてくださる（…）、本当に自然と気が晴れていく。

⑤ これいづれのほどのことにかあらむ、かくなむ伝へたるとや。（今昔物語集・巻二九405・16）

《訳》これは、どの時代のこと（…）か、そのように伝えているとかいうことだ。

⑥ （水車を）とかくなほしけれども、つひにまはらで、いたづらにたてりけり。（徒然草121・12）

《訳》水車をあれやこれや直したけれども、（…）まわらないで、水車はむだにたっていた。

①【　　】

②【　　】

③【　　】

④【　　】

⑤【　　】

⑥【　　】

7 **次の①～⑥の傍線部「ぬ」は、打消しの助動詞ですか、完了の助動詞ですか。打消しの場合は、「打」を、完了の場合は「完」を傍線の右横に記入しなさい。また、どちらでもないものは「×」を記入しなさい。**

① 九日。心もとなさに、明けぬから、船を曳きつつ上れども、（土佐日記50・6）

《訳》九日。（京に入るのが）待ち遠しいので、（…）、船を引きずり引きずり上るけれども、

② ここはけしきある所なめり。ゆめ寝ぬな。（更級日記345・15）

《訳》ここは異様な感じのする所であるようだ。決して（…）。

③ 日数のはやく過ぐるほどぞ、ものにも似ぬ。（徒然草105・14）

《訳》日数が早く過ぎていくことは、他のものに（…）。　＊「ぞ」がある！

④ 萩の露玉に抜かんととれば消ぬ縦し見ん人は枝ながら見よ（古今集222）

《訳》萩の枝にある露を数珠つなぎにしようと思って取ってみると（…）。もし見る人は、露が枝に付いた状態で見ろ。

⑤ 式部卿の宮の源中将、六位どもなど、ありけるは往ぬ。（枕草子248・2）

《訳》式部卿の宮の源の中将や、六位のものなど、そこにいた人々は（…）。

⑥ ほととぎすなが鳴く里のあまたあればなほうとまれぬ思ふものから（古今集147）

《訳》ホトトギスよ、おまえが鳴く里がたくさんあるので、やはりいやだと思って遠ざけ（…）。恋しく思うけれども。

8 次の①・②の傍線部「ね」を文法的に説明しなさい。

① さは、はやう都へ帰らせ給ひね。（栄花物語・浦々の別れ254・5）

《訳》それでは、さっさと京へお帰り（…）。

② 今様のことどものめづらしきを、言ひ広め、もてなすこそ、また受けられね。（徒然草143・61）

《訳》今ふうの事ごとでめずらしいことを、言い広め、もてはやすのは、これもまた受け入れ（…）。

① 【　　　】

② 【　　　】

9 次の①～④の傍線部「けれ」を文法的に説明しなさい。

① 嵐こそ吹き来ざりけれ 宮路山 まだもみぢ葉の散らで残れる（更級日記292・9）

《訳》嵐は吹いて（…）。宮路山、まだ紅葉が散らないで残っているよ

② （世間が法師を）木の端のやうに思ひたるこそ、いといとほしけれ。（枕草子32・9）

《訳》世間の人々が法師のことを、木の端（屑のように）思っているのは、たいそう（…）。

③ 秋の野をにぎはす萩は咲けれども見るしるしなし 旅にしあれば（万葉集3677）

《訳》秋の野をにぎわす萩の花は（…）見るかいもないことだ。旅の途中なので。

④ わ翁の年こそ聞かまほしけれ。（大鏡17・3）

《訳》お爺さん、あなたの年を（…）。

① 【　　　】

②【　　　　】
③【　　　　】
④【　　　　】

10 次の①～⑩の傍線部を文法的に説明しなさい。

① （御随身は）門開けて惟光の朝臣出で来たるして（源氏に夕顔の花を）奉らす。（源氏物語・夕顔137・4）

《訳》御随身は、門を開けて惟光の朝臣が出てきた（…）、源氏に夕顔の花を差し上げさせる。

② この歌は都近くなりぬる喜びに堪へずして、いへる（歌）なるべし。（土佐日記49・11）

《訳》この歌は、京都が近くなってきた喜びに堪え（…）、詠んだ歌であるはずだ。

③ 照る月の流るる見れば天の川 出づる水門は海にざりける（土佐日記24・11）

《訳》照っている月が空を流れて海に入っていくのを見ると、天の川が流れ出る河口は（…）。

④ あはれに、人離れて、いづこともなくておはする仏かなとうち見やりて過ぎぬ。（更級日記294・3）

《訳》しみじみと、人から離れて、（…）いらっしゃる仏様だなあとちょっと見やって通り過ぎてしまった。

⑤ 用ありて行きたりとも、その事果てなば、とく帰るべし。（徒然草214・4）

《訳》用事があって（…）、その用事が終わってしまったならば、さっさと帰るのがよい。

⑥ かの人入りにし方に入れば、塗籠あり。（宇津保物語・俊蔭53・4）

《訳》その人が（…）入っていくと、塗籠の部屋がある。

⑦ かうあさましき住まひし侍れば、立ち寄りおとなふべき人もなきに、…（宇津保物語・俊蔭53・14）

《訳》そのように驚きあきれるほどの（…）ので、立ち寄って訪ねる人もないので、…

⑧ 名にし負はばいざ言問はむ都鳥 わが思ふ人はありやなしやと（伊勢物語122・15）

《訳》（…）ならば、さあ尋ねてみよう、都鳥よ、私の愛しい人は命があるのかないのか（生きているのか、死んでしまったのか）。

⑨ 思ひつつぬればや人の見えつらむ 夢と知りせばさめざらましを（古今集552）

《訳》愛しく思い続けて寝る（…）あなたが見えたのだろう（…）。夢とわかっていたら覚めなかったろうに。

⑩ 五月来ば鳴きも古りなむほととぎす まだしきほどの声を

聞かばや

《訳》五月が来たらおまえの鳴き声もきっと古くなるだろう、ホトトギスよ。まだ鳴く時期ではない頃のおまえの声を（…）。（古今集138）

①【　　】
②【　　】
③【　　】
④【　　】
⑤【　　】
⑥【　　】
⑦【　　】
⑧【　　】
⑨【　　】
⑩【　　】

講義

識別で最も重要なのは、前にも述べたが、すべての場合を知っているということである。そして、その見分け方・違いを知っているということである。これまでの各講で述べてきたことのまとめであるので、簡潔にパターン化して述べていく。

一、1「なり」の識別

次の四つが考えられる。

ア 断定の助動詞
イ 伝聞・推定の助動詞
ウ ナリ活用形容動詞の活用語尾
エ ラ行四段活用動詞「なる」

アと**イ**は、連体形・名詞・助詞などに付くのが**ア**、活用語の終止形（ラ変には連体形）に付くのが**イ**であり、これが大前提となる。これでわかるものは、この後に述べることは一切関係ないので考える必要はない。問題なのは、四段活用は終止形も連体形も同じなので、また、伝聞・推定はラ変には連体形に付くので区別が付かなくなることである。四段型活用語とラ変型活用語に付く場合の「なり」の識別方法は次のとおりである。

◉伝聞・推定の「なり」

・連体形「なる」で文が終止するもの、または、下に他の助動詞が付いていない連体形「なる」
・こその結びになっている「なれ」
・撥音便（無表記も含む）に付いている「なり」
・「なり」の上に音源になる語があり、「その音が聞こえる」と訳せるもの

・助動詞「き・つ」の付いている「なり」

●断定の「なり」

・未然形の「なら」（「言ふならく・聞くならく」を除く）
・助動詞「けり・けむ」の付いた連用形の「なり」
・主語を格助詞「の」または「が」で示し、述語を「なり」で結んだ構文の、終止形の「なり」
・助動詞の付いた連体形の「なる」
・形容詞の本活用「き・しき」に付いている「なり」
・文脈上、自分の体験に用いられている「なり」（すなわち、伝聞・推定にすると明らかに意味がおかしくなるもの）

●形容動詞の活用語尾の「なり」

断定の助動詞と間違えやすいのは、**ウ**形容動詞の活用語尾であるが、形容動詞の場合は、「なり」の上の部分が名詞でないということを確かめればよい。「静かなり」の「静か」は、現代語に訳す時、「が」を付けて主語にならない（＝名詞ではない）ことを確かめてほしい。形容動詞は用言であるので、連用修飾語（副詞）を付けてみるというのも一つの方法である。たとえば、「いと静かなり」と言えるということは用言であるということである。「いと家なり」とは言えないから、「家なり」は名詞と断定の助動詞「なり」とに分けて考えることになる。

二、2「なむ」の識別

「なむ」には、主に次の三種類がある。

ア 誂（あつら）えの終助詞
イ 完了・強意の助動詞「ぬ」の未然形「な」＋推量の助動詞「む」
ウ 係助詞「なむ」

アは未然形に付き、**イ**は連用形に付き、**ウ**はその他の種々の語に付く。これらの他に、「死なむ・往なむ」のように、ナ変動詞の未然形活用語尾に「む」の付いたものもあるので注意が必要である。

さて、問題なのは、一段活用・二段活用のような、未然形と連用形が同形の動詞の場合である。2②「はや夜も明けなむ」がそれである。

ア「誂え」というのは、他に依頼したり注文したりすることであり、「…テホシイ」と訳す。これに対して**イ**は、「キット…ダロウ・…シテシマウダロウ」と訳す。この『伊勢物語』の例文は、男が女を奪って逃げて真夜中の雷が鳴っている中で、小さな小屋を見つけている状況での一文である。「早く夜も明けてほしい・もうきっと夜も明けるだろう」、どちらでもよさそうである。平安時代の人は、どのように解釈するのであろうか。

たとえば、**ア**の例文に、「いつしか花咲かなむ」というのがある。未然形に付いているのでわかりやすいが、その上の「いつしか」は、「なむ」を強めて「早く花が咲いてほしい」と訳すのである。この『伊勢物語』の例文も「はや」という語があり、「はや」は、「はや舟に乗れ」（伊勢物語122・9）のように命令形と呼応して「早く…しろ」という文を作ることが知られている（ただし、下に完了・過去が来る場合は「既ニ」、詠嘆「なりけり」が来る場合、「ナルホド・ヤハリ」と訳す）。誂えというのは、穏やかな命令と取ることも可能で、平安時代の人は「はや」が出てきた時点で、その下の「なむ」は誂えであると判断したのではなかろうか。

なお、辞書によっては「誂え」を「願望」と説明して、希望（…タイ…スルトイイ）の助動詞と非常に似通った説明をするものがあるが、はっきりと区別してほしい。つまり、「花咲かまほし（＝花が咲きたい）」はおかしいのである。

三、3「らむ」の識別

「らむ」という語の識別について問われたら、次のように考える。手順が大事である。

アその「らむ」は現在推量ではないかと考える。現在推量の「らむ」は終止形に付く（ラ変には連体形に付く）。終止形に付いていれば、そこで一件落着である。

イ「らむ」の前が終止形でなければ、「ら」と「む」を切り離して考える。そこで、「ら」が存続の助動詞「り」の未然形ではないかと考える。「り」は四段活用の已然形（命令形）またはサ変の未然形に付く。「花咲けらむ」のようなものである。

ウ右のア・イ以外は、「ら」をそのすぐ上の語の一部として考える。たとえば、「めでたからむ」は、ア・イのいずれでもないので、「めでたから」で一まとまりということになり、形容詞「めでたし」の補助活用の未然形の活用語尾の一部という答えになる。また、「同じ心ならむ人」は、断定の助動詞「なり」の一部ということになる。

四、4「れ」の識別

「れ」で考えられるのは、次の二種類である。

ア完了の助動詞「り」の已然形か命令形

イ受身・自発・可能・尊敬の助動詞「る」の未然形か連用形

アは三節イの要領で、「れ」の接続を考えて判断する。問題なのは、イで、次のような場合である。

男はた寝られざりければ…（伊勢物語172・14）

「寝」は下二段活用なので「ら」という活用語尾を持っておらず、「れ」が受身・自発・可能・尊敬の助動詞だとすると、「ら」が何だかわからなくなる。未然形がア段（四段・ナ変・ラ変）の場合は「る」が付き、その他（下一段・下二段・上一段・上二段・カ変・サ変）には「らる」が付くのだが、「寝」はナ行下二段活用であるので、「られ」は「寝」に受身・自発・可能・尊敬の助動詞「らる」が付いたものであるということがわかる。また、「流れず」のように、動詞の活用語尾である場合もある。この考え方は「る」の識別でも同様である。

1 冬はいかなる所にも住まる。（徒然草125・9）

2 ただ有明の月ぞ残れる（千載集161）

3 嘆けとて月やはものを思はする　かこち顔なるわが涙かな（千載集929）

1は、受身・自発・可能・尊敬の助動詞「る」の終止形で、意味は可能。2は、完了・存続の助動詞「り」の連体形。上に係助詞「ぞ」があるので連体形で終止している。3は、使役の助動詞「す」の連体形の一部。上に「やは」があるので、連体形で終止している。

五、5「な」の識別

「な」は、「なむ」の一部、「なり」の一部、ナ変動詞の活用語尾など、細かいことを言うときりがないので、単独で扱われる助詞・助動詞に限って説明する。

ア完了の助動詞「ぬ」の未然形

イ禁止の終助詞「な」

ウ詠嘆の終助詞「な」

エ断定の助動詞「なり」の連体形「なる」の撥音便の無表記

右の四種類が考えられる。

アは連用形に付く。イとウは辞書では、「活用語の終止形に付く」という説明であるが、どういう時に禁止で、どういう時が詠嘆なのかがわかりにくい。例外もないことはないが、その違いは、**イ**が動詞、助動詞「る・らる」「す・さす」の終止形に、**ウ**が形容詞・形容動詞の終止形、助動詞「けり・ぬ」などに付くものである。名詞に付く「な」も詠嘆・呼びかけ・確認などとして扱われることもある。「けりな」という形は、そのまとまりで詠嘆とすることもできる。なお、上代には希望・意志を表す「な」もあるが、ここでは触れない。

エは、「なめり・ななり」のようなものである。完了の助動詞とは接続が全く違う。また、撥音便に付く助動詞は、終止形接続の助動詞「めり・なり・べし」に限られるということも知っておくとよい。

六、6「に」の識別

「に」の識別は、手順が大事である。次の順番で見ていく。

ア 活用語の連用形に付いている「に」は、完了の助動詞「ぬ」の連用形である。

イ 名詞的な語ではあるけれど、名詞ではないもの（例：不便なり）に付いている「に」はナリ活用形容動詞連用形活用語尾である。

ウ 名詞に付いている「に」は、断定の助動詞か、格助詞である。

エ 連体形に付いている「に」は格助詞か、接続助詞である。

アはこれしか見分ける方法がない。これを最初に見分ける。**イ**「形容動詞活用語尾」と**ウ**「断定の助動詞」は一節「なり」の識別と全く同じである。**ウ**の「断定の助動詞」と「格助詞」の見分け方は、その「に」を「なり。」としてみて、意味が通れば、その「に」は断定の助動詞であるということになる。意味が通らなければ、格助詞「に」である。たとえば、次の例を見られたい。

a 庭にあるは犬にはべり。

b 犬、庭にはべり。

aは「庭にあるは犬なり。」となり、文意が通じるが、**b**は「犬、庭なり。」となって、何を言っているのかわからなくなってしまう。よって、**a**の「に」が断定の助動詞であり、**b**の「に」が格助詞であるということになる。

エの活用語の連体形に付いている「に」については、どちらとも取れる場合もあり難しいが、格助詞で訳して意味が通れば格助詞、意味が通らない場合は接続助詞とするしかない。現代語訳する時は、格助詞なのか接続助詞なのかということはあまり気にせず、「に・を」などが出てきた場合は、そこで一旦停止の記号であると思って、前の文の内容を理解して、後の文を訳した結果、どう続いているかを考えてそれにふさわしい訳語を与えればよいということになる。

七、7・8「ぬ・ね」の識別

「ぬ・ね」の識別において最も重要になってくるのは、打消しなのか完了なのかということである。これを間違えてしまうと、その話が真逆になってしまう。恐ろしいことである。

基本は未然形に付くものが打消しの助動詞で、連用形に付くものが完了である。そこで二節の「なむ」と同じ問題が生ずる。未然形と連用形が同形の場合どうするかということである。打消しの助動詞の「ぬ」は連体形、「ね」は已然形であるのに対して、完了の助動詞の場合、「ぬ」は終止形、「ね」は命令形というふうに、活用形が異なる所に注目する。つまり、「ぬ・ね」の下に付いている語を見て、その「ぬ・ね」がどのような用法として用いられているのかを考えれば判断することができるのである。わかりやすく言うと、次のようなことになる。

・「ぬ」の下が名詞、または、名詞相当の語であれば、打消し。「ぬ」

の下が句点「。」であれば完了。

・「ね」の下が「ど・ども」であれば、打消し。「ね」の下が句点「。」（命令の意味）であれば完了。

ただし注意しなければならないのは、係り結びの助詞や疑問副詞がある場合である。「ぞ・なむ・や・か」と疑問副詞は連体形で、「こそ」は已然形で文を終止させるのである。「ぬ。」であっても、上に係り結びの「ぞ・なむ・や・か」と疑問副詞がくると連体形で結ぶのであるから、その「ぬ」は打消しなのである。「ね。」となっていても上に「こそ」があると、打消しということになるので、注意が必要である。ここには挙げないが、「ず」と「ぬ」の活用表は必ず覚えておかなければならない。

八、9「けれ」の識別

「けれ」には、次の二種類が考えられる。

ア 過去・詠嘆の助動詞「けり」の已然形

イ 形容詞ク活用の活用語尾・形容詞シク活用の活用語尾の一部

アは連用形に付くので、「けれ」の上の語が連用形になっているかを確認すればよい。たとえば、「いとほしけれ」という場合は、「いとほし」が動詞の連用形ではないので、「いとほし」（＝気の毒だ・かわいそうだ）というシク活用の形容詞の活用語尾の一部ということになる。よって、「気の毒だった・気の毒だなあ」のように過去・詠嘆で訳してはいけないということになる。助動詞には、「べし・まほし・たし」などのように形容詞型活用のものがあるが、これも「べけれ・まほしけれ・たけれ」という已然形になる。助動詞は語幹と活用語尾に分けないのが普通なので、これらは、助動詞「〇〇」の已然形の**一部**という答え方をする。

九、10 その他の識別

●①②「して」の識別

「して」の識別は次の三つが考えられる。

ア サ変動詞連用形に接続助詞「て」の付いたもの

イ 格助詞

ウ 接続助詞

もともと**ア**の用法が転じて、**イ**と**ウ**になったと言われているので、どちらとも取れる場合もある。**ア**は現代語に訳して「…（ヲ）シテ」と訳せる場合である。**イ**と**ウ**の識別については、格助詞は、体言、または、体言に準ずる語に付き、接続助詞は、形容詞型活用語・形容動詞型活用語の連用形、および、打消しの助動詞「ず」の連用形「ず」に付くものとして考えればよい。意味から考えると、両方とも「デ」で訳せることもあるので注意が必要である。

また、「よりして・からして」という場合は、強意の副助詞として扱うことになっている。

●③「ざり」

10③「出づる水門は海にざりける」という『土佐日記』の例文であるが、「ざり」が、打消しの助動詞「ず」の連用形だとすると、「海に」の「に」が未然形ということになるが、そのような語は考えられないので、打消しの助動詞ではない。文末の「けり」が連体形で終止していることに注目してみよう。連体形で終止するのは係り結びの法則になっている場合である。その上を見ると係助詞らしきものは見えないが、「海にぞありける」と考えれば解決する。「ぞ」と「あ」が並ぶと、母音が連続することになり、「zo」の「o」が脱落して「za」になったものである。「ぞありける」とすると、字余りになり、それを解消しようとしたものであろう。実際に、古い和歌の字余りは、その音節に母音（あ・い・う・お）の連続が含まれているという本居宣長(もとおりのりなが)『字音仮字用格(じおんかなづかい)』（安永五 1776年刊）の指摘がある。

●④⑤「とも」の識別

「とも」は、次の二つが考えられる。

ア格助詞「と」（引用）＋係助詞「も」

イ逆接の仮定条件「…デアッテモ」の意味の接続助詞

識別方法は、**ア**は引用の意味を持っているということである。つまり、「トイウ（ヨウナ）」と訳すことができる。それができない上に、意味的に逆接仮定条件であれば**イ**ということになる。なお、接続助詞の「とも」の接続は活用語の終止形に付くが、形容詞型活用語の助動詞には連用形に、打消しの助動詞「ず」には連用形「ず」に付く。類似形に「ともあれ」などがあるが、これは副詞「と」に係助詞「も」の付いたものである。

●⑥⑦⑧「し」の識別

「し」には、形容詞の終止形の活用語尾、などというのもあるが、わかりやすいので、次の三つにしぼる。

アサ変動詞の連用形

イ過去の助動詞「き」の連体形

ウ強意を表す副助詞

アは、「シテ」（「す」は代動詞としての役割も果たすので、「し」の代わりに別の動詞で訳すこともある）と訳せるものである。次のようなものである。

長雨、例の年よりもいたくして　（源氏物語・蛍210・1）

《訳》長雨はいつもの年寄もはなはだしく降り続いて

イは連用形（カ変・サ変は未然形）に付くということを確かめること。**ウ**は、強意の副助詞であり、取り除いても意味は変わらないということである。意味だけではなく文中の語形を変えずに古文として成立するということが手掛かりとなる。

飛鳥川の淵瀬常ならぬ世にしあれば　（徒然草102・3）

《訳》飛鳥川（暴れ川として有名）の淵（＝流れが緩やかな所）と瀬（＝流れがはやい所）が変わりやすいように、不変であるものがないこの世の中であるので

右のようなものである。「世にあれば」としても何も変わらないのを確かめてほしい。ちなみに、副助詞「し」に係助詞「も」の付いた「しも」も一つの副助詞として扱う。現代語では「なきにしもあらず」のような形で残っている。辞書には「しも」が打消しを伴う場合の訳語が、「強い打消し」と、「部分否定」という二つの意味が示されていることが多い。ただ、その識別について触れているものはないようである。

●⑨⑩「ばや」の識別

「ばや」は次の三種類に分けられる。

ア未然形に付いている「ばや」で、「ばや」で文が終止しているもの

イ未然形に付いている「ばや」で、そのまま下に文が続いているもの

ウ已然形に付いている「ばや」

アは希望の終助詞「ばや」である。「…タイ」と訳す。「テホシイ」と訳してはならない。どうしても「タイ」で無理な場合は、「（テイル）トイイ」と訳す。文が終止していることを確認すること。**イ**は似たような形だが、未然形＋「ば」に係助詞「や」の付いたものと考える。

仮定条件の疑問形（「モシ…ナラバ、～ダロウカ」）となる。

心宛に折らばや折らむ　（古今集277）

「見当を付けて（「あてずっぽうに」という訳は間違い）もし折るなら折ってみようか」という訳になる。ウはイと同様に、已然形＋「ば」に係助詞「や」の付いたものと考えて、「…ダカラ～ダロウカ」または、「…ダカラカ、～ナノハ」と訳すことになる。

ひさかたの月の桂も秋はなほ紅葉すればや照りまさるらむ　（古今集194）

右は、「月の桂の木が紅葉するから、月はどんどん明るくなっているのだろうか（月が明るくなっていくのを、紅葉の色が増えていくと解釈する）」ということになる。

著者紹介

紙尾 康彦（かみお やすひこ）

一九五八年、富山県生まれ。國學院大學文学部、國學院大學大学院文学研究科博士前期・後期課程を修了後、開成中学校・開成高等学校非常勤講師から、国語科専任教諭となり、現在に至る。國學院大學文学部兼任講師も務める。

【論文】

「『夜』小考――ヨとヨルと――」（『国語研究』五三、一九九〇年、國學院大學国語研究会）

「ロ氏文典のサ行子音に関する記述の新解釈」（『國學院雑誌』一〇三-二、二〇〇二年）　など

自分で読むための

基礎　日本古典語

二〇二二年十一月二十五日　初版第一刷発行

著　者　紙尾康彦

発行人　岡野秀夫

発行所　株式会社　くろしお出版

〒一〇二-〇〇八四　東京都千代田区二番町四-三

Tel：〇三・六二六一・二八六七　Fax：〇三・六二六一・二八七九

URL：https://www.9640.jp　Mail：kurosio@9640.jp

本文デザイン　竹内宏和（藤原印刷株式会社）

装丁デザイン　上野かおる

イラスト　村山宇希（ぽるか）

印刷・製本　藤原印刷株式会社

乱丁・落丁はお取り替えいたします。本書の無断転載・複製を禁じます。

© 2022 Yasuhiko Kamio Printed in Japan

ISBN 978-4-87424-918-5 C1081

第一講

1 あいうえお　かきくけこ　さしすせそ　たちつてと　なにぬねの
はひふへほ　まみむめも　やいゆえよ　らりるれろ　わゐうゑを
アイウエオ　カキクケコ　サシスセソ　タチツテト　ナニヌネノ
ハヒフヘホ　マミムメモ　ヤイユエヨ　ラリルレロ　ワヰウヱヲ

2 【行】【段】【ナ行】【イ段】　＊「段」は「列」でもよい。

3 【や】…「っ」「ゃ」「や」　【ら】…「ˋ」「ら」　【シ】…「、」「⺀」「シ」
【ツ】…「、」「〃」「ツ」　【ヲ】…「一」「二」「ヲ」

4 いろ【は】にほ【へ】と　ちりぬる【を】　色【は】匂【へ】ど　散りぬる【を】　わかよたれそ　つねなら【む】　我が世誰そ　常なら【む】　う【ゐ】のおくやま　け【ふ】こ【え】て　有為の奥山　今日越【え】て　あさきゆめみし　【ゑ】【ひ】もせす　浅き夢見じ　酔【ひ】もせず　＊「じ・ず」は「し・す」とすることもある。

5 ①【あわれなり】②【わずらいたもう】③【おまえ】④【におう】⑤【おみなえし】⑥【えんず】⑦【あじきなし】⑧【ゆうなり】⑨【ようなし】⑩【そうぞうし】⑪【おかし】⑫【ちょうちょう】⑬【きょう】⑭【くもい】⑮【ちゅうしゅう】
＊②に関しては、動詞なので、語幹を同じにするために「わずらいたまう」と読むこともある。

6 【ちょうず】【しょうと】

解説

1・2 省略

3
や…漢字「也」をくずしたものである。二画目と三画目とが逆になって、「か」のようになっているものが最近多く見られるので気を付けよう。

ら…漢字「良」のくずしたものである。一画目の点を最後に書いて、数字の「5」のようになってはいけない。

シ…平仮名も片仮名も元の漢字は「之」である。したがって、一画目と二画目の点は縦に並んでいなければならない。三画目は、下から上に向かってはねなければならない。

ツ…平仮名も片仮名も元の漢字は「洲」である（「講義」二節参照）。一画目と二画目の点は横に並んでいないといけない。三画目は、上から下に向かっておろさなければならない。

ヲ…漢字「乎」の最初の三画を採ったもの。最初に片仮名の「フ」を書いてから横棒を入れる書き方では、元の漢字がわからなくなる。『観智院本類聚名義抄』では、多く「マ」のような形で現れる。

4・5・6 省略

第二講

1 ①白き／水／速く／流れたり。②翁、／竹を／取る／こと／久しく／なりぬ。③家に／到りて／門に／入るに、／月／明ければ／いと／よく／ありさま／見ゆ。

2 ①ちぎりきな／かたみに／袖を／しぼりつつ／末の松山／波／越さじとは　＊「末の松山」は歌枕なので一つの地名として考えた。
②「ちぎり・かたみ・袖・しぼり・末の松山・波・越さ」に○
③【ちぎる・しぼる・越す】

3 動詞【④・⑦・⑨】　形容詞【①・②・⑥・⑩】　形容動詞【③・⑤・⑧】

4 ①【河】【流れ】【もと】【水】　②副詞【かく】（アより）　連体詞【わが】（アより）　接続詞【しかも】（ウより）　③【感動詞】【名詞】

④【補助・被補助の関係】

5 ①【形容詞】②【副詞】

＊①は「いみじ」という終止形を持つ活用語であるが、②は活用できない。

6 **1**述語　**2**動詞　**3**形容動詞　**4**主語　**5**副詞　**6**連体詞　**7**感動詞　**8**助動詞

解説

1 現代語の場合、「ネ・サ・ヨ」などの間投助詞を入れ文節の切れ目を探すのが普通であるが、古文の場合は一つ一つの単語の意味がわからないことが多くあるため、かなり難しい作業となる。すべての品詞を全部学んでから、もう一度この問題にあたればそう難しくはないだろう。ここでは、現代語の訳を付けたので、その現代語に「ネ・サ・ヨ」を付けて言ってみて、文節に区切るのがよいだろう。なお、①の「たり」は「ている」、②の「ぬ」は「てしまった」と訳してある。現代語の「ている・てしまった」は「て」の下で文節に区切ることができるが、「たり・ぬ」は助動詞なので現代語は参考にしない方がよい。

2 ①は、**1**と同じ要領。②は、「ちぎりきな」の「き」は過去の助動詞、「な」は詠嘆・念押しの終助詞であるので、自立語は動詞「ちぎる」。また、「かたみに」は「互いに」の意味であるが、名詞「かたみ」＋「に」なのか、副詞「かたみに」なのか、形容動詞「かたみなり」の連用形「かたみに」なのか判断しにくいが、「かたみ」は「ガ」を付けて、「互いが」というふうに言えるので、名詞である。

3 「し」で終わっているものが形容詞、「なり」で終わっているものが形容動詞、ウ段音で終わっているものが動詞である。

4 ①「ガ」を付けて主語になることができるものを探す。②副詞も連体詞も接続詞も、一単語でなければならない。さらに、活用があってはならないということを頭において解かなければならない。副詞は連用修飾語、連体詞は連体修飾語になっていなければならない。連体詞「わが」は厳密には名詞「わ」に格助詞「が」の付いたものだが、連体修飾語となる場合は連体詞として扱うことにしている。「しかも」も、副詞「しか」に係助詞「も」の付いたものである。「水にあらず」にかかって連用修飾になっているとも考えられるので副詞としてもよさそうである。しかし、副詞は状態や性質や程度を表すものであって、ここでの「それに加えて」という意味は、上の部分に下の条項を付け加えているだけなので、接続詞「しかも」とするのが妥当である。③**ア**の「あはれ」は、そこで文が切れるので感動詞、**イ**の「あはれ」は「あはれが・あはれを」と訳せるので名詞である。④は、「水にあらず」で「水ではない」という意味を表している。水が存在するとかしないとかということではなく、水であるのかないのかということを言っている。「あり」という動詞の本来の意味（＝存在する）ではなく、断定の意味で用いられているので、この「あり」は補助動詞である。ということは、この二つの文節の関係は「補助・被補助の関係（被補助・補助の関係）」だということになる。「講義」三節参照。

5 ①の「いみじ」は、確かに連用修飾語になっていて、意味も程度（非常に）を表しており、一見、副詞に見えるが、「いみじからず・いみじくて・いみじき・いみじければ」のように活用できるので、形容詞である。英語の very と同じ意味だからと言って、副詞としないように。②も同じ意味であるが、活用しないので副詞である。

6 省略

第三講

1 ①【未然形】 ②【已然形】 ③【連用形】 ④【終止形】 ⑤【連体形】

＊④「べし」は、ラ変型活用には連体形に付く。

2 【②・④・⑤・⑥】

3 ①未然形 ②已然形 ③連体形 ④連用形 ⑤終止形 ⑥命令形

4 ①【ウ】 ②【エ】

5 ①【吹くならば】 ②【吹くと必ず】

解説

1 省略

2 ①・③・⑦には1の①～⑤の言葉が付かないことを確認してほしい。⑥「けり」は、1①「ず」、③「けり」は付けられないが、その他は付けられるので、活用語。

3 省略

4 動詞「流る」は、「流れず・流れたり・流る。・流るる時・流るれども・流れよ。」という活用をする。「ぞ」は連体形で、「こそ」は已然形で結ぶので、「流るる」「流るれ」となる。

5 動詞「吹く」は、「吹かず・吹きたり・吹く。・吹く時・吹けば・吹け。」という活用をする。①は「吹かば」なので未然形＋「ば」、②は「吹けば」なので已然形＋「ば」ということになり、①が仮定条件、②は確定条件であるが、②を「風が吹くので」とすると意味が通らず、「風が吹くと必ず」という恒時条件で訳すことになる。

第四講

1 【1ず】 【2すぐ上の一字】 【3語幹】 【4四段】 【5ナ行変格】 【6ラ行変格】 【7上一段】 【8上二段】 【9下一段】 【10下二段】 【11サ行変格】 【12カ行変格】 【13往ぬ】 【14いまそがり】 【15おはす】 【16ア】

＊13は「去ぬ」、14は「いますかり・いまそかり・いますがり」でもよい。

2 ①【過ぐ】 ②【逃ぐ】 ③【覚ゆ】 ④【報ゆ】 ⑤【失す】 ⑥【混ず】 ⑦【懲る】 ⑧【寝（ぬ）】

3 ①【ハ行四段活用】 ②【カ行下二段活用】 ③【バ行上二段活用】 ④【ダ行上二段活用】 ⑤【カ行四段活用】 ⑥【ヤ行下二段活用】 ⑦【ア行下二段活用】 ⑧【ワ行下二段活用】 ⑨【ヤ行上二段活用】 ⑩【マ行上一段活用】 ⑪【サ行下二段活用】 ⑫【ナ行上一段活用】 ⑬【バ行四段活用】 ⑭【ワ行下二段活用】 ⑮【タ行上二段活用】 ⑯【サ行四段活用】 ⑰【ハ行下二段活用】 ⑱【ガ行上二段活用】 ⑲【サ行四段活用】

解説

1 ここでは、打消しの助動詞「ず」を付けた場合を最初に聞いているが、実際は、覚えておかなければならないものをまず識別しなければならない。たとえば、「す」という動詞の場合、先に「ず」を付けると「せず」となり、下二段活用と答えることになってしまう。「す」が出てきたら、「ず」を付ける前にサ変と判断しなければならないのである。

2 「講義」六節でも述べたように、現代語の上一段の「-iる」の部分を「-u」にすればよいし、下一段の「-eる」の部分を「-u」にすればよい。

3 ①「言ふ」の場合、読む時は「ユー」となるので、「言う」という動詞と理解して、ワ行（ア行は「得」だけだから）四段活用と答えてしまう人がいる。ハ行転呼（第一講「発展三」参照）は発音上のことで、活用はその文字に拠らなければならない。④「閉づ」も読む時は

「閉ず」のようにザ行と同じ読みになってしまうが、ダ行であることに注意が必要である。さらに気を付けなければならないのは、⑧「据う」、⑨「老ゆ」、⑭「植う」である。それぞれ「据エず」「老イず」「植エず」となるが、「エ・イ」という発音は、ア行、ヤ行、ワ行にある。ア行で活用する動詞は「得」だけだということを思い出してほしい。すなわち、「得」以外の「い・え」はヤ行、「得」以外の「う」はワ行ということがわかるのである。「ゐ・ゑ」となっていたら、言うまでもなくワ行である。

第五講

1 ①【タ行四段活用】②【タ行下二段活用】③【タ行上二段活用】
④【ハ行四段活用】⑤【ハ行上二段活用】⑥【ハ行下二段活用】

2

下に付く言葉・記号		ず	けり	句点。	こと	ども	句点。
基本形	語幹	未然形	連用形	終止形	連体形	已然形	命令形
思ふ	思	は	ひ	ふ	ふ	へ	へ
恋ふ	恋	ひ	ひ	ふ	ふる	ふれ	ひよ
与ふ	与	へ	へ	ふ	ふる	ふれ	へよ

3 四段活用は、ア段からエ段までの四つの段を用いて、上二段活用は、ウ段よりも上の二つの段を用いて、下二段活用は、ウ段よりも下の二つの段を用いているので。

4 ①【カ行A活用連用形】【ラ行A活用已然形】②【ハ行A活用連用形】【ハ行A活用未然形】③【ラ行C活用未然形】【ワ行C活用未然形】④【タ行B活用連体形】【タ行B活用連用形】【マ行A活用連体形】⑤【カ行B活用未然形】【カ行B活用命令形】⑥【ラ行A活用連体形】【ワ行C活用連体形】【マ行C活用終止形】⑦【マ行C活用終止形】【ハ行A活用命令形】⑧【ガ行C活用連用形】【サ行A活用連体形】⑨【ダ行B活用連用形】【カ行A活用未然形】⑩【バ行B活用已然形】【ダ行C活用連用形】【ハ行A活用連体形】

5 ①【おい】②【すゑ】③【え】④【ふる】

解説

1 「ず」を付けて、ア段が出てきたらその行の四段活用、イ段が出てきたらその行の上二段活用、エ段が出てきたらその行の下二段活用ということになる。ただ、「恋ふ」のように現代語では使われない語（現代語は「恋する」となる）は、「恋はず」なのか、「恋ひず」なのか、「恋へず」なのか判断することができないということが起きてくる。「恋（こひ）」は「恋ふ」の連用形名詞と考えられるので、連用形がイ段であることを考えれば、四段活用か上二段活用となる。そこからは、「恋はず・恋ひず」のどちらが意味が通るかということを考えて判断することになる。また、全く現代語にないものは、辞書を引くしかない。

2・**3** 省略

4 「ず」を付けると「何行何活用」はわかるが、活用形（＝何形）は下に付く語が、何形に付くかを知らなければならない。活用表を覚えていればよいだろうという人もいるかもしれないが、四段活用は、終止形と連体形、已然形と命令形がそれぞれ同じ形になるし、二段活用は、未然形と連用形が同じ形になるので、活用表を覚えるだけでは間違いが多くなる。また、係り結びの法則にも留意しなければならない。⑩「物や思ふ」は、「や」という係り結びを作る係助詞があるので、「思ふ」は終止形ではなく連体形である。

5 気を付けなければならない語を挙げてみた。「老ゆ」はヤ行で活用する動詞なので、「老い」となる。「おゐ」としないこと。逆に「据う」はワ行で活用する語であるから、「すえ」としないこと。「得」はア行（動詞の中でア行で活用するのはこれだけ）なので「え」となる。「経」は語幹と活用語尾の区別ができない下二段活用である。ハ行であることを忘れずに「ふる」（上に「ぞ」という係助詞があり、係り結びの法則が成立するので連体形）としなければならない。

第六講

1

下に付く言葉・記号		ず	けり	句点。	こと	ども	句点。
基本形	語幹	未然形	連用形	終止形	連体形	已然形	命令形
蹴る	（け）	け	け	ける	ける	けれ	けよ
見る	（み）	み	み	みる	みる	みれ	みよ
射る	（い）	い	い	いる	いる	いれ	いよ

2 **1・3・6・8に○**

【2：ラ行四段活用】【4：ヤ行下二段活用】【5：ラ行変格活用】【7：ラ行四段活用】【9：カ行下一段活用】

3 ①**【命令形】** ②**【連用形】** ③**【未然形】**

解説

1 省略

2 上一段活用は、「き・み・に・い・ゐ・ひ」（「着る・見る・煮る・似る・射る・鋳る・居る・率る・干る」）などのように覚えておかなければならない。なぜならば、「ず」を付けた時に、その上の音がイ段の音になり、上二段と間違えやすいからである。上一段活用、変格活用、下一段活用がわかれば、あとは「ず」を付けて、ア段に付くものは四段活用、イ段に付くものは上二段活用、エ段に付くものは下二段活用とすればよいのである。

3 ①の「蹴る」を四段活用として扱うとわけがわからなくなる。「蹴よ」の「よ」は活用の行には何も関係しない。②は「たり」という助動詞が何形に付く助動詞なのかを理解しなければならない。③は「持つ」に「率（ゐ）る」の付いた複合語で、上一段は、語幹と活用語尾のないものだと決め付けると失敗する。下に未然形接続の「らる」が付いているので未然形である。

第七講

1

下に付く言葉・記号		ず	けり	句点。	こと	ども	句点。
基本形	語幹	未然形	連用形	終止形	連体形	已然形	命令形
来	（く）	こ	き	く	くる	くれ	こ・こよ
おはす	おは	せ	し	す	する	すれ	せよ
死ぬ	し	な	に	ぬ	ぬる	ぬれ	ね
はべり	はべ	ら	り	り	る	れ	れ

2 ①き ②こ ③く ④き ⑤く ⑥こ

3 **1・2・4・7・8・10・11に○**　＊1・11は漢語サ変動詞。

【3：ラ行四段活用】【5：サ行四段活用】【6：ラ行四段活用】【9：ハ行四段活用】【12：サ行下二段活用】【13：ナ行下二段活用】【14：マ行上一段活用】【15：ワ行上一段活用】

4 ①**【おはすれ・已然形】【具し・連用形】** ②**【あら・未然形】【います かり・連用形】** ③**【あれ・命令形】【あれ・命令形】**

5 ①**【死な】【死ね】** ②**【おはする】** ③**【死ぬる】** ④**【いぬ】【すれ】**

解説

1 省略

2 下に付いている語が何形に付くかを知らなければならない。②は終止形・命令形どちらでもとれるが、現代語訳を見てもわかるとおり、文脈上命令形でないと意味が通らない。また、「ゐて」は「率て」である。⑤の「＊参考」は何のためにあるかと言うと、「べし」が終止形に付く語であることを示したものである。なお、ラ変型活用語には、「べし」は連体形に付くので要注意である。

3 これまで述べてきたとおり、変格活用は覚えておかなければならない。「1」と「11」は「死・具」という漢語にサ変動詞「す」が付いたものである。「ず」を付けると「死せず・具せず」になるので、下二段活用とも思われるが、連用形は「死して・具して」となり、「死せて・具せて」とはならないので、サ変であることがわかる。「12」もサ変のようであるが、「失」を「うす」と訓読みで読んでいるので漢語サ変にはならない。活用も「うせず・うせて」となるので下二段活用である。もし、これを「しっす」と読んだ場合は、漢語サ変動詞となる。「2」は「いぬ」と読み、「さりぬ」ではないことに注意。「3」は「来」に助動詞「たり」（ラ変型活用）の付いたもののように見えるが、「来たり」となっていないので、ラ行四段活用である（「来たる」と「来たり」については、第十五講「講義」三節を参照）。

4 ①の「＊」は「かかる」はもともと「かく」という副詞にラ変動詞「あり」の連体形が付いたものなので、「かかる」を変格活用の連体形とすることも可能であるが、「あり」自体の存在の意味はあまり訳に関係しないので、ここでは連体詞として扱う。②の「＊参考」は「なむ」という語（連語）が連用形に付くということを、未然形と連用形が違う形を取る四段活用「咲く」を用いて知らせようとしたものである。③の「あれ」は命令形を用いて、「放任・許容」の意を表しているものである。また、「たてまつれ」は①「具したてまつらむ」のように謙譲語であるが、「食ふ・飲む・着る・乗る」の代動詞として用いられる場合は、尊敬語となる。

5 ①は、同じ動詞が、「未然形＋ば、命令形」というふうに用いられて、放任（勝手ニ…シロ）の意を表す。②は、「にて」が原因・理由を表す格助詞で、「おはす」の下に「コト」が補えるので連体形。④の「いぬ」は「いぬる」としがちであるが、係り結びのない文末は終止形。「す」は、すぐ上に「こそ」があるので係り結びの法則によって、已然形になる。

第八講

1 ①【とぶ】②【たつ】③【のこる】④【ぬふ】⑤【あり】⑥【なく】⑦【よぶ】

2 1・4・6に○

3 ①【マ行四段活用連用形】【あてにして・たよりにして】②【マ行下二段活用未然形】【あてにさせ】③【カ行四段活用連用形】【いただき】④【カ行下二段活用連用形】【与え】

解説

1 動詞の音便は原則として四段活用・ナ変の連用形と、ラ変の連体形に現れる。したがって、四段活用の場合は、その語が何行かを考えて、その行のイ段の文字が正規の形となる。①の場合、「飛びて」が正規の形で、終止形は「飛ぶ」である。「で」は「て」の濁ったものである。②は、促音便「つ」を小さく書くとことはしないということを知らないと、終止形・連体形に「て」が付くということになり、わけがわからなくなる。③は、「縫ふ」という動詞であるが、読む時は音便形も「ヌー」となるので、終止形・連体形に「たり」が付いたとしないこと。

[2] 補助動詞というのは、補助・被補助の関係の文節において、補助の文節になっている動詞である。敬語動詞に多く見られるが、単独で用いられている場合は本動詞で、他の動詞の下に付いて、上の動詞に敬語の意味を添えるものが補助動詞である。また、「にあり・にてあり」（「あり」が尊敬語・丁寧語になっている場合も含む）の場合、「存在する」という意味で用いられている場合は本動詞で、断定の意味を表すものが補助動詞である。

[3] 同じ終止形の動詞でも、活用の種類が違うと、態（第十三講「発展」参照）が変わるものがある。たとえば、「たのむ」は四段活用だと「あてにする」意で、下二段活用になると「あてにさせる」意になる。規則的に四段活用が何で、下二段が何ということが言えればよいのだが、単語によって異なるのでひとつひとつ調べるしかない。

第九講

[1] ①【シク】②【ク】③【ク】④【シク】⑤【シク】⑥【シク】
⑦【ク】⑧【シク】⑨【ク】⑩【ク】⑪【シク】⑫【シク】

[2]

下に付く言葉・記号		ず	て・けり	句点（。）	こと・べし	ど・ども	句点（。）
基本形	語幹	未然形	連用形	終止形	連体形	已然形	命令形
清し	きよ	（く） から	く かり	し ○	き かる	けれ ○	○ かれ
をかし	をか	（しく） しから	しく しかり	し ○	しき しかる	しけれ ○	○ しかれ

[3]【補助活用・カリ活用】【命令形を除いて、下に助動詞が付く時に用いられる】

[4] ①【古き】【心細く】②【口惜しかり】③【心づきなけれ】④【よき】⑤【なく】【よから】⑥【なかれ】

[5] ①なき・なし、悲しき・悲し、なし・なし、便あしく・便あし（「あし」だけでもよい）、せばき・せばし、心あわたたし・心あわたたし（「あわたたし」だけでもよい）、②ひがひがしから・ひがひがし、口をしき・口をし、をかしかり・をかし ③乏しく・乏し、多かる・多し

解説

[1] ク活用・シク活用という呼び名は、連用形の形に由来するということがわかれば容易である。「なる」を付けて「―くなる」となればク活用、「―しくなる」となればシク活用である。現代語から見分ける方法もある。現代語で「―い」となる形容詞はク活用、「―しい」となるものはシク活用である。ただし、終止形しかわからず、現代語にない形容詞の場合は判断のしようがなく、辞書を引くしかない。なお、「―じ」となる形容詞は、シク活用である。

[2]・[3] 省略

[4] 最もわかりにくいのは、本活用（「く・く・し・き・けれ」）と補助活用（「から・かり・かる・かれ」）を両方持つ活用形、すなわち、未然形・連用形・連体形である。本活用と補助活用の命令形には、助動詞が付かないということを確認してほしい。③・④のように係り結びも本活用で結ぶということになる。

[5] 省略

第十講

[1] ①【山が（あまりに）高いので】②【ああ、素早い】③【（なんと）美しい】

2 ①【太く】【たくましき】 ②【うつくしく】 ③【多かる】

3 ④・⑤・⑥に【×】

解説

1 語幹の用法である。なお、ク活用だけが語幹となり、シク活用は終止形がそれに対応する。ク活用の語幹とシク活用の終止形（厳密に言うと、「し」の部分）は、どういう活用形においても音（形）が変わらないという点で共通する（「講義」一節参照）。①は「ミ語法」とも呼ばれ、原因・理由を表す言い方である。②は感動詞「あな＋ク活用語幹・シク活用終止形」で詠嘆・感動の意を表す。重要なのは、ク活用の語幹には一文字の場合があり、これを形容詞として認識し、現代語訳できるかどうかである。「あな、と」の「と」は「疾し」である。「潟（＝干潟）をなみ」の「な」が「無し」であることがわかるだろうか。

2 形容詞の音便は、本活用連用形はウ音便、本活用連体形はイ音便、補助活用連体形は撥音便になるということを理解すること。

3 中古の「多し」は「多から・多かり・多かり・多かる・多かれ・多かれ」のように、補助活用が本活用のようにも使われるという点で特殊である（「講義」二節参照）。

第十一講

1

下に付く言葉・記号		ず	けり・なる	句点（。）	こと	ど・ども	句点（。）
基本形	語幹	未然形	連用形	終止形	連体形	已然形	命令形
静かなり	静か	なら	なり に	なり	なる	なれ	なれ
堂々たり	堂々	たら	たり と	たり	たる	たれ	たれ

2 ③・④・⑤・⑦に【×】

＊③・⑤は名詞に断定の助動詞「なり」の付いたもの、④・⑦は副詞の一部。

3 ①【かすかなり・連用形】【確かなり・未然形】 ②【をかしげなり・連体形】【あからさまなり・連用形】 ③【ほのかなり・已然形】【らうたげなり・連用形】 ④【漫々たり・連用形】【茫々たり・終止形】

4 感動詞「あな」の下に、形容動詞「むざんなり」の語幹が来て、詠嘆の間投助詞「や」が付いたもの。

解説

1 省略

2 「なり」の場合、「なり」の上の部分が名詞かどうかを確かめることが重要。確かめ方は、その上の部分に「が」を付けて主語になれるかどうかを考えてみる。「に」の場合も同様であるが、④のように副詞の一部もあるので、名詞でないからと言ってすぐに形容動詞とするのは危険である。形容動詞の場合は、連体形「―なる」にして文が作れるが、副詞の一部である場合は「―なる」という文を作るのは無理である。④が「つひなる」とは言えないことを確かめてほしい。⑦は「確」を「かく」と読むと、字音語であるから形容動詞の可能性があるが、「しか」は字音語でないので、「と」が形容動詞であると見ることは不可能である。

3 ナリ活用は、形で覚えるというのも一つのやり方である。「―かなり」「―らかなり」「―やかなり」「―らなり」「―げなり」「―がちなり」「―がほなり」という形の場合は形容動詞である。

4 「あな」の下には形容詞ク活用と同様に、形容動詞のナリ活用の語幹が置かれる。ここでは、「むざんなり」という形容動詞が使われている。「むざん」は漢語（字音語）なのでタリ活用になるはずであるのでおかしいと思われるかもしれないが、「無―」「不―」「非―」のような語はナリ活用になることが多い。

第十二講

1 ①【る】【らる】【す】【さす】【しむ】【むず】【む】【ず】【じ】【まし】【まほし】 ②【き】【けり】【つ】【ぬ】【たり（存続）】【けむ】【たし】 ③【まじ】【めり】【なり（伝聞・推定）】【らむ】【らし】【べし】 ④【なり（断定）】【たり（断定）】【ごとし】 ⑤【り】

2 ①【サ】【セ】【チ】【ト】 ②【イ】 ③【ア】【ク】 ④【エ】 ⑤【ニ】【ハ】 ⑥【オ】 ⑦【シ】 ⑧【ケ】【シ】 ⑨【ナ】 ⑩【ソ】【ナ】 ⑪【カ】 ⑫【オ】 ⑬【コ】【ツ】 ⑭【ヌ】【ネ】【ノ】 ⑮【キ】【テ】 ⑯【タ】 ⑰【ウ】 ⑱【ス】

3 **イ**【せる・させる】 **ウ**【である】 **エ**【ない】 **オ**【たい】 **カ**【だったろう】 **キ**【という・だそうだ】 **ク**【しよう・するつもりだ】 **ケ**【だなあ】 **コ**【はずだ・なければならない】 **サ**【せずにはいられない・自然と…される】 **シ**【た】 **ス**【のようだ・と同じだ】 **セ**【なさる・お…になる】 **ソ**【ている】 **タ**【ているだろう】 **チ**【れる・られる】 **ツ**【のがよい・にふさわしい】 **テ**【ようだ・らしい】 **ト**【できる】 **ナ**【てしまった・てしまう】 **ニ**【ないようにしよう・つもりはない】 **ヌ**【はずがない】 **ネ**【できそうにない】 **ノ**【よくない・してはならない】 **ハ**【ないだろう】

4 ①【る】【らる】【す】【さす】【しむ】【つ】 ②【けり】【たり（存続）】【めり】【なり（伝聞・推定）】【り】 ③【む】【けむ】【らむ】 ④【むず】 ⑤【ぬ】 ⑥【まほし】【たし】【まじ】【べし】【ごとし】 ⑦【なり（断定）】【たり（断定）】 ⑧【ず】【まし】【き】 ⑨【じ】【らし】

解説

1・2・3・4 省略

第十三講

1 ①【あらる】 ②【せらる】 ③【打たる】 ④【まぎれらる】 ⑤【落ちらる】 ⑥【死なす】 ⑦【来さす】 ⑧【読ます】 ⑨【見さす】 ⑩【捨てさす】

2

助動詞	未然形	連用形	終止形	連体形	已然形	命令形
る	れ	れ	る	るる	るれ	れよ
らる	られ	られ	らる	らるる	らるれ	られよ
す	せ	し	す	する	すれ	せよ
さす	させ	させ	さす	さする	さすれ	させよ
しむ	しめ	しめ	しむ	しむる	しむれ	しめよ

問【自発】【可能】

3 ①**ウ**【読ませ】 ②**エ**【おつきになっ】 ③**イ**【寝ることができない】 ④**オ**【自然と思い出される】 ⑤**ア**【問いつめられ】 ⑥**エ**【お乗りになる】 ⑦**ウ**【喜ばせる】

4【④】

解説

1「ず」を付けた形に、「る・す」「らる・さす」を付ければよいのだが、四段・ナ変・ラ変には「る・す」を、それ以外には「らる・さす」を付ける。わかりやすく言うと、未然形がア段音の場合は「る・す」を、それ以外の音の場合（イ段・エ段・オ段）は「らる・さす」を付ければよいということになる。⑨は「見す」としないこと。「見す」は一語で使役動詞。

2 省略

3 意味については、最終的に前後の文脈によるところが大きいが、「る・らる」は、打消しで用いられている場合は可能、気持ちや心情を表す動詞に付いている場合は自発、「誰によって」という人物が想定される場合は受身、敬意を払う対象が主語になって動詞に付いている場合は尊敬というふうにまず、考えてみよう。自発と可能が紛らわしいが、あることが実現すると自発と捉え、それが実現しないと不可能として捉えるとわかりやすい。「す・さす」については、「す・さす」が下に尊敬語を伴わないで、単独で現れる場合は、使役、下に尊敬語が付いている場合は、使役で訳してみてうまくいかなければ尊敬と判断することになる。②は「東宮が誰かを位につかせる」の意味ではなく、「東宮が位におつきになる」という意味なので、この「せ」は尊敬である。

4 ①は、動詞「知る」（四段活用）の已然形（命令形）に付いているので「存続」の助動詞「り」の連体形。②は、動詞「埋もる」（下二段活用）の連体形活用語尾。この「るる」が助動詞だとすると「埋も」が未然形でなければならず、オ段の未然形はカ変以外には存在しないので、助動詞「る・らる」でないということになる。③は、「登す」という動詞の連用形活用語尾。意味は使役なので間違えやすいが、②と同様、「のぼ」が未然形となり、そのような動詞は考えられない。⑤は「おしはかる」（ラ行四段活用）の未然形活用語尾に助動詞「る」の已然形の付いたもの。

第十四講

1

語	未然形	連用形	終止形	連体形	已然形	命令形
む	○（ま）	○	む	む	め	○
むず	○	○	むず	むずる	むずれ	○

2 ①**エ**【出ているような・出ている】②**ア**【あろう・あるだろう】③**イ**【しよう・するつもりだ】④**ウ**【なってはどうか】⑤**オ**【たとしたら】⑥**ウ**【いいだろう】

3 ①【ざら】②【ぬ】③【ね】【ず】④【ざり】⑤【ざる】

4 ①【ないだろう】②【京にはいないようにしよう・いるつもりはない】③【尋ねて聞きたい】

5 ①【鏡に色や形があったとしたら、（何も）映らなかったろうに。】②【これに何を書こうかしら。】③【他の桜が散ったあとに咲いたらよかったのに】

6 ①【**カ**】②【**ウ**】③【**カ**】④【**ウ**】⑤【**ウ**】

解説

1 省略

2 「む・むず」は推量・意志の助動詞である。推量は「…ダロウ」、意志は「…シヨウ・スルツモリダ」と訳すことに決めておく。ただし、連体形の用法は違う訳になるので気を付けよう。連体形の下に名詞がある場合は婉曲となり、「…ヨウナ」と訳す。訳すとおかしくなる場合もあるので、訳さない方がよい場合もある。連体形の下に、助詞「は・に・には」などが付く場合は、仮定「モシ…ナラバ・ダッタトシタラ」となる。それでだめな場合は、名詞を補って婉曲用法として考えればよい。勧誘・適当は、多く二人称主語の場合に現れる。特に、勧誘の意を表す「…ともありなん・…てありなん」は『徒然草』に見られる。

3 「ず」の活用は必ず覚えなければならない。形容詞同様、「ざら・ざり・○・ざる・ざれ・ざれ」は已然形・命令形を除いては、下に助動詞を付けることを専らとする。係り結びの結びとなる場合も、「ぬ・ね」を用いるのが基本である。ただし、漢文訓読文においては、「ざら・ざり・○・ざる・ざれ・ざれ」を主たる活用として用いることもある。

4 訳語をきちんと決めておくことが重要。③の「まほし」は希望の助動詞であり、「…タイ」と訳す。「…テホシイ」は他に誂え望む意であり、一緒にしないこと。なお、「あらまほし」は「アリタイ」とは訳しにくいので、「アルトイイ」と訳すのがよい。

5 「まし」の訳し方は、「ませば・ましかば・せば―まし」のような形の場合は、「モシ…デアッタトシタラ、～ダッタロウニ」と訳す。実際は行われなかった・実現しなかった・ありえないことなので、最後の「ニ」を忘れないようにすること。「まし」の前に疑問語（係助詞の「や・か」を含む）がある場合は、ためらい・迷いの意で、「…シヨウカシラ」と訳す。「―まし。」のように単独で用いられる場合は、「…ダッタラヨカッタノニ・ダッタラナア」と訳す。「―ましかば。」で終わっているような場合も「…ダッタラヨカッタノニ・ダッタラナア」と訳す。

6 「ぬ」には、打消しの助動詞「ず」の連体形と、完了の助動詞「ぬ」の終止形があり、「ね」には、打消しの助動詞「ず」の已然形と、完了の助動詞「ぬ」の命令形がある。未然形に付く場合は打消しの助動詞、連用形に付く場合は完了の助動詞である。二段活用のように未然形と連用形が同形の場合は、それが判断基準にならないので、「ぬ・ね」の下に何が付いているかを見ることになる。「ぬ」の下に体言（省略されている場合を含む）が付いている場合は打消しの助動詞、「ぬ」の下に句点（「。」）が付いている場合は完了の助動詞である。ただし、上に「ぞ・なむ・や・か」のような係助詞と、疑問副詞がある場合は句点で文が終わっていても打消しとなる。「ね」は下に「ば」「ど・ども」が付いている場合は打消しの助動詞、句点が付いている場合は完了の助動詞である。これも、係助詞「こそ」がある場合は句点で文が終わっていても打消しの助動詞である。**6**の訳を示すと、①「まず女房が出てしまえ」、②「私は知る（＝理解する）ことができない」、③「二十日はそのようにして暮れてしまった」、④「全部、何もかもわからない」、⑤「特にそのことが満足できないという欠点もない」となる。

第十五講

1

語	未然形	連用形	終止形	連体形	已然形	命令形
き	（せ）	○	き	し	しか	○
けり	（けら）	○	けり	ける	けれ	○
つ	て	て	つ	つる	つれ	てよ
ぬ	な	に	ぬ	ぬる	ぬれ	ね

2 ①【くだり】【なかり】 ②【ざり】【口惜しかり】 ③【おはせ】 ④【し】

3 2に○

4 ①逃げにけり。【完了】 ②出で来ぬらむとこそ思ひつれ。【強意】【完了】 ③なりなむ【強意】

問 ②【き】 ③【こ】　＊③は「き」でも可だが、詳細は「講義」一節参照。

5 ①【その沢にかきつばたがみごとに咲いている。】 ②【門をちゃんとしめてしまえ】 ③【閉じたり開いたりして入ることができない】

6 ①【生まれた年を知っているか。】 ②【残念だ・つまらないと思ったのであろうか】 ③【そのような目にあおうとは思わなかったのだろうか。】

7 ①【たき】 ②【たけれ】

解説

1「せ・けら」を（ ）に入れることについては、「講義」一節参照。

2 助動詞「き」の連体形「し」・已然形「しか」が、サ変に付く場合は未然形に付き、カ変に付く場合は未然形または連用形に付く（「講義」『こし・こしか』vs『きし・きしか』」参照）ことを確認すること。終止形「き」がサ変に付く場合は、連用形に付く（「しき」となる）ことも確認してほしい。

3「けり」の詠嘆の意は、過去に起こったことではないこと（現在起こっていること）・自分が体験したことに用いられる場合である。**1**はそのどちらでもないので、伝聞回想とすることになる。したがって、「竹取の翁というものがいた」は、「いたとさ」と訳すと伝聞回想の意が反映される。**2**は過去のことであるが、自分の体験なので詠嘆である。「聞きしにもすぎて」のように、「し」と一緒に用いられていることに注目したい。訳は、「聞いていた以上に、尊くていらっしゃるなあ。」となる。

4 一般に学校文法では、下に推量の助動詞が付いている場合の「つ・ぬ」を強意とする。しかし、5②「門よくさしてよ」のような「つ」は完了とは言えず、「門よくさせ」を強めたものと見て、強意とするのも可能である。確述と呼ぶこともある。訳は、①「女を草むらの中に置いて逃げてしまった」、②「今頃、きっと出てきているだろう（できているだろう）と思った」、③「長年に渡って住んできた里を出ていったとしたら、（ただでさえ荒れているのに）いっそう草深い野原となってしまわないだろうか」となる。

5 省略

6 ①は婉曲であるが、「タヨウナ・タトイウ」のように訳すとわかりにくくなるので、「タ」と訳せばよい。②・③は過去推量で、「タノダロウ・タダロウ」と訳す。

7「たし」は形容詞型活用である。

第十六講

1

語	未然形	連用形	終止形	連体形	已然形	命令形
まじ	（まじく） まじから	まじく まじかり	まじ	まじき まじかり	まじけれ	○
なり	○	（なり）	なり	なる	なれ	○
らし	○	○	らし	らし	らし	○
べし	（べく） べから	べく べかり	べし	べき べかる	べけれ	○

問 断定には連用形に「に」があるが、伝聞・推定にはない。断定は形容動詞型活用であるが、伝聞・推定はラ変型である。

2 ①【羽がないので空を飛ぶことができそうにない。】 ②【注意しなければならないことである・注意するのがよいことである】 ③【どうしたらよいだろうか】 ④【あるはずもない。】 ⑤【今は見ない方がいいだろう・見てはいけないだろう】

3【番号①もうきっとできているだろう】【番号⑤住んでいるのだろうか】

*②存続「たり」未然形の一部＋婉曲「む」 ③動詞「参る」の未然形活用語尾＋意志「む」 ④断定「なり」未然形の一部＋推量「む」

4 ①ウ ②ウ ③イ ④ア ⑤ア

*①は動詞「なる」の連用形、②は断定の助動詞。訳は次のとおり。①できなくなってしまいました ②（丑の時に）なってしまったのであるはずだ ③明けてしまったようです ④（みみらくの島と）いうそうだ ⑤（最近盗人が多い）ということだ

5【ア見た】【イ婉曲】【ウようだ】【エ見える】【オ聞こえる】

6 ①【なぜならば】【からである】 ②【ということは】

解説

1 断定の「なり」は、格助詞「に」に「あり」の付いたものであるので、連用形に「に」がある。伝聞・推定の「なり」は、連用形に「に」がない。

2 文法書には「べし」の意味を、推量・意志・可能・当然・命令・適当などと説明するのが一般的である。しかし、推量・意志には「む・むず」があり、命令はそれぞれの動詞の命令形があるので、ここでは推量・意志・命令の意は取らない。辞書にもこの三つの意味をのせることが一般的であるが、推量・意志については、「む・むず」を強めたものという記述で、その明確な違いについては言及していないものがほとんどである。ここでは「む・むず」との違いをはっきり認識して訳をするということに重点を置く。「まじ」も同様に、「じ」との違いを意識して、「…スルハズガナイ・…スルノハヨクナイ」と訳す。「べし」は、当然・適当で訳してみて、どうしてもうまくいかない場合のみ、推量・意志を考えることにする。なお、可能の意の場合は、「る・らる」同様、打消しを伴うことが多いが、「べし」は推量の助動詞に分類されるので、「…デキソウニナイ」と訳すことを習慣づけてほしい。①は、「羽がないので、飛ぶことができそうにない・飛べそうにない」となる。

3 「らむ」の識別を問う問題が出た場合は、まず「らむ」を現在推量の助動詞と仮定して考えてみることが重要である。現在推量「らむ」は終止形（ラ変は連体形）に付くので、「らむ」の直前がウ段音になっていなければならない。そうでなければ、現在推量ではないということになる。現在推量でなければ、「ら」と「む」を区切って考えることになる。「ら」が存続「り」の未然形である場合、「ら」が「たり・なり」の未然形である場合などがある。

4 伝聞・推定の「なり」は終止形（ラ変は連体形）に付くということが大前提である。①「ず」に付く場合、伝聞・推定の「なり」は、「ざる」に付くことになるので、①は伝聞・推定ではない。伝聞と推定の識別は、「発展一」に紹介したとおりであるが、高校生向けの文法書ではその識別に触れているものがない。とりあえず、「…トイウ・…ダソウダ」と訳せる場合は伝聞、「…ヨウダ・…ラシイ」と訳せる場合は推定として区別して意識することから始めてほしい。⑤のようなラ変型活用語の連体形の「る」が撥音便化して、無表記になったものは特に注意したい。

5・**6** 省略

第十七講

1【に】【あり】【名詞】【連体】【と】【あり】【漢語】

*「名詞」は「体言」、「漢語」は「字音語」でもよい。

2 ①ケ ②ケ ③ダ ④× ⑤デ ⑥ダ ⑦ケ ⑧ダ

＊①（雨が）ゆったりとして　②不都合だ　③立派なものだ　④動詞「なる」　⑤（明け）てしまったようだ　⑥見ないものである（「見」は未然・連用同形で、「ぬ」の判断が困難に見えるが、上の「いまだ」と対応するので、打消し）⑦自慢気だ　⑧（帰らない人がいる）からなのだ

3　①カン　②カク　③ダ　④ケ　⑤×

＊②（いらっしゃる）のでわかった。原因・理由。③（十一歳）でいらっしゃる　④心を込めて　⑤最終的に。「つひに行く道」は「死」を指す。

4　①【壺（の中）にある薬】　②【近衛の将監であった】　③【結局、元の願いどおり結婚してしまった。】　④【たとえば、和歌・管弦（に関するもの）・往生要集などのような抄物を入れてある。】　⑤【情趣を解している（ような）人に見せたい】

＊⑤「知れらむ」の「む」は婉曲で、（　）のような訳語を入れてもよい。「同じくは」は「ドウセ（同ジ）…ナラ」と訳し、「…」には、その下にある動詞を補う。

解説

1　省略

2　「なり」が活用語に付く場合は、伝聞・推定の助動詞は終止形、断定の助動詞は連体形に付くということが大前提である。ただ、ラ変型活用語にはどちらも連体形に付き、四段型活用語は終止形と連体形が同形なので、わからなくなる。これについては、第十六講の「講義」三節と「発展一」に詳しく述べた。伝聞・推定の助動詞は、絶対に名詞などの非活用語には付かないということを確認してほしい。また、非活用語であっても、必ずしも断定の助動詞となるわけではなく、形容動詞の語幹というものがある。名詞との違いは、「が」を付けても主語になれないという所にある。形の上から判断するやり方もある。「…かなり・…やかなり・…らかなり・…げなり・…がほなり」などは形容動詞であるとしておくのもよいが、これらに該当しないものは、やはり「が」を付けて主語になるかという作業をしなければならない。なお、②「不便」は字音語であるのにタリ活用になっていないのはおかしいと思われるかもしれないが、「不・無・未・非」などが語頭にある場合の字音語はナリ活用になることが多い。④は「子なり」ではなく、「子になりたまふ」であることに注意してほしい。

3　まず、活用語の連用形に付いている完了の助動詞「に」を見分けること。完了の助動詞「に」の下には助動詞「けり・き」などが来るだけであるので、形で見分けるのも一手段である。「東の方に住むべき国求めにとて行きけり」（伊勢物語120・5）の「に」は、連用形に付いてはいるが、下に助動詞が付いていないので、完了の助動詞ではない。目的（…ノタメニ）を表す格助詞である。形容動詞活用語尾と断定の助動詞の見分け方は**2**と同じである。問題は、名詞に付いた「に」が、格助詞なのか断定の助動詞なのかである。そういう場合は、「に」が断定の助動詞だったらと考えよう。助動詞であるということは活用があるはずである。偶々、下に続く関係で連用形になっているだけなのだから、終止形「なり。」としても、文意が通じるはずである。③は、「東宮は十一なり。」でも意味が変わらないので断定の助動詞である。「おはします」が続いているから連用形「に」になっている。一方、②「おはするにて」は「おはするなり」（あなたがいらっしゃるのだ）ではこの文の意味が通らなくなるので、格助詞（または、格助詞「にて」の一部）である。

4　①は、断定「なり」の所在を表す用法。「にあり」が「なり」になるのだが、元の意味が生きていると考えればよい。②は、断定の

助動詞「たり」の連用形。うっかりすると引用の格助詞「と」と間違えるが、「と」の前に引用文（または引用文に相当するもの）があるか確かめる必要がある。この場合、「将監」は役職名であり、引用文ではない。③・④は「ごとし」の比喩（「…ト同ジダ」の意として、同等という説明をすることもある）と例示（「タトエバ…ノヨウナ」の意）の違いである。⑤は、「知れらむ」がどのような単語でできているかという問題。「知れ」はラ行四段活用已然形（命令形）、「ら」が完了・存続の助動詞「り」の未然形、「む」は推量の助動詞（ここでは下に名詞「人」があるので、婉曲の意）である。「らむ」の識別については、第十六講3の解説参照。

第十八講

1 ○で囲むものは次のとおり。①を・ど・も　②ばかり・ぞ・を・と　③だに・ば・の・も　④て・とも・の・ば　⑤か・と・て・なむ

＊④「かの」の「の」を助詞とすることもある。⑤「ことにか」の「に」は断定の助動詞。

2 ①**オ**　②**エ**　③**ウ**　④**ア**　⑤**イ**

3 ①**オ**　②**イ**　③**ウ**　④**ア**

4 ①**イ**　②**オ**　③**ク**　④**エ**　⑤**ア**　⑥**ウ**　⑦**キ**　⑧**カ**

5 ①**ウ**　②**イ**　③**エ**　④**ア**

6 ①**【雨のように降ったとしても】**　②**【蔵人を使って】**　③**【蔵人二人で】**

解説

1 現代語の「が・だが」のように、付属語（または、付属語の連なったもの）が、接続詞のように語頭に来る場合は、古文では見られない。したがって、文節に区切った場合、文節の中の下の方にある付属語を探して、活用しない語を選べばよいということになる。ただ、自分で文節に区切ろうとした場合、品詞がわからないと、現代語のように「ネ・サ・ヨ」を付けて言う訳にもいかないので、難しい点も出てくる。②は、「ばかり」と「ぞ」の二つの助詞である。「いつしか」は、ここでは一単語としたが、「いつ」という疑問名詞に副助詞「し」と係助詞「か」の付いたものと考えることもある。また、「あはれと」を形容動詞とするのは、「と」の前が字音語ではないので無理である。

2 格助詞「の」の識別については、まず、同格を見分けよう。同格は、「Aの、…連体形（を・に等）」という形式で現れる。最後の連体形の下に名詞は来ないで、「A」を補うことができるということによって確かめる。次に和歌に現れた場合は「…ノヨウニ」と訳せれば、連用格（比喩）である。その他は、「が」に置き換えてみて主格として訳せれば主格、「ノモノ」と訳すことができれば準体用法ということになる。それ以外は連体格である。

3 2の「の」に準ずるが、連用格（比喩）の用法はない。

4 現代語に訳してみるのが一番であるが、**ア**は「…（ノ）時ニ」、**イ**は「…ヲ使ッテ・…デモッテ・…デ」、**ウ**は「…ノタメニ・…スルタメニ」、**エ**は「…ニヨッテ・…ノセイデ」、**キ**は「…ニ加エテ・…ノ他ニ」、**ク**は「…ヨリ」、**ケ**は「…ノ場所ニ・…スル所ニ」という訳になる。**オ**は「ニナル」の形で現れ、**カ**は「動詞A連用形＋に＋動詞A連用形」という形で現れる。

5 4同様に訳語を挙げる。**ア**は「…カラ」、**イ**は「…スルヤイナヤ・…ト同時ニ」、**ウ**は「…ヲ使ッテ・…デモッテ」、**エ**は「…ヲ通ッテ・…ヲ経由シテ」と訳す。**ウ**の用法は、主に「徒歩（かち）・馬・船」など

の交通手段を表す語に付くが、「にて」が用いられるようになる。

6 ①は、格助詞「と」の中でも特殊なものである。比喩「…ノヨウニ」の意を表す。「…ト一緒ニ」という意味と間違えやすいので注意が必要である。比喩の場合は「雨・雪・霜」などの自然現象に付く傾向がある。また、「かたちはかの夕顔と劣らじや」（源氏・玉鬘）のように、「劣る・まさる」などと共に用いられた場合、比較（「容貌は、その夕顔よりも劣らないだろうよ」）の対象を表すこともある。

②・③は「して」の用法であるが、下に使役表現がある場合は、使役の対象「…ヲ使ッテ・…ニ命ジテ」の意となる。これは、手段・方法「…デ・…デモッテ・…ヲ使ッテ」に通ずる用法である。同じ動作を共に行う人数や範囲を表す場合は、「…デ・…ト共ニ」と訳せばよい。「して」には、サ変動詞連用形に接続助詞「て」の付いたもの、接続助詞「して」があるが、体言に付く場合、連体形に付く場合、格助詞「を」に付く場合で、「…ヲシテ」と訳せない場合は格助詞である。

第十九講

1 ①**エ**【飛んでいなくなってしまったら】 ②**ウ**【南風が吹くと必ず（常に）北になびき、北風が吹くと必ず南になびき、】 ③**ア**【京では見えない鳥なので】 ④**イ**【（偶々）それ（その切った竹）を見てみると】

2 ①【風ははなはだしく吹くけれども】 ②【よい絵師とは言うけれど】 ③【なくても不自由なことがあるはずがない】 ④【風が吹いたとしても】

＊②は「よい絵師と言っても」と訳してもよい。

3 ①**イ** ②**ウ** ③**ア** ④**ウ** ⑤**ア** ⑥**ウ** ⑦**エ**

＊①（偶々）見てみると ②すぐれているけれど ③ひたすら落とすので ④思っていたけれど ⑤物忌みなので ⑥いるけれど ⑦たずねてみるが（たずねてみたんだけれどね）

4 ①【複数の主語が同じ動作をする意】 ②【即時の意】 ③【逆接確定条件】

＊①内裏からみんな退出して ②吹くやいなや ③思うけれども

解説

1 「未然形＋ば」は仮定条件である。「已然形＋ば」には、順接確定条件、偶然条件、恒時（恒常）条件がある。順に、「…ナノデ」「偶々…スルト・…シテミタトコロ」「…スルト必ズ・…スルトイツモ」と訳してみて、前後の文脈の意が通るようなものを探せばよい。②は、恒時条件であるが、順接確定条件とすることも可能である。「已然形＋ば」を仮定条件としないことが最も重要である。

2 「ども」は逆接の確定条件（「…デアルケレドモ」と訳す）を表すが、②の「ども」は、「よい絵師というのは絵を描くことに関してはすばらしいけれども常に・必ず」という逆接恒時条件を表す。恒時条件は、「これまでもそうだし、これからも必ずそうである」という意味であるが、「これからも」という部分が強調されると、仮定条件となっていく。ここも「よい絵師と言っても」と訳すことも可能である。「たとひ」という語と呼応して用いられる場合は、逆説仮定条件としなければならない。「と・とも」は逆接仮定条件である。「と」を現代語の「…スルト」のように順接仮定条件で訳さないようにすることが重要である。

3 名詞に付く「に」は格助詞であり、接続助詞であることはない。連体形に付くものには、格助詞と接続助詞とがある。接続助詞は格助詞から派生した用法であると言われる。「時ニ・トコロデ・場合」などと訳せる場合は格助詞とし、条件を示す場合は接続助詞とする。どちらとも取れる場合は格助詞としておく。接続助詞

「に」には、順接、逆接どちらもあるので、文意が通る方をその意味とする。いずれにせよ、その下の部分を訳してみないと判断できないのである。というわけで、「に・を」が出てきたら、一旦停止の記号と考えて、全体を訳してから、その助詞の意味を考えることになる。⑦の「が」は、「が」の前の部分と後ろの部分は何の関係もない。偶然条件とは違うことを確かめてほしい。このようなものを「単純接続・前置き」と言う。「に・を」にはこの用法はない。

4 省略

第二十講

1 ①【侍る】②【忘るる】③【しか】④【ける】⑤【わろき】

2 ①【涼しげなり】②【む】（「や」の結び）【いみじ】（「こそ」の結び）③【たし】④【き】⑤【いみじ】

3 ①係助詞「なむ」は、「思ふ（連体形）」で結ぶ所だが、接続助詞「て」が付いて結びが流れている。結びの消失（消去）。②「あいなきにや」の下に「あらむ」が省略されている。結びの省略。

4 ①【色（＝姿）は見えないけれども、香りはどうして隠れるだろうか、いいや隠れはしない】②【煩わしいことがあったら大変だ・困る】③【鳥が見付けでもしたら大変だ・困る。】

解説

1 係り結びの基本問題。「ぞ・なむ・や・か」は連体形で結び、「こそ」は已然形で結ぶというのが係り結びの法則であるが、用言や助動詞の活用を知らないとこの問題はできないので、できない場合は第四講からやり直す必要がある。⑤の形容詞については、「わろかる」と答えた人もいるだろうが、中古で漢文訓読文でない文章は、本活用の連体形「わろき」を答えることになる。これは打消しの助動詞「ず」や形容詞型活用の助動詞でも同様で、「ず」は「ざる」ではなく「ぬ」、「まじ」は「まじき」としなければならない。

2 ここで最も重要なのは、一単語を答えるということである。①「涼しげなれ」は形容動詞であるので、「なれ」だけとするのは間違いである。③「死にたけれ」は、希望の助動詞「たし」の已然形が「たけれ」なので、「たけれ」だけを答えることになる。もう一つ重要なことは、「　」の中の係助詞は、「　」の外には係っていかないということを理解していなければならないということである。②は、「『また対面せでや止みなむ』と思ふこそいみじけれ」となっていて、係助詞「や」は『　』の外には係っていかないので、「や」の結びは、「む」（動詞「止み」＋強意の助動詞「な」＋推量の助動詞「む」なので、「なむ」ではない）であり、係助詞「こそ」も同様に形容詞「いみじ」の已然形「いみじけれ」となるのである。過去の助動詞「けれ」としてはいけない。③も同じ。④は過去の助動詞「き」の連体形「し」。⑤は形容詞「いみじ」の連体形であって、過去の助動詞「き」ではない。

3 係り結びの法則における、「結びの流れ（消失・消去）」と「結びの省略」についての問題である。本来「結び」となる所に、主に接続助詞が付いて下に続くことを「結びの流れ」と言い、本来「結び」のある所に、結びがないものを「結びの省略」と言う。係助詞があって句点の直前の活用語が、その係助詞に応じた形になっていない場合は、このどちらかが考えられる。「結びの省略」については、「…にや・…にか」の場合は動詞「あり」（それに助動詞の付いたもの）を補う。②は「あらむ」を補う。「…となむ」の場合は「言ふ・思ふ・聞く」（それに助動詞の付いたもの）を補う。それ以外は、動詞「す」（それに助動詞の付いたもの）、または、その前後に出てくる動詞を補うのが普通である。結びの省略は、なくても意味が通じるから省略されているのである。「あり」「す（前後にある動詞）」を補うのは当然と言える。

[4] ①は、「こそ…已然形」の下に相反する事象が述べられている場合は、逆接で訳すという問題。②・③の「もぞ・もこそ」という形式は、危惧・心配の意を表し、「…デモシタラ大変ダ」と訳すことになる。

第二十一講

[1] ①エ　②ア　③ウ　④オ　⑤イ

[2] 「ばかり」は格助詞の上にあるのに対して、「のみ」は格助詞の下に付いている。

[3] ①エ　②ア　③ウ　④エ　⑤ウ

[4] ①（未然形に付いているので）【誂え望む意の終助詞】　②（連用形に付いているので）【強意の助動詞「ぬ」の未然形＋推量の助動詞「む」】　③（格助詞に付いているので）【係助詞「なむ」】＊②は「キット…ダロウ」と訳す。

[5] ①（未然形に付いて、文が終止しているので）【希望の終助詞「ばや」】　②【接続助詞「ば」＋係助詞「や」】　＊②は「…カラ〜ダロウカ」と訳す。

解説

[1] ①中古の副助詞「さへ」は、添加の意である。「…ニ加エテ〜マデモ」と訳す。「…ニ加エテ」の部分は言外にあることが多いが、ここではすぐ上の「色」に加えてである。現代語の「さえ」は、古語同様「風が吹いてきた。雨さえ降ってきた」のように添加の用法も持っているが、中世末期以降、古語の「だに・すら」の用法（「セメテ…ダケデモ」「…ダッテ・…デサエ」の意）を吸収したものである。上代では、「だに」は「セメテ…ダケデモ」、「すら」は「…ダッテ・…デサエ」と意味を分けていたが、中古になると「すら」の意味を「だに」が吸収して、「すら」は衰える。④「すら」は「高僧などですら」と訳し、⑤「だに」は下に命令形があるので、「せめて声だけでも」と訳すことになる。②「ばかり」はもともと程度「…グライ・…ホド」の意であったが、中古になって限定（「…ダケ」）の意の「のみ」に代わって多く用いられるようになった。ここでは程度である。③「など」は、例示（「タトエバ・一例ヲ挙ゲルナラバ…ナド」）、婉曲（「…ナド」）、引用文（「…ナドト」）の意を表すが、ここでは③は例示である。

[2] 『源氏物語』では、「ばかり」が格助詞の上に、「のみ」が格助詞の下に来るという傾向が見られる。

[3] ①・③「な」の識別は、動詞、受身・使役の助動詞の終止形に付くものが「禁止」、その他の助動詞の終止形に付くものが詠嘆の意である。したがって、①は詠嘆、③は禁止ということになる。②「にしがな」は希望。「てしがな」も同じ。④「かな」は詠嘆。「か」は詠嘆の終助詞である。⑤は「な…そ」で禁止を表していたものが、副詞「な」が欠落したものと考えればよい。なお、選択肢に「誂え」とあるが、「希望」の意と区別して考えなければならないことは述べてきたとおりである。

[4] 「なむ」の識別は、未然形に付くのが「誂え」、連用形に付くのが「強意の助動詞＋推量の助動詞」、その他に付くのが係助詞である。その他には、「死なむ」のように、ナ変動詞未然形活用語尾＋推量

の助動詞「む」というものもある。

5 「ばや」の識別は、未然形に付いていてそこで文が終止するものは「希望」、未然形に付いていてそこで文が終止せず下に続いていくものは、仮定条件＋疑問（「モシ…ナラバ、～ダロウカ」）、已然形に付く「ばや」は、確定条件＋疑問（「…ダカラ、～ナノダロウカ」、「…ダカラカ」）となる。和歌の場合、そこで切れるかどうかがわかりにくいものもあるので、慎重に考えなければならない。

第二十二講

1 ①【ア】②【イ】③【ウ】

2 ①ア【じれったいとお思いになっている】②ア【お戻りになる】③イ【お祈り申し上げる】④イ【ご安置申し上げて】⑤ウ【見ました】⑥ウ【おりません】

3 ①【作者から天人】②【作者から道隆】③【作者から仏様】④【作者から持仏】⑤【作者から読者】⑥【兼平から木曽義仲】

4 ①【寝ぬ・休む】【お眠りになる・お休みになる】②【言ふ】【おっしゃる】③【あり・をり・行く・来】【いらっしゃる】④【呼ぶ・任命する】【お呼びになる・任命なさる】⑤【与ふ】【お与えになる・下さる】⑥【思ふ】【お思いになる】⑦【あり・をり】【いらっしゃる】⑧【見る】【ご覧になる】

5 ①【言ふ】【申し上げる】②【行く・す】【参上する・伺う・して差し上げる】③【行く・出づ】【退出申し上げる・おいとまする】④【仕ふ・す】【お仕え申し上げる・して差し上げる】⑤【与ふ・贈る・遣る】【差し上げる・献上する・参上させる】⑥【受く・もらふ】【いただく・頂戴する】⑦【受く・聞く】【いただく・伺う・お引き受け申し上げる】⑧【言ふ・願ふ・す】【申し上げる・お願い申し上げる・して差し上げる】⑨【あり】【お控え申し上げる・お仕え申し上げる】⑩【あり・仕ふ・行く・来】【お仕え申し上げる・伺う】

6 ①【（源氏は）御装束をお召し替えになって西の対においでになる。】②【（帝が）御輿にお乗りになった後で、】③【気分がとても悪いので、食事を少しも召し上がらないで、】

解説

1 誰に対する敬意かによって、敬語を分類することに慣れなければならない。尊敬・謙譲・丁寧という名称の意味によって敬語を分類してはならない。その動作の主体、客体、対者（つまり、どのような場面なのか）がわかればよいのである。言い換えると、敬語によって、主体・客体が誰であるかということを確かめられるようになっているのである。尊敬語は「主体尊敬」、謙譲語は「客体尊敬」、丁寧語は「対者尊敬」であるので、尊敬語は「が」が付いて主語になる人、謙譲語は「を・に」などが付いて動作の受け手になる人、丁寧語はその話を聞いている人が誰であるかを考えればよいということになる。

2・3

①「心もとながる」は形容詞「心もとなし」の動詞形で、「『心もとなし』と思う」と訳す。「心もとなし」は「じれったい・待ち遠しい」「気がかりだ・不安だ」「ぼんやりしている・はっきりしない」という意味。「思う」の尊敬形は「お思いになる」。地の文なので作者から動作の主体の天人に対する敬意である。②は地の文なので作者（『大鏡』は大宅世次と夏山重木とが語っているという設定であるので、世次とすることもできる）から道隆に対する敬意。③は地の文に

謙譲語が使われているので、作者から仏様に対する敬意。④も地の文の謙譲語なので作者から持仏に対する敬意。⑤は丁寧語で、地の文に使われているので作者から読者に対する敬意。⑥も丁寧語であるが、会話文なので話者の兼平から聞き手の木曽義仲への敬意となる。「講義」二節の敬意の方向の表を見て確認してほしい。

4 省略

5 謙譲語の中でも注意を要するものを挙げる。①「聞こゆ」は「言ふ」の謙譲語であるが、「言ふ」の意でなければ、「願ふ・（手紙などを）送る」の謙譲語として考える。また、「聞こゆ」には敬語でない「聞こゆ」（「聞こえる・評判になる・理解できる」の意）もあるので、注意しなければならない。すべての意味を知っておく必要がある。⑧「まうす（申す）」にも同様のことが言える。②「まゐる」、③「まかる」、⑧「まうす」には、第二十三講に出てくる「謙譲語Ⅱ類（敬意の方向は対者で丁寧語と同じ）」もあるので、客体に敬意を払うのにふさわしい人物がいることを確かめなければならない。ふさわしい人物がいたら謙譲語（＝謙譲語Ⅰ類）とすればよい。⑨「はべり」、⑩「さぶらふ（「さうらふ」も同じ）」は謙譲語の他に、丁寧語「あります・ございます」の意もある。その識別は、まず、謙譲語として考えてみる。客体に敬意を払うのにふさわしい人がいたら謙譲語、そのような人物がいない場合は、丁寧語とする。補助動詞の場合は、謙譲語の意はない。なお、「はべり」「さぶらふ」を謙譲語Ⅱ類にしないわけは第二十三講を見てほしい。

6 「奉る・参る」が「乗る・食ふ・飲む・着る」の意味で用いられる場合は、尊敬語として訳さなければならないということである。現在は乗ることを「召す」とは言わないが、かつては「乗る」ことも「召す」と言っていた時期があり、「召す」が訳語として入るものという共通点がある。

第二十三講

1 ①【作者から帝へ・本動詞】②【作者からかぐや姫へ・補助動詞】③【くらもちの皇子からかぐや姫へ・補助動詞】④【くらもちの皇子から竹取の翁へ・補助動詞】

2 ①②【差し上げなさる】③④【（お見せ）申し上げてください】

3 1、2に○

＊3は、「せ」を尊敬とすると、道長に対して最高尊敬を用いて、帝には「まゐる」を用いることになる。帝の方が地位的に高いので、「まゐる」という謙譲語Ⅰ類を強めた「まゐらす」という動詞の活用語尾とするのがよい。

4 ①○ ②× ③○ ④○ ⑤× ＊②・⑤は両方とも「下二たまふ」である。

5 ①【存じます】②【出かけないようにしましょう】③【申しております】

6 **問①** **ア**【中宮】**イ**【隆家】**ウ**【中宮】**エ**【隆家】**オ**【隆家】**カ**【隆家】**キ**【隆家】

問② 謙譲語Ⅱ類。もし、この「申す」が謙譲語Ⅰ類だとすると、人々は「隆家」に申し上げたことになり、このセリフの主は隆家なので、隆家が隆家に対して敬意を払うことになりおかしい。Ⅱ類と考えると、話者隆家から中宮への敬意となり、つじつまが合う。

問③ 作者（清少納言）：作者以外の隆家・中宮だとすると、主体尊敬が使われるはずなのに使われていないということは、その二人ではない。清少納言は作者であり、自分の動作に主体尊敬を使うはずがないので、つじつまが合う。

問④　中宮だとすると、（これまでの所から）最高尊敬「せたまふ」になるはずなのに「たまふ」だけであるので隆家である。

問⑤　せ【使役】　なり【断定】（自分のしている動作だから）　ぬ【打消し】　ななり【断定の助動詞「なり」の連体形「なる」の撥音便無表記＋伝聞・推定「なり」】

解説

1・2

二方面の敬語は、謙譲語Ⅰ類と尊敬語が重なったものである。現代語にはこの言い方がないので、現代語訳をするのが難しいが、両方とも補助動詞の場合は、「オ…申シ上ゲナサル」と訳すことになっている。「御文奉り給ふ」は「奉る」が本動詞なので、「お手紙を差し上げなさる」と訳す。

3 「せ・させ」が尊敬語の上にある場合、最初に使役であるかどうかを確かめることが重要である。ちなみに、下に尊敬語がない場合の「す・さす」は尊敬語ではあり得ない（6問⑤）。使役で訳せない場合は、尊敬語として考える。ただし、「謙譲語Ⅰ類＋せ・させ＋尊敬語」で、「せ・させ」が使役ではない場合、たとえば、「中宮、中納言に御文奉らせ給ふ」という場合、「奉らす＋給ふ」なのか、「奉る＋せ＋給ふ」なのかということを考えなければならなくなる。右の場合だと、動作主の中宮の方が位が高いので、「せ」は助動詞で、「給ふ」と一緒になって最高尊敬となるが、「中納言、中宮に御文奉らせ給ふ」となると、謙譲語Ⅰ類の「奉らす」という動詞で中宮に対する敬意を表し、「給ふ」という尊敬語で中納言に敬意を表すということになる。つまり、「せ・させ」は位の高い人の敬語に付ければよいということなのである。結局、「謙譲語Ⅰ類＋せ・させ＋尊敬語」で、「せ・させ」が使役でない場合は、「謙譲語Ⅰ類＋尊敬語」として考えればよいということになる。言語主体からすると、敬意の特に高い人が出て来る場合は、「せ・させ」をとりあえず入れておけば安心なのであろう（「講義」一節参照）。

4 省略

5 謙譲語Ⅱ類に関する問題である。謙譲語Ⅱ類が本当の「へりくだり・謙遜」であると考えられているが、敬意の方向は丁寧語と同じ対者である。謙譲語Ⅱ類は地の文には現れないので、対者は聞き手ということになる。「下二たまふ」の他に、「参る・まかる・まかり出づ・申す」に、この謙譲語Ⅱ類の用法があるとされる。「下二たまふ」を除いては、謙譲語Ⅰ類も考えられるので、まず謙譲語Ⅰ類で訳してみて、敬意を払うのにふさわしい客体がいれば謙譲語Ⅰ類として考え、敬意を払うのにふさわしい客体がいない場合や、言語主体に敬意を払っている場合などは、謙譲語Ⅱ類として扱うことになる。謙譲語Ⅱ類であるということがわかっても、訳し方を知らないと何にもならない。現代語の謙譲語Ⅱ類は、「…テオリマス」という言い方で表されるので、最後にこの言い方を付ければよいということになる。ただ、「給ふる」は、「知る・思ふ」に付いた時は、「存ジマス」、その他には「…サセテイタダキマス」と訳すとよいこともある。「申す」は謙譲語Ⅰ類を「申シ上ゲル」、謙譲語Ⅱ類を「申シマス」のように区別して訳すこともあり、それがよいと思われる。

6 **問①・④**の**キ**が「中宮」ではない根拠は、もしこの主体が中宮だとすると、最高尊敬「笑はせ給ふ」となるはずだからである。絶対的な立場の人には、すべての場合に最高尊敬が使われると考えておいた方がよい。**問②**は、謙譲語Ⅰ類だとすると、「人々」が言ったことを聞いて隆家が述べているので、人々が隆家に言ったと考えてもよい。そうすると、隆家が自分のセリフの中で、「人々が私に申し上げた」ことになり、自分に対する敬意となるので、謙譲語Ⅰ類は不適ということになる。**問③**は隆家にしろ、中宮にしろ、動作の主体となる場合は、尊敬語がなければならないのに、尊敬語がないということは敬意を払う必要がない人が主体であるということである。ここで、敬意の必要ない人は、作者しか考えられない。**問⑤**省略。

第二十四講

1 **ア**【道兼】 **イ**【花山天皇】 **ウ**【花山天皇】 **エ**【宮中（＝花山天皇）】 **オ**【花山天皇】 **カ**【花山天皇】 **キ**【花山天皇】 **ク**【花山天皇】 **ケ**【花山天皇】 **コ**【花山天皇】 **サ**【花山寺（＝天皇の所）】 **シ**【花山寺（＝天皇の所）】 **ス**【道兼】 **セ**【花山天皇】 **ソ**【花山天皇】 **タ**【花山天皇（お釈迦様も可）】 **チ**【道兼】 **ツ**【花山天皇】 **テ**【道兼】 **ト**【道兼】 **ナ**【花山寺（天皇の所）】 **ニ**【道兼】 **ヌ**【道兼】

問① **a**【謙譲】 **b**【Ⅰ】【A】【申し上げる】 **c**【帝】 **d**【皇后または中宮】 **e**【絶対】

問② **f**【Ⅰ】 **g**【払われている所が見られない】 **h**【Ⅱ】 **i**【父・東三条殿（兼家）】 **j**【身内】 **k**【聞き手】 **l**【Ⅱ】

問③ **x**【花山天皇】 **y**【花山天皇】 **z**【道兼】

問④【[B]】お仕え申し上げよう】

問⑤【粟田殿（道兼）が出家すること。】

＊帝だとすると、最高尊敬になるはずなのに、そうなっていない。

2 **ア**【法皇】 **イ**【新大納言】 **ウ**【法皇】

問① ウに○

問② **a**【3・4】 **b**【1・5】 **c**【6】 **d**【2】

＊6はbとしてもよい。bとすると「平氏をどうして差し上げようか」となり、からかっているような言い方となる。cだと「いたしましょう」となる。

問③ 可能：静憲法印に対して敬意が払われている所がどこにもないから

解説

1【ア〜ヌ】、**問①**、**問②**省略。**問③**は「御」の下にある語を誰が所有しているかということを考えなければならない。その所有主に対する敬意である。**x**「御後ろ」は誰の後ろかということである。当然、花山天皇の後ろ姿であるから、花山天皇に対する敬意である。**y**は誰の通る道筋であるか、**z**は誰の見送りをするのかを考えればよいということになる。したがって、**y**は花山天皇、**z**は粟田殿（道兼）ということになる。**問④**「さぶらふ」が本動詞の場合は、謙譲語Ⅰ類「お仕え申し上げる」と丁寧語「あります・ございます」の意味がある。まず謙譲語Ⅰ類で訳してみて、敬意の対象者が見つからない、敬意を払うのにふさわしくない人に敬意が向いてしまうなどの場合は、丁寧語と解釈すればよい。この場合は、「花山天皇にお仕え申し上げよう」としてもおかしくないので、謙譲語Ⅰ類であるということになる。**問⑤**で注意しなければならないのは「さることやせさせたまふ」ではないということである。ここで「さること」というのは、結果的に粟田殿が出家することだと考えられるが、粟田殿が自分の意志で出家することも、花山天皇の命令で出家することも「さること」と考えられる。つまり、「粟田殿が出家をなさるのではないか」、「花山天皇が粟田殿が出家するようにし向けなさるのではないか」の訳が考えられる。そこで、もし「花山天皇が粟田殿の出家をし向ける」というふうに考えると、帝が「さること」をなさるのだから、つまり、絶対的な地位の人がなさるのだから、「さることやせさせたまふ」というような最高尊敬を使わなければならないだろう。ここは普通の尊敬表現なので、「さること」をするのは、粟田殿と考えた方がよいということになる。

[2]【ア～ウ】省略。**問**①は、「行幸・行啓・御幸」が誰に対する敬意なのかを知っているかという問題である。**エ**は謙譲語Ⅰ類の訳なので論外。「行幸・御幸」は、『平家物語』のような和漢混淆文では、「行幸」は「ぎょうごう（歴史的仮名遣い表記は「ぎやうがう」）」、「御幸」は「ごこう（歴史的仮名遣い表記では「ごかう」）」と読まれ、前者は天皇、後者は法皇・上皇・女院に対する敬意を表す。ただ、和文の場合は両方とも「みゆき」と言うので、注意が必要である。**問**②の自敬表現というのは、謙譲語Ⅰ類の敬意の方向が自分に向くものを言う。これは、今までのやり方で言うと、謙譲語Ⅱ類として扱うことになるのだが、この場合の自分は法皇という絶対的地位にいる人物なので、自敬表現として扱うのである。現代語に訳すことは無理である。**問**③は、「申されず」の「れ」が尊敬か可能かという問題である。「申し上げることができない・申し上げなさらない」と、どちらとも取れるが、これまでの静憲法印に対する待遇を見てみると、いっさい敬意が払われていないということがわかるだろう。したがって、ここだけ敬意を払うというのは不自然なので、下に打消しを伴っていることもあり、可能とするのが妥当なのである。

第二十五講

[1] ①（サ変動詞の終止形に付いているので）【伝聞の助動詞「なり」の連体形】 ②（サ変動詞の連体形に付いているので）【断定の助動詞「なり」の終止形】 ③【動詞「なる」の連用形】 ④（直前の「ぬ」は連用形に付いているので完了の助動詞。よって「ぬ」は終止形。終止形に付いている「なり」なので）【伝聞の助動詞「なり」の終止形】 ⑤【形容動詞「あはれなり」の終止形活用語尾】 ⑥（「わたる」は四段活用なので、終止形なのか連体形なのかわからないが、上に「風」という音源があり、「風が吹き抜けていくのが聞こえる」と訳せるので）【伝聞の助動詞「なり」の終止形】 ⑦（形容詞「多し」の連体形「多かる」の撥音便無表記に付いているので）【伝聞の助動詞「なり」の終止形】 ⑧【「思はずなり」という形容動詞の已然形活用語尾】

＊①「トイウ」と訳す ②「デアル」と訳す ④「ソウダ」と訳す ⑥「風が吹き抜けていくのが聞こえる」と訳す ⑦「ソウダ」と訳す ⑧「意外だ・予想外だ」と訳す

[2] ①**エ** ②**イ** ③**ア** ④**ウ** ⑤**イ** ⑥**ア**

＊①は、ナ変動詞「往ぬ」の未然形活用語尾「な」＋意志の「む」

[3] ①（動詞「越ゆ」の終止形に付いているので）【現在推量の助動詞「らむ」の連体形】 ②（動詞「知る」の已然形（命令形）に付いている「ら」なので）【存続の助動詞「り」の未然形＋婉曲の助動詞「む」の連体形】

[4] 番号【④】 終止形【り】 意味【存続】

＊それ以外は①自発、②受身、③可能、⑤尊敬の助動詞「る」。

[5] ①【断定の助動詞「なり」の連体形「なる」の撥音便無表記】 ②【完了の助動詞「ぬ」の未然形】 ③【禁止の終助詞「な」】 ④【詠嘆の終助詞「な」】 ⑤【禁止の副詞「な」】＊⑤は終助詞「そ」と呼応する。

6 ①【形容動詞「はるかなり」の連用形活用語尾「に」】②【完了の助動詞「ぬ」の連用形】③【格助詞】④【接続助詞「に」。恒時条件】⑤【断定の助動詞「なり」の連用形】⑥【副詞「つひに」の一部】

7 ①打 ②× ③打 ④完 ⑤× ⑥完

＊和歌は「ぬ」の下に句点が打てるか、打てないかが大事。②は動詞「寝ぬ」の終止形活用語尾、⑤はナ変動詞「往ぬ」の終止形活用語尾。

8 ①【完了の助動詞「ぬ」の命令形】②【打消しの助動詞「ず」の已然形】

9 ①【詠嘆の助動詞「けり」の已然形】②【シク活用形容詞「いとほし」の已然形活用語尾の一部】③【四段活用動詞「咲く」の已然形（命令形）＋存続の助動詞「り」の已然形】④【希望の助動詞「まほし」の已然形の一部】

10 ①【格助詞「して」】②【接続助詞「して」】③【「海にぞありける」の「ぞあ」が融合して音変化したもの】④【格助詞「と」＋係助詞「も」】⑤【逆接仮定条件を表す接続助詞】⑥【過去の助動詞「き」の連体形】⑦【サ行変格活用動詞「す」の連用形】⑧【強意の副助詞】⑨【順接確定条件を表す接続助詞「ば」＋疑いの係助詞「や」】⑩【希望の終助詞「ばや」】

＊①使役の対象者を表す。「惟光の朝臣を使って」と訳す ②並列・追加の意。「ソシテ」の意で訳す ④「トイウコトモ」と訳す

解説

この講については、「講義」を参考にしてください。